Rudolf und Marga Graubner

Vom Nutzen der Pflanzen und Segen der Heilkräuter

F. Englisch Verlag · Wiesbaden

ISBN 3-88140-068-0

Printed in Germany
10987654321

Inhaltsverzeichnis

Vom Nutzen der Pflanzen und **Segen der Heilkräuter**

Der Titel des Buches bedient sich eines vielgebrauchten Vokabulars und bedarf einer Ergänzung, da Nutzen und Risiko pflanzlicher Substanzen so nahe beieinander liegen, wie Heilkraft und Giftwirkung oft in einer einzigen Pflanze vereinigt sind.

Keine Pflanze ist wirkungsneutral, weder im Nahrungsangebot, noch in der therapeutischen Anwendung. Auch die Abgrenzung sogenannter Heilkräuter gegenüber anderen Gewächsen ist wenig sinnvoll, da viele Pflanzen Inhaltsstoffe von gesundheitsfördernder oder heilender Wirkung besitzen, die sie als potentielle Heilpflanzen ausweisen; andere dagegen dürfen ihres schädigenden Einflusses wegen kaum unterschätzt werden. Einige Arzneipflanzen beinhalten Wirkstoffe in so hoher Konzentration, daß nur geringste Mengen dosiert zur Anwendung gebracht werden können, will man nicht irreversible Schädigungen riskieren.

So bedarf die therapeutische Handhabung, ob es sich nun um pflanzliche oder synthetisch hergestellte Substanzen handelt, stets der sachkundigen Anleitung. Nur der Arzt vermag ein Krankheitsbild richtig zu deuten und den möglichen Heilerfolg zu beurteilen. In der Regel weisen Pflanzen nicht nur e i n e n Wirkstoff auf, es sind vielmehr Kombinationen solcher Inhaltsstoffe, die gerade im Zusammenwirken den besonderen Wert einer individuell ausgerichteten Nutzanwendung ausmachen.

Die sachlich-nüchterne Information über eine vom Wunderglauben der Jahrhunderte und mit emotionellen Auseinandersetzungen belastete Thematik ist deshalb von vorrangiger Bedeutung. Nur der vermag vom Segen der Natur zu profitieren, der die Zusammenhänge kennt, Nutzen und Risiko richtig einzuschätzen weiß und eben von der Natur nichts Unnatürliches oder gar Übernatürliches erwartet.

Dieses Buch möchte daher allein der sachlichen Information dienen und stellt neben den im Sprachgebrauch als „Heilkräuter" bezeichneten Pflanzen eine Vielzahl anderer vor, die sich ebenfalls durch besondere Wirkstoffe (auch Gifte), durch eine Ähnlichkeit im Aussehen oder eine enge Artverwandtschaft auszeichnen. Pflanzen mit besonderer Heilkraft oder starker Giftwirkung sind in der alphabetischen Abhandlung als solche gekennzeichnet. Daneben werden wichtige Fakten, wie Wachstumsvorgänge, Art und Wirkung von Inhaltsstoffen, Zubereitung und Gewinnung von Auszügen im allgemeinen Textteil angesprochen.

So will dieses Buch weder Ratgeber in Krankheitsfällen sein, noch kann es eine spezielle Bestimmungsliteratur für die Pflanzensuche ersetzen, wohl aber all jenen eine wertvolle Hilfe sein, die frei von Vorurteilen und Fehleinschätzungen den wahren Wert pflanzlicher Inhaltsstoffe ergründen möchten.

Pflanzenwachstum und Lebensvorgänge

Ohne Pflanzen wäre die Existenz anderer Formen irdischen Lebens unmöglich, nicht allein wegen des Nahrungsangebotes für Mensch und Tier, auch der zur Atmung benötigte Sauerstoff wird von den Pflanzen produziert. Mit jedem gefällten Baum wird zugleich auch eine wichtige Produktionsstätte der Atemluftaufbereitung vernichtet (siehe auch Fotosynthese). Um dies zu verstehen ist es notwendig, die Kenntnis über Vorgänge pflanzlichen Lebens etwas zu erweitern. Auch der Wirkstoffgehalt der Heilpflanzen ist in enger Verbindung zu den Lebensvorgängen zu sehen. In den Bedürfnissen für seine Existenz ist pflanzliches Leben recht bescheiden, es benötigt Wasser, Licht, einige anorganische Stoffe, Kohlendioxid und – zur Nachtzeit – Sauerstoff.

Der Wasserhaushalt

Die Pflanze besteht zum größten Teil aus Wasser, das mit Hilfe der Wurzeln aus dem Boden aufgenommen wird. Im Unterschied zu Mensch und Tier, deren Herz für einen ständigen Kreislauf des Blutes in den Gefäßen sorgt, erfolgt der Transport der Pflanzensäfte immer nur in einer Richtung, von unten nach oben – von der Wurzel zu den Blättern, wo das aufgenommene Wasser verdunstet. An Stelle einer „Pumpe“ wird dieser Flüssigkeitstransport durch Kapillarkräfte der Zellen gewährleistet. Die Verdunstung und sekundär die Wasseraufnahme werden durch die Spaltöffnungen der Blätter gesteuert. Bei feuchtem Wetter weiter geöffnet als bei trockener Luft, sichern sie einen sparsamen Wasserverbrauch. Trotzdem verdunstet beispielsweise eine große Birke an einem heißen Sommertag 300–400 Liter Wasser. Durch die Verdunstung wird eine Saugwirkung ausgelöst, die bei mangelnder Bodenfeuchtigkeit schnell zum Verwelken führen würde, hätten nicht Wurzeln und andere Pflanzenteile wasserspeichernde Eigenschaften.

Auch das herbstliche Abstoßen der Blätter bei den Laubbäumen ist eine Einrichtung, die ursächlich mit dem Wasserhaushalt und nicht, wie vielfach vermutet, unmittelbar mit Kälteeinflüssen in Verbindung gebracht werden muß. Der gefrorene Boden verweigert der Pflanze die Möglichkeit der Wasseraufnahme. Um dem Wasserverlust vorzubeugen, entledigt sich der Baum mit seinen Blättern der Verdunstungsflächen.

Durch ihre unterschiedliche Beschaffenheit tragen die Pflanzenarten darüber hinaus den jeweiligen klimatischen Verhältnissen und differierenden Niederschlagsmengen Rechnung und dokumentieren damit ein Höchstmaß der Anpassung.

Die Bodenverhältnisse

Für ihre Existenz bedarf die Pflanze einer Reihe von Mineralstoffen, die ihr in Form von im Wasser gelösten Salzen zugeführt werden. Die Beschaffenheit der Böden und ihr Gehalt an Mineralen ist so unterschiedlich wie die auf ihnen gedeihende Pflanzenwelt. So gibt es Arten, die hauptsächlich auf kalkreichen Böden wachsen und andere, die kalkarme, saure Böden bevorzugen. Diese Pflanzen sind, wenn sie von einer gewissen Ausschließlichkeit bestimmt werden, sogenannte „Bodenanzeiger“ – d. h. aus dem Vorkommen besonderer Arten lassen sich Rückschlüsse auf die Bodenbeschaffenheit ziehen.

Von den metallischen Mineralsalzen sind für das Wachstum in der Regel Kalium, Kalzium, Magnesium und Eisen unentbehrlich, wobei der Bedarf an Kalium besonders groß ist. An Nichtmetallen werden Stickstoff, Schwefel und Phosphor benötigt, außerdem sind geringste Mengen anderer Elemente, sogenannte Spurenelemente, für viele Arten lebenswichtig. Dazu gehören beispielsweise Mangan, Bor, Kupfer, Zink und Molybdän. Ein Fehlen notwendiger mineralischer Substanzen führt zu Mangelerscheinungen und Krankheiten. Da die Kulturgewächse im Rahmen der heutigen Ackerbaumethode dem Boden mehr Minerale entziehen als wildwachsende Pflanzen und somit die Zufuhr gelöster Salze in der erforderlichen Menge nicht gewährleistet ist, müssen diese Stoffe durch Düngung ersetzt werden, um gleichmäßige Erträge zu erzielen.

Die Fotosynthese

Wie schon eingangs erwähnt, produzieren die Blattpflanzen Sauerstoff. Dieser Vorgang ist recht kompliziert, aber läßt sich dennoch wie folgt in groben Zügen und vereinfacht veranschaulichen. Um den chemischen Prozeß in die Wege zu leiten, nimmt die Pflanze durch die Spaltöffnungen ihrer Blätter Kohlendioxid aus der Luft auf. Zusammen mit Wasser wird daraus Traubenzucker aufgebaut. Hierbei wird Sauerstoff freigesetzt, der wiederum durch die Spaltöffnungen der Blätter austritt. Ohne Energie ist dieses Verfahren jedoch nicht durchführbar. Den erforderlichen Energiebedarf erhält die Pflanze durch das auftreffende Licht. Der bei der Fotosynthese erzeugte Traubenzucker dient unter anderem zum Aufbau der pflanzlichen Substanz. So werden Zellulose, Eiweiß, Fette und organische Säuren, aber auch ätherische Öle, Glykoside, Harze, Gummi und anderes gebildet.
Da für den Vorgang der Fotosynthese Licht als Energie benötigt wird, ist er nur während des Tages möglich. Des Nachts baut die Pflanze einen Teil des gebildeten Traubenzuckers wieder ab und gewinnt daraus Energie. Für diesen während der Dunkelheit ablaufenden Prozeß entzieht sie der Luft etwa 20 – 25 % des tagsüber erzeugten Sauerstoffes und gibt in gleichem Maße Kohlendioxid ab. Immerhin bleibt durch die pflanzliche Atmung ein Sauerstoffüberschuß von 75 – 80 % in der Luft erhalten. Die beim Abbau des Traubenzuckers gewonnene Energie benötigt die Pflanze für ihre Lebensvorgänge und ihr Wachstum.

Die Teile einer Pflanze

Ohne die Kenntnis besonderer Merkmale ist es schwierig, wenn nicht gar unmöglich, artverwandte oder ähnlich aussehende Pflanzen voneinander zu unterscheiden. Solche Unterscheidungsmerkmale lassen sich deutlicher an den einzelnen Pflanzenteilen erkennen, die in der Folge kurz vorgestellt werden.
Blüte und Frucht dienen der Fortpflanzung. Je nach der Art der Bestäubung erscheinen die Blüten auffällig oder optisch weniger ausgeprägt. Pflanzen, die in der Regel durch Insekten bestäubt werden, tragen ein farbigeres Blütenkleid als jene, bei denen der Wind diese Aufgabe übernimmt. Neben der Farbe zeigen sich deutliche Unterschiede auch in der Zuordnung der Einzelblüten zu Blütenständen.
Als Trauben werden Blütenstände bezeichnet, bei denen kurzgestielte Einzelblüten am Hauptstengel sitzen. Sind die Einzelblüten an kurzen Seitenzweigen des Hauptstengels angeordnet, so spricht man von Rispen. Bei den Ähren sitzen die Blüten ungestielt am

Hauptsproß, häufig an Blattansätzen (Blattachseln).
Kätzchen sind wollige Einzelblüten, die nach dem Blühen abgeworfen werden. Als Zapfen bezeichnet man die Blüten- und Fruchtstände der Nadelbäume. Kolben sind Verdickungen des Stengels, an denen die Einzelblüten ungestielt aufsitzen. Bei den Köpfchen sitzen die Blüten dichtgedrängt an dem verdickten Ende eines Blütenstengels. Ist das Stengelende zu einem Blütenboden verdickt, der am Rande von Hüllblättern umgeben wird, so handelt es sich um sogenannte Körbchen.
Die Dolde entwickelt sich am Ende des Hauptsprosses und enthält gleichlang gestielte Einzelblüten, die von einem Punkt strahlenförmig auseinanderlaufen. Bei der Doppeldolde sind am Ende einer gleichlangen, strahlenartigen Verzweigung des Hauptsprosses die eigentlichen Dolden aufsitzend. Die Trug- oder Scheindolde ähnelt oberflächlich betrachtet den vorigen, hier handelt es sich jedoch um eine Verzweigung des Sprosses, der selbst von einer Blüte gekrönt ist und nicht selten seitlich überragt wird.
Neben den vorgenannten Merkmalen gibt es noch eine Reihe anderer Kriterien, besonders im Hinblick auf die Kennzeichnung der Einzelblüten, die hier aber nicht näher erläutert werden müssen, da sie leicht verständlich sind.
Die *Blätter* sind ein wichtiges Unterscheidungsmerkmal. Von Bedeutung sind dabei Blattform, Stiel und Blattrand. Außerdem sind Unterschiede bei den Blattnerven festzustellen, die unterseitig meist als Rippen, an der Oberfläche nicht selten als Rillen zu erkennen sind.
In der Blattform unterscheidet man eiförmig, elliptisch oder oval, schildförmig, herzförmig, nierenförmig, spieß- oder pfeilförmig, rautenförmig, spatelförmig, lanzettlich, linealisch, stielrund und nadelförmig.
Zusammengesetzte Blätter, die aus einer Blattspindel und einer unterschiedlichen Anzahl kleiner Fiederblättchen bestehen, werden in gefiederte und gefingerte Blattformen unterteilt. Paarig gefiedert sind sie, wenn stirnseitig kein Fiederblättchen aufsitzt (gerade Anzahl). Die gefingerten Blätter ähneln den gespreizten Fingern einer Hand. Hierbei wird gelegentlich die Anzahl der Blättchen angegeben – z. B. „dreiteilig gefingert". An den Blatträndern erkennt man ebenfalls recht deutliche Unterschiede. Als ganzrandig werden die Blätter mit glattem Rand bezeichnet. Bei gezähnten oder gesägten Blättern ähnelt der Blattrand einem Sägeblatt. Stachelrandig sind z. B. die Blätter der Distelarten ausgebildet. Gekerbt sind Randausbildungen, bei denen kleine, nach außen vorspringende Segmente kantig in einem Winkel zusammentreffen und so eine Kerbe bilden. Der Rand gebuchteter Blätter gleicht einer Schlangenlinie – z. B. beim Eichenlaub.
Geteilte Blätter können fiederspaltig, handförmig oder gelappt sein.
Der *Sproß* hat vielerlei Namen und Gestalt. Stengel – Seitenstengel, wenn die Pflanze verzweigt ist – und Blütenstengel besitzen die Kräuter. Bei den Gräsern spricht man vom Halm. Bäume und Sträucher haben Stamm, Ast, Zweig und Schößling. Einige Pflanzen sind außerdem mit Ranken versehen. Rhizom und Zwiebel sind Sproßteile, die ganz oder teilweise unterirdisch der Pflanze als Speicher dienen. Unter *Wurzeln* versteht man das mehr oder weniger verzweigte unterirdische Geflecht, das der Wasseraufnahme dient. Hier kann die Hauptwurzel als Pfahlwurzel verdickt ausgebildet sein und tief in den Boden führen.
Die *Wirkstoffe* der Heilpflanzen können sowohl in der ganzen Pflanze, als auch nur in einzelnen Pflanzenteilen enthalten sein. Vielfach sind diese Inhaltsstoffe in der Blüte (Kamille) oder im Wurzelstock (Engelwurz) angereichert.

Heilpflanzen und pflanzliche Gifte

Heilpflanzen enthalten Stoffe, die den kranken menschlichen Organismus günstig beeinflussen, lindernd einwirken und eine therapeutische Anwendung gestatten. In der Regel handelt es sich dabei um Wirkstoffkombinationen, die in der Art ihrer Zusammensetzung wie im ausgewogenen Mengenverhältnis spezifische Anwendungsbereiche voraussetzen und nur in ganz wenigen Fällen als Allheilmittel gelten können.

Aus einigen Pflanzenarten – den Arzneipflanzen – werden isoliert ganz bestimmte Inhaltsstoffe gewonnen und in genauer Dosierung zur Anwendung gebracht. Häufig sind hierunter Gewächse anzutreffen, die im Naturzustand eine nicht ungefährliche Giftwirkung entfalten.

Diese toxische Wirkung ist von Fall zu Fall sehr verschieden. So genügt manchmal eine ganz geringe Menge von Pflanzenbestandteilen einer bestimmten Art, um absolut tödliche Vergiftungen hervorzurufen, andere Pflanzen verursachen eine akute und vorübergehende Übelkeit. Nicht auszuschließen ist eine dauernde Schädigung einzelner Organe bei einer in der Menge übermäßigen, unkontrollierten und über längere Zeit andauernden Anwendung von Heilpflanzen. Wie so oft liegen auch hier Nutzen und Risiko dicht beieinander.

Ähnlich den heilkräftigen Wirkstoffen sind gelegentlich auch die Gifte nur in bestimmten Pflanzenteilen – den Früchten, Blättern, der Blüte oder dem Wurzelstock – angereichert; die übrigen Teile können dann gefahrlos verwendet werden.

Ohne genaue Kenntnis besonderer, die Eigenart kennzeichnender Merkmale sind Verwechslungen bei wildwachsenden Pflanzen möglich. Daher sei jedem, der versucht ist, selbst Heilpflanzen zu sammeln, aufzubereiten und anzuwenden, eine über die Aussage dieses Buches hinausgehende, genaue Information anempfohlen. Sammelnde Kinder bedürfen einer besonderen Anleitung und Überwachung.

Strenggenommen gibt es auch im pflanzlichen Nahrungsangebot keine wirkungsneutralen Gewächse, selbst wenn besondere Eigenschaften nicht festzustellen sind. In der Regel enthalten sie wichtige Aufbaustoffe für den menschlichen Organismus.

Die Behandlung von Krankheiten sollte unbedingt dem Arzt vorbehalten sein, er allein ist aufgrund moderner Diagnoseverfahren in der Lage, die wirkungsvollste Therapie zu bestimmen. Bei geringfügigen gesundheitlichen Störungen, so bei Erkältungskrankheiten oder Verdauungsbeschwerden, können jedoch unbedenklich Heilpflanzen zur Anwendung gebracht werden, darunter neben anderen vor allem Kamille oder Pfefferminze als erprobte Hausmittel von hervorragender Bedeutung.

Haltbarmachung und Aufbereitung von Pflanzenteilen

Je nach der Art der Wirkstoffe und ihrer Konzentration in einzelnen Pflanzenteilen setzt die Anwendung verschiedene Methoden der Gewinnung, Aufbewahrung und Verwertung voraus.
Rohprodukte: Pflanzenteile, die bei vorsichtiger Trocknung ihre Wirkstoffe nicht verlieren, lassen sich auf diese Weise für längere Zeit haltbar machen. Das Trocknungsverfahren ist eine für jedermann geeignete Form der Haltbarmachung von Kräutern und bestimmten Teilen anderer Pflanzen. Weder in der Sonne noch im Ofen darf der Vorgang beschleunigt werden, allein durch die langsame Trocknung der ausgebreiteten Pflanzenteile bleiben die Wirkstoffe voll erhalten.
Die Dauer der Wirksamkeit hängt nicht unwesentlich von der Art der Aufbewahrung ab. In dicht schließenden Gefäßen lassen sich getrocknete Pflanzenteile für den Zeitraum eines Jahres ohne Verlust an Wirkstoffen lagern. Eine wichtige Voraussetzung ist der vollständige Abschluß des Trocknungsvorganges, um eine Schimmelbildung durch Feuchtigkeitsreste zu vermeiden. Je nach den jahreszeitlichen Erntebedingungen oder dem Standort ist der Wirkstoffgehalt der so gewonnenen Produkte sehr verschieden. Drogen, die man in Apotheken und Drogerien erwirbt, zeichnen sich durch größere Ausgeglichenheit aus. Sorgfältige gewerbliche Trocknungsverfahren und Importe aus Gebieten mit besseren Wachstumsverhältnissen gewährleisten einen hohen Wirkstoffgehalt.
Auszüge: Am Beispiel von Wurzelstücken wird man feststellen können, daß sich nicht alle Pflanzenteile zur Trocknung eignen. Außerdem gehen bei zahlreichen Pflanzen flüchtige Wirkstoffe beim Trocknen verloren, so daß hier andere Methoden der Substanzgewinnung angewendet werden.
Verhältnismäßig einfach ist die Mazeration in hochprozentigem Alkohol. Dazu beläßt man die zerkleinerten Pflanzenteile einige Tage in hochprozentigem Alkohol (Verhältnis 1 Teil pflanzliche Substanz, 5 Teile Alkohol), um sie danach durch Stoff- oder Papierfilter zu filtrieren. Während aller Abschnitte des Verfahrens muß man sich fest schließender Gefäße bedienen. Die so gewonnene Tinktur ist stets nur tropfenweise anzuwenden. Auch in Wein lassen sich Pflanzenwirkstoffe lösen, doch ist die Haltbarkeit dann begrenzt.
Frucht- und Pflanzensäfte können auch in Zuckerlösung zu Sirup verarbeitet werden.
Extrakte und Tinkturen, die in Apotheken und Drogerien erhältlich sind, werden auf andere Weise – meist im Destillationsverfahren – gewonnen. Eine ständige Überwachung gewährleistet gleichbleibenden Wirkstoffgehalt, der besonders bei den in größeren Mengen giftig wirkenden Substanzen eine therapeutische Anwendung überhaupt erst ermöglicht.
Für die *Zubereitung* von Rohprodukten und Auszügen und deren Anwendung gibt es je nach Art wiederum verschiedene Methoden. Allgemein bekannt sind Infus und Abkochung zu Tee oder für die äußerliche Anwendung.
Das *Infus* wird in einem gut schließenden Gefäß durch Übergießen getrockneter Pflanzenteile mit kochendem Wasser und anschließendem 10–15minütigem Ziehenlas-

sen zubereitet. Ein Aufkochen ist dabei in jedem Falle zu vermeiden. Man verwendet 1–3 Teelöffel Pflanzenteile auf 1 Tasse Wasser. Bei Extrakten verfährt man nach den in der jeweiligen Gebrauchsanweisung angegebenen Regeln.
Diese Form der Zubereitung ist bei allen flüchtigen Wirkstoffen, z. B. den ätherischen Ölen, angezeigt.
Weniger flüchtige Bestandteile lassen sich nur durch *Abkochung* lösen. Im Mengenverhältnis ändert sich nichts gegenüber der vorerwähnten Zubereitungsart. Ein fest schließendes Kochgefäß ist von größter Wichtigkeit, um das Entweichen von Wirkstoffen zu verhindern. Die Dauer des Kochvorganges beträgt zwischen 10 und 30 Minuten und wird um so länger sein, je holziger oder härter das verwendete Rohprodukt ist.

Die pflanzlichen Wirkstoffe

Im Gegensatz zu früheren Zeiten, da man von Kräuterweiblein und Wurzelsepp nur um die Wirkung bestimmter Heilpflanzen wußte, vom Geheimnis eines Wunderglaubens verschleiert, kennt man heute durch genaue chemische Analyse Art und Menge der heilkräftigen Wirkstoffe und durch Erprobung ihre Wirkungsweise auf den menschlichen Organismus. In der Folge werden die wichtigsten Wirkstoffe und ihre Eigenschaften alphabetisch geordnet vorgestellt.
Alkaloide. Unter Alkaloiden versteht man in der Heilpflanzenkunde stickstoffhaltige Naturstoffe mit basischen Eigenschaften und mehr oder weniger giftiger Wirkungsweise. Der blaue Eisenhut, die giftigste europäische Pflanze, besitzt Alkaloide, die u. a. auf das Nervensystem einwirken. Tyramin, in Hirtentäschelkraut und Besenginster enthalten, hat eine blutdruckbeeinflussende Wirkung, die therapeutisch genutzt wird. Auch das Nikotin der Tabakpflanze ist ein Alkaloid wie das Strychnin der tropischen Brechnuß.
Amine sind Derivate (Abkömmlinge) des Ammoniaks. Weißdornblüten enthalten Äthanolamin, die Brennhaare der Brennnessel Histamin. Auch im menschlichen Körper wird bei Allergien Histamin gebildet. Es gilt als blutdrucksenkend und regt die Magensaftabsonderung an. Der unangenehme Geruch von Holunderblüten ist ebenfalls auf den Gehalt an Aminen zurückzuführen.
Ätherische Öle gehören zu den wichtigsten pflanzlichen Wirkstoffen. Sie zeichnen sich durch intensiven, charakteristischen Geruch aus und verflüchtigen sich schon bei Zimmertemperatur. In kaltem Wasser nahezu unlöslich, werden sie in heißem Wasser nur teilweise, jedoch niemals vollständig gelöst und meist durch Destillation gewonnen. In Alkoholen – Weingeist, Äther u. a. – sowie anderen organischen Lösungsmitteln, z. B. Fetten und Ölen, sind ätherische Öle löslich. Die pflanzlichen Vorkommen dieser Wirkstoffe sind verbreitet. So haben von den Nadelbäumen Kiefer, Fichte und Wacholder einen hohen Gehalt an ätherischen Ölen, bei den Laubbäumen sind es Lorbeerbaum, Eukalyptus und Nelkenbaum sowie die Zitrusgewächse. Von den Blütenpflanzen sollen in diesem Zusammenhang Pfefferminze, Thymian, Rosmarin, Anis, Fenchel, Kümmel, Engelwurz, Petersilie, Kamille und Schafgarbe Erwähnung finden.
Ätherische Öle gelangen auf verschiedenen Wegen in die Blutbahnen. Sie werden von den Schleimhäuten des Mund-, Nasen- und Rachenraumes oder über den Dünndarm aufgenommen und gelangen mit Einreibe-

mitteln über die Haut in das Blut. Ausgeschieden werden sie über Lunge, Nieren und Haut.
Die Wirkung auf den menschlichen Körper ist wegen des starken Reizes nur bei geringer Dosierung heilend, in größeren Mengen konzentrierter Auszüge sind schädigende Eigenschaften nicht auszuschließen.
Magen und Darm: Durch Geruch und Geschmack wird die Absonderung von Speichel und Magensaft angeregt. Dieser Reiz begünstigt die Verdauungsförderung. Manche ätherischen Öle regen die Gallenblase zu vermehrtem Gallefluß an, andere sind gegen Magen- und Darmkrämpfe wirksam. Die Wirkstoffe der Kamille und der Schafgarbe besitzen entzündungshemmende Eigenschaften und eignen sich u. a. zur Behandlung von Magenschleimhautentzündungen.
Atmungsorgane: Über die Schleimhäute des Mund- und Rachenraumes gelangen ätherische Öle direkt in die Atemwege (Luftröhre, Bronchien und Lunge). Aber auch über den Darm aufgenommen gelangen sie zu den Atmungsorganen, wo sie sich verflüchtigen. Einige der Wirkstoffe besitzen ausgesprochen bakterienfeindliche Eigenschaften, andere – z. B. das Thymianöl – wirken auswurffördernd. Die Reizwirkung fördert ein besseres Durchatmen, besonders bei starker Verschleimung. Kamillenöl besitzt auch bei entzündeten Schleimhäuten der Atemwege heilende Eigenschaften. Die Anwendung ätherischer Öle bei Nierenleiden bedarf der ärztlichen Kontrolle, da sich die Reizwirkung schädigend auswirken kann.
Ätherische Öle wirken auf Herz und Kreislauf anregend. Einige üben auf die Haut einen starken Reiz aus, der zur besseren Durchblutung des Gewebes führt und somit eine schmerzstillende Wirkung erzielt.
Bitterstoffe sind deutlich bitter schmeckende Wirkstoffe, die sich in Wasser und Alkohol lösen lassen. Die chemische Zusammensetzung ist verschiedenartig. Hopfen enthält die Bitterstoffe Humulon und Lupulon, die dem Bier den charakteristisch bitteren Geschmack verleihen. Im Unterschied zu den ätherischen Ölen werden Bitterstoffe nicht als isolierte Auszüge gewonnen, die Anwendung erfolgt in Form von Teeaufgüssen, Tinkturen, Kräuterweinen und -likören, die aus den Drogen der wirkstoffhaltigen Pflanzen bereitet werden. Die Wirkung auf den menschlichen Körper beschränkt sich ausschließlich auf die Verdauungsorgane. Über die Magennerven regen Bitterstoffe die Absonderung von Magensaft an und besitzen appetitsteigernde und verdauungsfördernde Eigenschaften. Die günstige Wirkung bei Blutarmut und Erschöpfungszuständen beruht auf einer besseren Aufnahme des mit der Nahrung zugeführten Eisens durch den Magen. Hier ist eine durch Streß und Nervenbelastung auftretende Trägheit Ursache einer ungenügenden Auswertung.
Cholin, eine häufig in Pflanzen vorkommende stickstoffhaltige Base – u. a. in Mistel, Hirtentäschel, Kamille, Kalmus – und Acetylcholin, seltener anzutreffen, besitzen blutdrucksenkende Eigenschaften.
Eiweiß aus Aminosäuren ist ein weitverbreiteter tierischer und pflanzlicher Naturstoff. Es findet sich bei Pflanzen vor allem als Speicherstoff in Samen. Eiweiß ist unentbehrlicher Bestandteil unserer Nahrung.
Fermente sind komplizierte chemische Verbindungen, die im tierischen und pflanzlichen Organismus erzeugt werden. Beim Trocknen und Lagern von Pflanzenteilen werden gelegentlich Wirkstoffe durch die enthaltenen Fermente umgewandelt, bei unvollständiger Trocknung oder allzulanger Dauer des Vorganges können die Wirkstoffe gar zerstört werden. Einige Drogen werden künstlich fermentiert, so Schwarzer Tee, Brombeerblätter oder die Enzianwurzel für die Branntweinherstellung. Auch bei Rauchtabak ist die Fermentierung üblich.
Flavone, auch Flavonoide genannt, sind Hydroxylabkömmlinge des Flavons. Häufig

sind sie als Flavonglykoside glykosidisch gebunden. Die wichtigsten Flavone sind Apigenin (Kamille), Hesperidin (Lindenblüten, Wollblumen), Hyperosid (Johanniskraut, Weißdorn, Birken- und Bärentraubenblätter), Liquiritin, Ononin, Quercimeritrin und Rutin.
Flavone mindern die Durchlässigkeit feinster Blutgefäße und Kapillaren und bewirken eine Gefäßerweiterung. Die Wirkstoffe finden daher äußerlich bei Blutergüssen, Quetschungen und Hautausschlägen Anwendung. Rutin, als Vitamin P weithin bekannt, wird in weitreichendem Maße als Heilmittel verwendet. Flavone wirken schonend kräftigend auf das Herz ein. Sie besitzen auch wassertreibende Eigenschaften. Eine Unterstützung in der Wirkung erfahren Flavone durch die Saponine und einige ätherische Öle.

Gerbstoffe sind in Wasser und Alkohol löslich, reagieren schwach sauer und haben zusammenziehende Eigenschaften. Durch Säuren wird der Gerbstoff aus Lösungen ausgefällt, wie bei der Entfärbung des Schwarzen Tees zu beobachten ist, wenn einige Tropfen Zitronensaft eingeträufelt werden. In Rinden und unreifen Früchten sind Gerbstoffkonzentrationen festzustellen.
Die Wirkung der Gerbstoffe auf den menschlichen Körper ist adstringierend (zusammenziehend), wobei sich die Kapillaren der Haut und Schleimhäute verengen. Hierdurch werden Entzündungen günstig beeinflußt und die Schleimproduktion vermindert. Da sie mit dem Eiweiß der Bakterien eine unlösliche Verbindung eingehen, wirken die Gerbstoffe auch antibakteriell. Gerbstoffhaltige Drogen finden vor allem gegen Erkrankungen des Mund- und Rachenraumes sowie gegen Durchfall Anwendung. Äußerlich angewendet beeinflussen sie Haut- und Gewebekrankheiten günstig.

Glykoside, aus Zucker und Nichtzucker aufgebaut, sind als Inhaltsstoffe in den Pflanzen verbreitet. Nur einige dieser Wirkstoffe sind heilkräftig und besitzen verschiedene Eigenschaften. Drogen, die Anthrachinonglykoside enthalten, z. B. Sennesblätter und Faulbaumrinde, wirken abführend. Aburtin wirkt antibakteriell und desinfizierend auf die Harnwege. Das Glykosid Aucubin, in Wegerichgewächsen und einigen Rachenblütlern vorkommend, ist antibiotisch wirksam.
Herzwirksame Glykoside besitzen nur in homöopathisch geringer Dosierung eine herzstärkende Wirkung, sind in größeren Dosen jedoch giftig.
Senfölglykoside kommen u. a. in Senfpflanzen, Kresse, Meerrettich und Rettich vor, die als Küchengewürz und Nahrungsmittel Verwendung finden.

Inulin ist ein aus Fruchtzuckerresten aufgebautes Polysacharid, das zuerst aus dem Alant gewonnen wurde, aber auch in Löwenzahn, Huflattich, Quecke und Dahlienknollen vorkommt. Inulin dient vor allem als Zubereitungsstoff für Lebensmittel der Diabetikerkost.

Kieselsäure kommt als Siliziumverbindung in Schachtelhalm und Gräsern vor. Die Wirkung auf den menschlichen Körper ist nicht unumstritten. Eine Steigerung der körpereigenen Abwehrkräfte durch Aktivierung der weißen Blutkörperchen und die entzündungswidrige Wirkung bei äußerlicher Anwendung, sowie gewebefestigende Eigenschaften werden den kieselsäurehaltigen Drogen zugeschrieben.

Pektine sind wasserlösliche Gerüstsubstanzen der Pflanzen. Sie sind aus Galakturonsäure und Methanol aufgebaut und bilden zusammen mit Zucker und Fruchtsäuren Gelee. Pektine kommen vor allem in unreifen Früchten, in Apfelschalen und Schalen der Zitrusfrüchte vor.

Pflanzliche Säuren sind in einer großen Vielfalt vertreten und besitzen einen hohen Stellenwert als Inhaltsstoffe im Nahrungsangebot. Apfel-, Wein- und Zitronensäure sind in Früchten enthalten, Kaffeesäure in Kaffee, Löwenzahn, Melisse, Weißdorn und anderen. Oxalsäure ist verbreitet, so zum Beispiel in Sauerampfer, Sauerklee und Rhabarber enthalten. Eichenrinde und Galläpfel sind reich an Ellagsäure. Cetrarsäure und Fumarsäure sind Inhaltsstoffe der Isländischen Flechte. Die Isovaleriansäure verleiht der Baldrianwurzel den charakteristischen Geruch.

Saponine sind glykosidische, wasserlösliche Wirkstoffe, die mit Wasser schäumende Lösungen bilden. Saponinhaltige Pflanzen und Pflanzenteile sind u. a. Wollblumen, Stiefmütterchen, Schachtelhalm, Primelwurzel und Birkenblätter.

Saponine werden von Magen und Darm nicht aufgenommen, üben jedoch eine Reizwirkung auf die Schleimhäute aus, die bei geringer Dosierung durch die Absonderung von Verdauungssäften verdauungsfördernd ist, in größeren Mengen jedoch zu Erbrechen, Übelkeit und Durchfall führt. Durch ihre Reizwirkung auf Magen- und Darmwände bewirken die Saponine eine schnellere Aufnahme der Nahrungsstoffe und erhöhen die Wirkung von Arzneimitteln. Auf die Atemwege wirken sie schleimlösend und auswurffördernd, auf die Harnorgane wassertreibend ein. In die Blutbahn gelangt, würden Saponine allerdings blutzersetzend wirken.

Schleimstoffe. Pflanzenschleime sind in Pflanzen häufig enthalten. Hier sind vor allem Eibisch, Huflattich, Leinsamen, Isländische Flechte, Quecke, Malve (Blüte) und Wollblumen zu nennen. Auszüge lassen sich aus wäßriger Lösung gewinnen, sind mehr oder weniger zähflüssig, geruchs- und geschmacksneutral.

Schleimstoffe werden von Magen und Darm nicht resorbiert (aufgenommen) und können nur dort wirken, wo sie auf direktem Wege hingelangen (Mund, Rachen, Magen und Darm).

Die Schleimhäute in Magen und Darm werden durch die Schleimstoffe mit einem Schutzfilm überzogen, der sie vor der Einwirkung scharfer Verdauungssäfte schützt. So ist vor allem bei entzündlichen Erkrankungen eine therapeutische Anwendung erfolgversprechend. Schleimdrogen mit Quellvermögen werden als mild wirkendes Abführmittel angewandt.

Im Mund- und Rachenraum wird bei schmerzhaften Entzündungen, Husten und Heiserkeit eine lindernde Wirkung erzielt.

Äußerlich angewandt bewirken die Pflanzenschleimstoffe eine Erweichung entzündeter Hautpartien.

Die Wirkungsdauer von Arzneimitteln wird durch Schleimstoffe verzögert; eine Resorption erfolgt erst in den unteren Darmabschnitten.

Vitamine sind lebenswichtige Ergänzungsstoffe, die dem Körper regelmäßig zugeführt werden müssen, da sie der menschliche Organismus mit einer ganz spezifischen Ausnahme nicht selbst zu erzeugen vermag. Der Vitamingehalt bestimmter Pflanzenarten ist so unterschiedlich wie die Anreicherung in einzelnen Pflanzenteilen.

Vitamin A, Vorstufe Carotin, kommt reichlich in Petersilie, Karotten, Spinat, Kohlrabiblättern und Tomaten vor. Mangelerscheinungen: Haut- und Schleimhautinfektionen, Nachtblindheit, schlechtes Dämmerungssehen.

Vitamin B_1. Pflanzliches Vorkommen u. a. in Getreidekörnern (nur geschrotet), Hülsenfrüchten, Kohlrabiblättern und Spinat.

Mangelerscheinungen: Müdigkeit, Appetitlosigkeit, Verstopfung, Muskelverkrampfungen, nervöse Erscheinungen.

Mangelkrankheiten: Polyneuritis, Beri-Beri.

Vitamin B_2. Pflanzliches Vorkommen wie Vitamin B_1.

Mangelerscheinungen: Hautveränderungen mit Juckreiz, Zungenbrennen, Wachstumsbeeinträchtigung, Haarausfall, Sensibilitätsstörungen.

Vitamin B_6 kommt u. a. in Getreidekeimlingen und Kartoffeln vor.
Mangelerscheinungen: Stoffwechselstörungen.
Vitamin B_{12} ist nur in Spuren in grünen Blättern enthalten. (Hauptsächlich in Fleisch und Leber.)
Mangelerscheinungen: Anämien, verzögertes Wachstum.
Vitamin C. Reichliches Vorkommen u. a. in Petersilie, Kohlrabiblättern, Spinat, Kresse, Kartoffeln, Orangen, Zitronen.
Mangelerscheinungen: Anfälligkeit gegen Infektionskrankheiten.
Mangelkrankheiten: Scorbut, Wassersucht.
Vitamin D. Pflanzliches Vorkommen in Speisepilzen.
Mangelerscheinungen: Störung in der Knochenbildung – Rachitis.

Vitamin E ist u. a. in Weizenkeimlingen enthalten, in Spuren in grünen Bohnen, Gurken, Erbsen, Kartoffeln, Petersilie, Tomaten, Zwiebeln. Wichtig ist Vitamin E während der Schwangerschaft.
Vitamin H (Biotin) kommt in Pilzen, Nüssen und Hülsenfrüchten vor. Therapeutisch bei bestimmten Hautveränderungen und Nervosität.
Vitamin P (Rutin) ist in vielen Früchten, z. B. Hagebutten, Orangen und schwarzen Johannisbeeren enthalten.
Rutin verhindert das Brüchigwerden feinster Blutgefäße und beugt auf diese Weise Blutungen vor.
Nikotinsäureamid kommt vor allem in Pilzen, Nüssen und Getreidekörnern vor.
Mangelerscheinungen: Veränderungen der Haut und der Schleimhäute, nervöse Störungen.

Zuordnung

Die in diesem Buch abgehandelten Pflanzen sind Thalluspflanzen, Moose, Farne und Samenpflanzen.
Zwei Gruppen der Samenpflanzen werden unterschieden, Nacktsamer und Bedecktsamer. Nach der Art ihrer Entwicklung aus Keimlingen spricht man bei den Bedecktsamern von Einkeimblättrigen mit stets ungeteilten, meist streifennervigen Blättern, in Dreizahl gebauten Blüten und Keimlingen mit einem Keimblatt, sowie Zweikeimblättrigen mit meist netznervigen Blättern und ringförmig angeordneten Gefäßbündeln, Keimlinge mit zwei Keimblättern. Weiterhin werden die zweikeimblättrigen Pflanzen unterschieden in Freiblumenblättrige, wenn die Blumenblätter frei sind, Einfachblumenblättrige mit ganz fehlenden oder unscheinbaren Blumenblätter – Ausnahme Nelkengewächse – und Verwachsenblumenblättrige, deren Blumenblätter miteinander verwachsen sind. Unter den letzteren nehmen die Korbblütler eine Sonderstellung ein, ihre Blütenkörbchen enthalten entweder nur Röhrenblüten (Röhrenblütige), nur Zungenblüten (Zungenblütige) oder aber beide (Strahlblütige).
In der nachfolgenden Aufstellung läßt sich anhand der Ordnungsnummern sowohl im Bildteil als auch in der alphabetischen Textfolge die Zugehörigkeit der einzelnen Pflanze nachschlagen.

I. Bedecktsamige Pflanzen		
A. Zweikeimblättrige	Ordnungsnummer	1 – 387
1. Freiblumenblättrige	Ordnungsnummer	1 – 47/57 – 147/155 – 183

	Hahnenfußgewächse, *Ranunculaceae*		1– 15
	Mohngewächse, *Papaveraceae*		20– 22
	Kreuzblütler, *Cruciferae*		25– 42
	Storchschnabelgewächse, *Geraniaceae*		66– 68
	Schmetterlingsblütler, *Leguminosae*		78–112
	Rosengewächse, *Rosaceae*		113–138
	Nachtkerzengewächse, *Onagraceae*		139–145
	Steinbrechgewächse, *Saxifragaceae*		157–162
	Doldengewächse, *Umbelliferae*		163–179
2.	Einfachblumenblättrige	Ordnungsnummer	48–56/151–154/184–185 346–356/362–387
	Nelkengewächse, *Caryophyllaceae*		48– 56/152–154
	Gänsefußgewächse, *Chenopodiaceae*		347–351
	Knöterichgewächse, *Polygonaceae*		352–356
	Wolfsmilchgewächse, *Euphorbiaceae*		362–370
	Maulbeergewächse, *Moraceae*		374–375
	Weidengewächse, *Salicaceae*		385–387
3.	Verwachsenblumenblättrige	Ordnungsnummer	148–150/186–257/259–345 357–361
	Geißblattgewächse, *Caprifoliaceae*		186–191
	Rötegewächse, *Rubiaceae*		192–194
	Kardengewächse, *Dipsacaceae*		197–198
	Korbblütler, *Compositae*		199–240
	Glockenblumengewächse, *Campanulaceae*		241–245
	Heidekrautgewächse, *Ericaceae*		246–254
	Schlüsselblumengewächse, *Primulaceae*		259–267
	Ölbaumgewächse, *Oleaceae*		268–270
	Hundsgiftgewächse, *Apocynaceae*		271–274
	Enziangewächse, *Gentianaceae*		276–279
	Windengewächse, *Convolvulaceae*		282–284
	Rauhblatt- oder Borretschgewächse, *Boraginaceae*		285–295
	Lippenblütler, *Labiatae*		296–320
	Nachtschattengewächse, *Solanaceae*		323–330
	Rachenblütler, *Scrophulariaceae*		331–342
B.	Einkeimblättrige	Ordnungsnummer	394–458
	Orchideengewächse, *Orchidaceae*		403–405
	Schwertliliengewächse, *Iridaceae*		406–408
	Liliengewächse, *Liliaceae*		413–425
	Palmen, *Palmae*		429–433
	Gräser, *Gramineae*		435–458
II.	Nacktsamige Pflanzen		
	Nadelhölzer, *Coniferae*		388–393

A

Abb. 266
Tafel 46

Acker-Gauchheil, Roter G.
Anagallis arvensis

Kriechende, 10 – 20 cm hohe Pflanze mit eckigen Stengeln, ungestielten, ovalen Blättern und zinnoberroten, gelegentlich auch bräunlich, lila oder rosa gefärbten, kleinen Blüten. Vorkommen auf Äckern, Brachland und Dünen.
Blütezeit Juni – September.
Die Pflanze enthält Saponine und ein Enzym. Sie wird heute nur noch in der Homöopathie gegen Hautkrankheiten und als harntreibendes Mittel angewendet.

Abb. 221
Tafel 38

Acker-Kratzdistel
Cirsium arvense

50 – 150 cm hohe Pflanze mit stark verzweigtem Stengel, stachelrandigen Blättern und rötlich-violetten Blütenköpfchen. Vorkommen verbreitet als Unkraut auf Äckern, an Wegerändern, auf Brachland.
Blütezeit Juli – September.

Abb. 41
Tafel 8

Acker-Rettich, Hederich
Raphanus raphanistrum

Einjährige Pflanze mit 30 – 60 cm hohem Stengel, gebuchteten oder gekerbten Blättern und weißer Blüte, rosa geädert. Als Unkraut auf Äckern und Brachland verbreitet.
Blütezeit Mai – September.
Die Samen in perlschnurartigen Schoten enthalten Senföl mit hautreizenden und anregenden Eigenschaften.
In enger Beziehung zum Acker-Rettich sind *Raphanus sativus*, der Rettich, und eine weitere Abart, das Radieschen, zu sehen, deren Wurzelsaft in der Homöopathie gegen Neuralgien, Schlaflosigkeit, chronischen Durchfall und Lebererkrankungen Anwendung findet. Als altes Volksmittel hat sich der Rettichsaft gegen Husten und Gallebeschwerden bewährt.

Abb. 459
Tafel 79

Ackerschachtelhalm
Equisetum arvensis

Kräftige Pflanze mit 10 – 30 cm hohen Wedeln mit dünnen, hellgrünen, an der Spitze schwarz gezähnten Zweigquirlen und braunen Sprossen mit endständigen Ähren von Sporangien. Die Stengel sind hohl, längsrillig, halmähnlich gegliedert, scharfkantig und hart durch Kieselsäuregehalt. Vorkommen auf trockenen, steinigen Plätzen, auf Äckern und Wiesen, an Wegrändern.
Die Pflanze enthält Kieselsäure, Flavonoide, Saponin, Kalium und Spuren von Alkaloiden. Die Wirkstoffe besitzen harntreibende, blutstillende und wundheilende Eigenschaften. Eine Abkochung der Pflanze wird volkstümlich als wirksames Gurgelwasser bei Munderkrankungen angewendet. In der Homöopathie findet eine Tinktur gegen Blasenleiden Anwendung.

A

Adlerfarn Abb. 468
Pteridium aquilinum Tafel 80

60 – 150 cm und höherer Tüpfelfarn mit 3 – 4fach gefiederten, großen Wedeln. Die Sporenhäufchen sind randständig saumartig angeordnet. Vorkommen in Laub- und Mischwäldern, auf Weiden; verbreitet. Sporenreife Juli–September.

Adonisröschen, Frühlings-A., Sommer-A. (Abb.) Abb. 4
Adonis vernalis, A. aestivalis Tafel 1

10 – 35 cm hohe Pflanze mit zahlreichen feingefiederten Blättern und hellgelber Blüte. Vorkommen an sonnenbeschienenen Hängen auf Kalkboden.
Blütezeit April – Mai.
Die Abbildung bezieht sich auf das Sommeradonisröschen, *Adonis aestivalis*, das in den Monaten Juni – Juli rot erblüht.
Adonis vernalis enthält Glykoside, die dem Digitalin verwandte, herzwirksame Eigenschaften besitzen.
Die Pflanze ist giftig und steht in Deutschland und in der Schweiz unter Naturschutz!

Agave Abb. 426
Agave americana Tafel 74

Aus Zentralamerika stammende, im Mittelmeerraum vielfach kultivierte Pflanze mit dickfleischigen, stachelrandigen, bis zu 3 m langen, grundständigen Blättern und einem oft mehrere Meter hohen Blütenschaft mit einer Unmenge gelber Einzelblüten; blüht nur einmal und stirbt dann ab.

Ahorn Abb. 63
Tafel 11

Bergahorn – *Acer pseudoplatanus*, Spitzahorn – *Acer platanoides*, Feldahorn – *Acer campestre*

Bis 20 oder 30 m hohe Bäume mit handförmig (5fach) unterteilten Blättern und traubenförmigen, gelbgrünen, unscheinbaren Blüten; Fruchtflügel parallel oder waagrecht stehend. Vorkommen in lichten Wäldern und einzelnstehend.

Akajubaum, Nierenbaum Abb. 77
Anacardium occidentale Tafel 13

In Ost- und Westindien wildwachsender, bis 6 m hoher Nußbaum. Die eßbaren Früchte sind die Kaschunüsse.

Akazie Abb. 78/79
Acacia arabica Abb. 78, ***Acacia catechu*** Abb. 79 Tafel 14

Artenreiche Baum- oder Strauchgattung subtropischer Gebiete, besonders Afrikas und Australiens, deren Merkmale gefiederte Blätter und kätzchenartig gehäufte, weiße oder gelbe Blütchen sind. Die afrikanisch-arabische *A. arabica* liefert Pflanzengummi (Gummi arabicum), andere Arten sind an der französischen Mittelmeerküste wegen der Blüten („Mimosen“) kultiviert.

Abb. 11 **Akelei, Gemeine A.**
Tafel 2 ***Aquilegia vulgaris***

30 – 70 cm hohe Pflanze mit handförmig unterteilten, an den vorderen Rändern gekerbten Blättern und violettblauer, gespornter Blüte. Vorkommen in lichten Waldungen. Blütezeit Juni – Juli.
Die Pflanze ist streng geschützt!

Abb. 206 **Alant**
Tafel 36 **Echter Alant – *Inula helenium***
Weiden-Alant – *Inula salicina* (Abb.)

Kräftige, 30 – 60 cm hohe Pflanze mit elliptischen, wechselständigen, teilweise behaarten und stengelumfassenden Blättern; große, leuchtend gelbe, endständige Blütenköpfe, der Arnika ähnlich. Vorkommen auf feuchtem Boden, an Flußufern, Gräben, auf feuchten Weideflächen. Der Echte Alant ist recht selten.
Das Rhizom des Echten Alantes enthält Inulin und ätherisches Öl. Die Wirkstoffe besitzen allgemein kräftigende, hustenstillende, harntreibende und den Galleﬂuß fördernde Eigenschaften. Ein aus dem Wurzelstock gewonnenes Infus oder eine Abkochung in Rotwein wirkt schleimlösend und heilend bei Bronchitis und anderen Erkrankungen der Atemwege.

Algen (Meeresalgen)

Es ist unmöglich, eine repräsentative Auswahl unter der immensen Zahl der in den Weltmeeren vorkommenden Algenarten zu treffen. Dennoch sollen einige Algen vorgestellt werden, die an europäischen Küsten anzutreffen sind oder dort angeschwemmt werden. Alle Algen enthalten Chlorophyll, das bei den Braun- oder Rotalgen durch andere Farbstoffe überdeckt wird.

Abb. 489 **Beerentang**
Tafel 82 ***Sargassum bacciferum***

An den Küsten tropischer Meere angesiedelte Braunalge, die, von den Gezeiten losgerissen und weit abgetrieben, große Meeresflächen bedeckt. Im Aussehen den Landpflanzen sehr ähnlich, werden Zweige und gezähnte Blättchen vorgetäuscht. Die Schwimmblasen haben die Form gestielter Beeren.

Abb. 490 **Gemeiner Blasentang**
Tafel 82 ***Fucus vesiculosus***

Die in Nord- und Ostsee häufigste Braunalge. Die Luftblasen sind paarig entlang dem blattartig verzweigten Pflanzenkörper angeordnet.

Gemeiner Knorpeltang Abb. 491
Chondrus crispus Tafel 82

In der Nordsee, z. T. auch in der Ostsee vorkommende Rotalge, fächerförmig unterteilt, von flechtenähnlichem Aussehen.

Fingertang Abb. 492
Laminaria digitata Tafel 82

In felsigen Uferzonen gedeihende Braunalge mit gefingerten, breiten, blattartigen Endungen, am Grund röhrenförmig, stengelartig mündend, mit Wurzelgeflecht versehen.

Meersalat Abb. 493
Ulva lactuca Tafel 82

Breitlappige, wellig bändrige Grünalge der Küstengebiete, wird von verschiedenen Küstenbewohnern gegessen.

Aloe Abb. 425
Aloe vulgaris Tafel 74

Tropisches Liliengewächs, hauptsächlich in Afrika und Asien, mit dickfleischigen, stachelrandigen Blättern und großem, traubigem Blütenstand. Bei uns als Zier- und Topfpflanze eingebürgert.

Alpen-Gänsekresse Abb. 27
Arabis alpina Tafel 5

6 – 30 cm hohe Pflanze, Rosettenblätter eiförmig und grob gezähnt; Blüten weiß in gedrungener Traube. Vorkommen in den Alpen.
Blütezeit Mai – September.

Alpenglöckchen, Kleines A., Alpentroddelblume Abb. 261
Soldanella alpina Tafel 45

Das Alpenglöckchen mit nierenförmigen, grundständigen Blättern und hängender, glockenförmiger Blüte kommt in mehreren Arten, bis über 2000 m Höhe ansteigend, vor. Die Berg-Troddelblume, *Soldanella montana*, 20 – 30 cm hoch, mit gekerbten Blättern und etwa zur Hälfte geschlitzten, blauvioletten Blüten, das Kleine Alpenglöckchen, *Soldanella pusilla*, mit etwa zu $^1/_8$ geschlitzten Blumenkronen und das zierliche, bereits zwischen Schneeresten erblühende Kleinste Alpenglöckchen, *Soldanella minima*, mit blaßlila, gelegentlich auch weißen Blüten, wachsen als Primelgewächse auf feuchten Matten.

Alpen-Hornkraut Abb. 55
Ceratium alpinum Tafel 10

Kriechende, 5 – 15 cm hohe Pflanze mit ovalen, bewimperten Blättchen, behaarten Stengeln und weißen Blüten. Vorkommen auf Alpenwiesen und Matten bis über die Schneegrenze. Blütezeit je nach Standort Juni – August.

A

Abb. 99
Tafel 16

Alpen-Spitzkiel
Oxytropis campestris

10–20 cm hohe Pflanze mit gefiederten, spitzovalen Blättchen und blaßgelben Blüten in endständiger Traube; Stengel und Blätter behaart. Vorkommen auf Bergwiesen in den Alpen. Blütezeit Juli–August.

Abb. 262
Tafel 45

Alpenveilchen
Cyclamen europaeum

8–15 cm hohe Knollenpflanze mit herzförmig abgerundeten, dunkelgrün-weißfleckigen, grundständigen Blättern und rötlichen oder mehr violetten Blüten mit zurückgeschlagenen Kronblättern. Vorkommen sehr selten in Gebirgswäldern, besonders im Alpenraum. Blütezeit Juni–September.
Aus der Knolle wird isoliert ein Saponin mit giftigen Eigenschaften gewonnen, die Blüten enthalten aromatisches ätherisches Öl. Als Heilpflanze ist das Alpenveilchen heute von sehr untergeordneter Bedeutung. Die volkstümliche Anwendung ist wegen der Giftwirkung bedenklich.
Das Alpenveilchen steht unter Naturschutz! Die Knolle ist giftig!

Abb. 352
Tafel 60
Abb. 353
Tafel 61

Ampfer
Krauser Ampfer – *Rumex crispus*
Stumpfblättriger A. – *R. obtusifolius*

30–100 cm hohe, auch noch höhere Knöterichgewächse mit deutlich pfeilförmigen Blättern und verzweigten, traubig-rispigen Blütenständen. Vorkommen auf sumpfigen Wiesen, in Wäldern; recht häufig. Blütezeit Juni–August.
Der Sauerampfer – *Rumex acetosa*, mit rostfarbenen Blüten, enthält Calciumoxalat und Oxalsäure, besitzt nierenreizende, harntreibende und mild abführende Eigenschaften und wird volkstümlich zu sogenannten Frühjahrskuren angewendet. Die Blätter ergeben zudem ausgezeichnete Wildgemüse und -salate, Kräutersuppen und Beigaben zu grünen Saucen. Vor übermäßigem Genuß muß allerdings der nierenreizenden Wirkung wegen gewarnt werden. Verwendung finden die jungen Blätter vor der Blüte.

Abb. 308
Tafel 53

Andorn, Weißer A.
Marrubium vulgare

Teilweise holzige Pflanze mit 30–60 cm hohem, aufrechtem, steifem Stengel, breiten, schwach gezähntrandigen, weißlichgrünen und wollig behaarten Blättern, gegenständig angeordnet; weiße Blüten in dichten Scheinquirlen; aromatischer, thymianähnlicher Duft. Vorkommen auf trockenen Böden, in der Heide.
Blütezeit Juni–August.
Die Pflanze enthält ätherisches Öl, Bitter- und Gerbstoff, besitzt hustenstillende, schleimlösende und magenstärkende Eigenschaften und findet als Infus oder als Tinktur bei verschiedenen Erkrankungen, insbesondere der Verdauungsorgane und der Leber Anwendung. Erntezeit der blühenden Pflanze Juni–August.

Apfelbaum Abb. 118
Pirus malus, Malus communis Tafel 20

In vielen Arten kultivierter Obstbaum mit breitovalen, gezähntrandigen Blättern und rötlich-weißen, zu Dolden geordneten Blüten. Wildwachsend dornig mit kleinen, herben Früchten, „Holzäpfeln", in Laubmischwäldern, besonders im Gebirge. Blütezeit April – Mai.

Aprikosenbaum Abb. 122
Prunus armeniaca Tafel 21

4 – 6 m hoher Baum mit weiß-rosa Blüten in rotem Kelch und länglich ovalen Blättern. Die Früchte sind gelborange und fein behaart. In verschiedenen Arten als Obstbaum kultiviert, an klimatisch begünstigten Stellen angepflanzt.
Blütezeit (März) – April.

Arnika Abb. 216
Arnica montana Tafel 38

Kräftige, 20 – 60 cm hohe Pflanze mit wenig verzweigtem, filzig behaartem Stengel; rosettenförmig am Grunde angeordnete, ovale, ganzrandige Blätter, zwei gegenständige, schmale Blätter am Stengel; große Blütenkörbchen mit dottergelben Randblüten. Vorkommen hauptsächlich in den Alpen, auf Wiesen und sauren Böden, bis in 2500 m Höhe.
Blütezeit Juni – Juli.
Die Pflanze enthält ätherisches Öl, Flavonheteroside und Bitterstoffe. Die Wirkstoffe besitzen entzündungshemmende, kreislaufanregende und wundheilende Eigenschaften. Eine aus der frischen, blühenden Pflanze gewonnene Tinktur findet als Volksarznei bei entzündlichen Vorgängen unterschiedlicher Art Anwendung.
Die Pflanze steht unter Naturschutz!

Aronstab, Gefleckter A., Eselsohr Abb. 399
Arum maculatum Tafel 69

Kräftige Pflanze mit großen langgestielten, pfeilförmigen, dunkelgrün glänzenden und teilweise gesprenkelten Blättern; kolbenförmiger Blütenstand, von einem großen, blaßgrünen, unten eingerollten Deckblatt umgeben. Die Früchte sind dicht gedrängte, rotorangefarbene Beeren. Vorkommen in hellen Wäldern, unter Hecken.
Blütezeit April – Mai.
Die Pflanze enthält das chemisch instabile, auf das Zentralnervensystem einwirkende Gift Aroin. Eine Tinktur, aus der Wurzel gewonnen, findet in der Homöopathie bei Erkrankungen der Atemwege und Magenschleimhautentzündungen Anwendung. Nach mehrmaligem Kochen verliert die Wurzel ihre giftige Eigenschaft.
Die Pflanze ist giftig und steht unter Naturschutz!

A

Abb. 202
Tafel 36

Aster, Kalk-A.
Aster amellus

10–40 cm hohe Pflanze mit wechselständigen, lanzettlichen Blättern an verzweigtem Stengel; Blütenköpfchen in Trugdolden, Zungenblüten einreihig, blauviolett. Vorkommen an sonnigen, felsigen Hängen, an Fluß- und Bachufern, im Gebirge. Viele Arten sind als Zierpflanzen kultiviert.
Blütezeit Juli–Oktober.
In den höheren Regionen der Alpen ist die Alpen-Aster, *Aster alpinus*, auf steinigen Hängen bis weit über die Baumgrenze hinaus anzutreffen, mit grundständigen, lanzettlichen Blättern und einzelstehenden, meist einköpfigen Blütenstengeln.
Die Alpen-Aster steht unter Naturschutz!

Abb. 188
Tafel 33

Attich, Zwergholunder
Sambucus ebulus

Staude mit bis zu 1,50 m hohem, aufrechtem Stengel, schlank lanzettlichen, unpaarig gefiederten, fein gezähntrandigen, dunkelgrünen Blättern; kleinen, weißen, in Dolden angeordneten Blüten und giftigen, gedrängtstehenden, schwarzen Beeren, die oberflächlich mit Holunderfrüchten verwechselt werden können. Vorkommen an Waldrändern, im Unterholz, an Zäunen und Hecken.
Blütezeit Juli–August.
Die Pflanze enthält Bitterstoff, ätherisches Öl, Gerbstoffe und Saponin. Die Wurzel besitzt Wirkstoffe mit harn- und galletreibenden Eigenschaften und wirkt auch abführend. Erntezeit des Wurzelstockes September–Oktober.

Abb. 260
Tafel 45

Aurikel
Primula auricula

5–25 cm hohe Pflanze mit grundständigen, dickfleischigen, am Rande verdickten und wenig gezähnten Blättern; Blätter und Stengel mehlig bestäubt; hellgelbe, duftende Blüten in endständiger Dolde. Vorkommen in Felsspalten, auf Matten und Gesteinsschutt in den Alpen, bis 2500 m ansteigend.
Blütezeit April–Juli, je nach Höhenlage.
Die buntblühende, samtblütige Garten-Aurikel ist eine Bastardpflanze aus *P. auricula* und einer weiteren Alpenprimel, der violettblühenden Leimprimel, *P. hirsuta*.

Abb. 195
Tafel 34

Baldrian
Valeriana officinalis

Ausdauernde Pflanze mit einfachem, 20–120 cm hohem Stengel, unpaarig gefiederten Blättern und grob gezähnten Fiederblättchen sowie kleinen, hellrosafarbenen Blüten in dichten Doldentrauben. Vorkommen in der Nähe von Gewässern, auf Waldlichtungen und in lichtem Unterholz.
Blütezeit Juni – August.
Die Wurzel enthält ätherisches Öl, Alkaloide, Gerbstoffe und Polysaccharide. Die Wirkstoffe besitzen nervenberuhigende, magenstärkende und krampflösende Eigenschaften. Gegen nervöse Störungen und Schlaflosigkeit wird ein Infus aus getrockneten Wurzelteilen angewendet. Extrakte dienen von alters her als Arzneistoffe. Von einer länger andauernden Anwendung muß jedoch dringend abgeraten werden.
Erntezeit der Wurzel August – Oktober.

Abb. 444
Tafel 77

Bambus
Bambusa arundinacea

Tropisches Riesengras mit hohlen, knotigen Stengeln und rispig angeordneten Blütenähren. Das Bambusrohr erreicht bis zu 30 m Höhe und einen Durchmesser von 30 cm, das Wachstum kann an einem Tage bis zu 1 m betragen. Die jungen Sprosse ergeben Gemüse, die Stengel werden als Bau- und Möbelholz verwendet und zu Gefäßen, Stöcken, Angelruten und Röhren verarbeitet. Die Faser dient zu Flechtwerk und Seidenpapier.

Abb. 25
Tafel 5

Barbenkraut, Echtes B., Barbarakraut
Barbarea vulgaris

30 – 100 cm hohe Pflanze mit gebuchteten Blättern und gelben, in endständigen Trauben angeordneten Blüten. Vorkommen an Ackerrändern und feuchten Stellen.
Blütezeit Mai – Juli.

Abb. 250
Tafel 43

Bärentraube
Arctostaphylos uva ursi

Immergrüner, rasenbildender Halbstrauch mit langen, kriechenden Zweigen, kleinen, dunkelgrün fleischigen, ovalen Blättern, weißen oder rosafarbenen Blütentrauben und roten, glänzenden Beeren. Vorkommen im Gebirge an steinigen Hängen und Geröllhalden.
Blütezeit April – Mai.
Die Blätter enthalten Glykoside, Gerbstoffe und Flavone und besitzen desinfizierende Eigenschaften. Präparate und Tinkturen werden bei Erkrankungen der Harnwege angewendet. Die Volksheilkunde bedient sich der Mazeration frischer Blätter in kaltem Wasser.

Bärlapp Abb. 461
Lycopodium Tafel 79

In Deutschland kommen 6 Bärlapparten vor, die alle geschützt sind. Niedrige, moosartige Gewächse mit steifen, grünen Blättern, mit oder ohne Sporangienähren, je nach Art. Abgebildet ist der Tannenbärlapp, *Lycopodium selago*, dessen Sporangien sich in den Blattachseln befinden. Vorkommen in der Heide, im Wald und auf Magerwiesen. Sporenreife August – September.
Die Pflanzen enthalten giftige Alkaloide, die Sporen sind ungiftig und besitzen als Inhaltsstoffe Sporonin, Zucker und Öl. Aus den Sporen des Kolbenbärlapps, *L. clavatum*, wird eine Tinktur gewonnen, die homöopathisch bei chronischen Erkrankungen von Lunge, Leber, Magen und Harnorganen Anwendung findet. Eine Abkochung der Sporen ist Volksheilmittel bei Erkrankungen der Harnwege.

Bartmoos Abb. 473
Phascum cuspidatum Tafel 81

Ein nur 2 – 9 mm langes Moospflänzchen (Abb. stark vergrößert), das auf Modererde bisweilen schon in den ersten Frühlingstagen grüne Rasen bildet. Vorkommen in Gärten und auf feuchten Stellen.

Basilikum, Basilienkraut Abb. 319
Ocimum basilicum Tafel 54

20 – 50 cm hohe, buschige Gewürzpflanze mit lanzettlichen, hellgrünen Blättern und weißen oder rötlich-lilafarbenen Blüten. Die Pflanze duftet stark aromatisch, stammt aus Südasien und ist in der gemäßigten Klimazone vielfach kultiviert. Blütezeit Juli – August.
Die Pflanze enthält ätherisches Öl, ihre Eigenschaften sind krampflösend, magenwirksam und verdauungsfördernd. Ein Infus der getrockneten Pflanze findet bei Magen- und Darmerkrankungen Anwendung. Das Öl, *Oleum Basilicum*, wird äußerlich zu Einreibungen bei Nerven- und Muskelschmerzen verwendet. Als Würzkraut ist Basilikum frisch oder getrocknet eine aparte Bereicherung vieler Salate, Fleisch- und Fischgerichte.

Beinwell, Schwarzwurz Abb. 291
Symphytum officinalis Tafel 50

60 – 100 cm hohe Pflanze mit lanzettlichen, borstigen Blättern und glockenförmigen, blau- oder blauvioletten, gelegentlich auch weißen oder blaßrosa Blüten. Vorkommen sehr verbreitet auf feuchten Wiesen als wucherndes Unkraut. Blütezeit Mai – Juli.
Die Pflanze enthält ein Alkaloid, Cholin und Gerbstoff, der Wurzelstock Zucker, Pflanzenschleim, Stärke und Asparagin. Die Wirkstoffe des Wurzelstockes besitzen schmerzstillende, beruhigende und wundheilende Eigenschaften. Breiumschläge werden zur Behandlung von Wunden, Krampfadern, Knochen-

hautentzündungen, Rheumatismus und Bronchitis angewendet. Abkochungen der Wurzel dienen als hervorragendes Gurgelwasser bei Angina.
Erntezeit der Wurzel März – April.

Abb. 223
Tafel 39

Benediktenkraut, Bitterdistel
Cnicus benedictus

Distelähnliche, 30 – 40 cm hohe Pflanze mit eckigem, kahlem, wenig verzweigtem Stengel, großen, stachelrandigen Blättern und wollig behaartem, klebrigem Köpfchen mit gelblichweißen Blüten. In Südeuropa wildwachsend, zu pharmazeutischen Zwecken kultiviert.
Blütezeit Juni – August.
Die Pflanze enthält Bitterstoff, Pflanzenschleim, Gerbstoffe und in Spuren ätherisches Öl. Ein Extrakt der frischen Pflanze findet homöopathisch bei Leberentzündung Anwendung. In der Volksheilkunde wird eine Abkochung der getrockneten Pflanze innerlich als auswurfförderndes, harn- und schweißtreibendes Mittel, äußerlich gegen Geschwüre verwendet.

Abb. 16
Tafel 3

Berberitze, Sauerdorn
Berberis vulgaris

1,50 – 3,00 m hoher Strauch mit ovalen, fein gezähnten Blättern und dornenbestückten Zweigen. Die in Trauben angeordneten, kleinen gelben Blüten entwickeln sich zu roten, länglichen Beeren. Vorkommen überwiegend auf kalkhaltigen Böden, an steinigen Hängen.
Holz und Wurzel enthalten Alkaloide. Die eßbaren Beeren sind reich an organischen Säuren (Vitamin C).
Aus der Wurzelrinde gewonnene Extrakte beeinflussen Leber- und Gallefunktion günstig. Der Fruchtsirup, durch Abkochung gewonnen, wird gegen Husten und bei Erkrankungen der Verdauungsorgane angewendet.

Abb. 241
Tafel 42

Berg-Sandglöckchen
Jasione montana

15 – 50 cm hohe Pflanze ohne Ausläufer mit am Rande gewellten, ovalen Blättern und halbkugelig angeordneten, blauen Blütchen. Vorkommen auf sonnigen Plätzen im Gebirge und auf trockenen Weideflächen.
Blütezeit Juni – September.

Abb. 203
Tafel 36

Berufkraut, Scharfes B.
Erigeron acer

10 – 60 cm hohe Pflanze mit wechselständigen, ungestielt lanzettlichen Blättern und nur im oberen Bereich verzweigtem Stengel; Zungenblüten gelblich oder rötlich. Vorkommen auf sandigen Plätzen, an Wegerändern, als Ackerunkraut.
Blütezeit Juni – August.

Bibernelle, Gemeine B., Kleine B.
Pimpinella saxifraga

Abb. 168
Tafel 30

40 – 60 cm hohe Pflanze mit unterschiedlichen, am Grunde 1 – 3teilig, oben stärker gegliederten Blättern, weißlichgrünen Blättern, in Dolden angeordnet und grünen Fruchtständen. Vorkommen auf trockenen, kalkhaltigen Böden recht häufig, als Salatkraut kultiviert. Blütezeit Juli – September.
Die Wurzel enthält ätherisches Öl, Gerbstoff und Harz. Die Wirkstoffe besitzen krampflösende und magenstärkende Eigenschaften. Als Volksheilmittel findet eine aus der Wurzel gewonnene Tinktur gegen Magenerkrankungen sowie bei Angina, Bronchitis und Katarrhen Anwendung.

Bilsenkraut
Hyoscyamus niger

Abb. 326
Tafel 56

40 – 80 cm hohe, unangenehm riechende Pflanze mit langen, buchtig gezähnten, behaarten Blättern und schmutzig-gelben, violett geaderten Blüten. Vorkommen an Wegerändern, auf Schuttplätzen und Kahlschlägen.
Blütezeit Juni – September.
Die Pflanze enthält mehrere Alkaloide, die in geringer Menge krampflösend und narkotisch wirksam sind, in größeren Dosen jedoch erregend und lebensbedrohend auf das Zentralnervensystem einwirken. Bilsenkraut ist eines der ältesten Narkotika. Die Homöopathie verabreicht eine Tinktur als Beruhigungsmittel.
Die Pflanze ist stark giftig!

Bingelkraut, Einjähriges B.
Mercurialis annua

Abb. 364
Tafel 62

20 – 80 cm hohe Pflanze mit kantigem, verzweigtem Stengel, ovalen, gezähntrandigen Blättern und grünen Blüten in vielblütigen Scheinähren. Vorkommen verbreitet als Unkraut auf Äckern und Schutt, in Gärten, an Wegerändern.
Blütezeit Juni – Oktober.
Die Pflanze enthält Saponine, ätherisches Öl, Bitterstoffe und Amine. Die Wirkstoffe besitzen harntreibende und abführende Eigenschaften. In der Homöopathie wird eine Tinktur bei Magenerkrankungen angewendet. Die volkstümliche Verwendung als Abführmittel ist bedenklich.
Gleiche Eigenschaften und Inhaltsstoffe besitzt das Ausdauernde B., *Mercurialis perennis*.

Binse, Knäuel-B.
Juncus conglomeratus

Abb. 428
Tafel 74

25 – 100 cm hohe Pflanze mit röhrig-spitzen, stengelförmigen Blättern und dicht geknäuelten, seitlich sitzenden Blütenständen. Vorkommen an Ufern und Gräben.
Blütezeit Mai – Juli.

B

Abb. 236
Tafel 41

Binsen-Knorpellattich
Chondrilla juncea

50 – 100 cm hohe Pflanze mit unten weißborstigem Stengel, buchtig gezähnten Grundblättern und gelben Blütenköpfen in lockeren Rispen. Vorkommen auf sandigen Böden, an Wegen und Waldrändern.
Blütezeit Juli – September.

Abb. 117
Tafel 20

Birnbaum
Pirus communis

In verschiedenen Arten kultivierter Obstbaum mit breitovalen, gezähntrandigen Blättern und zu Dolden geordneten weißen Blüten. Wildwachsend als dorniger Strauch oder Baum mit kleinen Früchten (Holzbirnen) in Laubmischwäldern.
Blütezeit April – Mai.

Abb. 379
Tafel 65

Birke, Weißbirke
Betula pendula

Kleiner Baum mit charakteristisch weißer, in Bändern sich schälender Rinde und schwarzer Borke; spitzovale bis rautenförmige, gezähntrandige Blätter, im Frühjahr hellgrün (Mailaub), im Herbst goldgelb verfärbt; aufrechte weibliche und hängende männliche Blütenkätzchen; geflügelte Nüßchenfrüchte. Die Zweige sind warzig durch Harzdrüsen (daher auch Warzenbirke genannt). Das Holz ist ein gutes Tischlerholz und wird zur Herstellung von Möbeln geschätzt. Vorkommen auf feuchten Böden, in lichten Wäldern.
Blütezeit April – Mai.
Die Blätter enthalten Saponine, Flavone und Gerbstoff, die Knospen ätherisches Öl. Ein Infus oder ein Extrakt der jungen Blätter wird gegen verschiedene Erkrankungen, vor allem der Harnwege, angewendet. Die Rinde enthält Betulin und ein Glykosid; ihre Inhaltsstoffe finden vor allem in der Parfüm- und Kosmetikaherstellung Verwendung.

Abb. 327
Tafel 56

Bittersüß, Bittersüßer Nachtschatten
Solanum dulcamara

Nachtschattengewächs mit kletterndem oder liegendem, bis 3 m langem Stengel, flaumig behaart; gestielte, spitzovale, am Grunde gelappte Blätter und lilaviolette Blüten in Rispen. Die Früchte sind eiförmige, rote Beeren. Vorkommen verbreitet auf feuchten Böden, an Hecken und Gebüschen.
Blütezeit Juni – August.
Die Pflanze enthält Alkaloide, der Stengel außerdem Saponine. Die Wirkstoffe besitzen harntreibende und auswurffördernde Eigenschaften. In der Homöopathie wird ein Extrakt der frischen Zweige bei Nervenlähmungen, Gelenkrheumatismus, Asthma und chronischen Hauterkrankungen angewendet.
Die Pflanze ist giftig!

Blasenfarn, Zerbrechlicher B. Abb. 465
Cystopteris filix-fragilis Tafel 80

10 – 40 cm hoher Tüpfelfarn mit zarten, durchscheinenden, doppelt gefiederten Wedeln. Vorkommen in gebirgigen Gegenden an Felsen, auf alten Mauern. Sporenreife Juli – September.

Blasenstrauch Abb. 98
Colutea arborescens Tafel 16

1 – 3 m hoher Strauch mit gefiederten, unterseitig kahlen Blättern und dunkelgelben, teilweise rot gefleckten Blüten. Vorkommen ziemlich selten auf Kalkböden, an Hängen. Blütezeit Mai – Juli.
Der Blasenstrauch wird volkstümlich als harntreibendes, entschlackendes Mittel angewendet, die Bestandteile sind jedoch noch nicht restlos analysiert. Da zudem die Wirksamkeit nicht ausgeprägt ist, empfiehlt sich keine therapeutische Anwendung.

Blutweiderich, Weiderich, Blutkraut Abb. 146
Lythrum salicaria Tafel 26

Ausdauernde Pflanze mit vierkantigem Stengel, lanzettlichen, flaumhaarigen, ganzrandigen Blättern und rosa bis purpurfarbenen Blütenähren. Vorkommen sehr häufig auf sumpfigen Wiesen, an Teich- und Flußufern.
Blütezeit Juli – August.
Die Pflanze enthält Flavonglykosid, Gerbstoffe, Pektin und ätherisches Öl, besitzt u. a. antibiotische Eigenschaften und findet bei infektiösen Erkrankungen des Magen-Darmtraktes als Infus oder flüssiger Extrakt Anwendung.

Bocksbart, Wiesen-B. Abb. 229
Tragopogon pratensis Tafel 40

30 – 60 cm hohe Pflanze mit lanzettlich glattrandigen, den Stengel umschließenden Blättern, nach oben verdicktem Blütenstiel, gelben Blütenköpfen und Milchsaft. Vorkommen auf Wiesen und Weideflächen; gute Futterpflanze.
Blütezeit Mai – Juli.

Bockshornklee, Griechisch-Heu Abb. 94
Trigonella foenum graecum Tafel 16

30 – 50 cm hohe Pflanze mit dreifach gefiederten, keulenförmigen, gezähntrandigen Blättern und gelben Blüten. Die Pflanze ist im mittleren Osten und in Griechenland heimisch und dort kultiviert.
Der Samen enthält Pflanzenschleime, Saponin, ein unangenehm riechendes flüchtiges Öl und Proteine. Die Wirkstoffe besitzen u. a. blutdrucksenkende Eigenschaften. Bei innerlicher Anwendung empfiehlt sich eine geschmacksverbessernde Zugabe von Zitronenextrakten oder mentholhaltigen Wirkstoffen. Äußerlich wird der pulverisierte Samen zu Breiumschlägen verwendet. Bockshornklee ist eine der ältesten Heilpflanzen.

Abb. 109
Tafel 18

Bohne, Garten-B.
Phaseolus vulgaris

Die Bohne ist in vielen Varietäten kultiviert, stammt aus Zentral- und Südamerika und blüht gleitend von Mai bis September.
Die Samen (Früchte) enthalten eine giftige Substanz, die nicht durch die Trocknung, sondern nur durch längeres Kochen zerstört wird. Die Hülsen ohne Samen wirken getrocknet stark harntreibend und werden volkstümlich als Abkochung der eingeweichten, getrockneten Hülsen bei Diabetes angewendet. In der Homöopathie findet eine aus der frischen Pflanze gewonnene Tinktur gegen Rheumatismus und Nierenbeschwerden Anwendung.
Abgebildet ist die Feuerbohne, *Phaseolus coccineus*, die ihrer leuchtend roten Blüten zuliebe auch als Zierpflanze Verwendung findet.

Abb. 318
Tafel 54

Bohnenkraut
Saturea hortensis

15 – 30 cm hohe Gewürzpflanze mit aufrechtem, verzweigtem Stengel, linealischen, am Rande behaarten Blättern und hell-lila oder weißen Blüten. Die Pflanze hat kräftig aromatischen Geruch. In Südeuropa wildwachsend, verbreitet kultiviert.
Die Pflanze enthält ätherisches Öl und besitzt stärkende, schleimlösende und durchfallhemmende Eigenschaften. Ein Infus aus den getrockneten oberirdischen Pflanzenteilen wird zum Gurgeln bei Halsschmerzen, als nervenanregendes Mittel und bei chronischen Darmleiden angewendet. Die hervorragende Würzeigenschaft ist allgemein bekannt.

Abb. 295
Tafel 51

Borretsch, Gurkenkraut
Borago officinalis

Kräftige, 30 – 60 cm hohe Würzpflanze, Stengel und breitovale Blätter von steifem Haarfilz bedeckt; sternförmige Blüten, in geöffnetem Zustand blau gefärbt. Vorkommen: als Würzpflanze kultiviert, als Gartenflüchtling wildwachsend. Blütezeit Juni – August.
Die Pflanze enthält Gerbstoff, Pflanzenschleim und ätherisches Öl in Spuren. Die Blüten besitzen erweichende und reizmildernde Eigenschaften, Blätter und Stengel wirken schweißtreibend. Das Infus des Borretsch lindert entzündliche Erkrankungen der Atmungsorgane.

Abb. 332
Tafel 57

Braunwurz, Knotige B., Gemeine B.
Scrophularia nodosa

60 – 90 cm hohe Pflanze mit herzförmig-spitzovalen, gezähntrandigen Blättern und kleinen, kugeligen, in Rispen angeordneten Blüten. Vorkommen verbreitet in Wäldern, an schattigen, feuchten Stellen. Blütezeit Juni – September.
Die Pflanze enthält Saponine und besitzt u. a. harntreibende Eigenschaften. Nur noch in beschränktem Maße findet in der Homöopathie eine Tinktur bei bestimmten Augenerkrankungen und gegen Hämorrhoiden Anwendung.

Brechnußbaum, Krähenaugenbaum Abb. 274
Strychnos nux vomica Tafel 47

Holzgewächs Ostindiens, dessen hartschalige Samen (Brechnüsse, Krähenaugen) das äußerst giftige Alkaloid Strychnin enthalten. Weitere Strychnosarten Südasiens sind der Ignatiusstrauch (Ignatiusbohnen), *S. ignatii*, auf den Philippinen und der javanische Upasstrauch, *S. tieute*. Die Rinde südamerikanischer Strychnospflanzen liefert Curare, das Pfeilgift der Indianer. Strychnin wirkt erregend auf Teile des Zentralnervensystems und wird in der Medizin bei Kreislaufstörungen, Lähmungen und als Gegengift eingesetzt, Curare als muskelerschlaffendes Mittel bei der modernen Narkose.

Brennessel Abb. 371
Große Brennessel – *Urtica dioica* Tafel 63
Kleine Brennessel – *Urtica urens*

50 – 120 cm bzw. 30 – 60 cm hohe, ganz mit Brennhaaren bedeckte Pflanzen mit herzförmig-länglichen, gezähntrandigen Blättern und graugrünen Blüten in hängenden Rispen, die bei der Großen B. länger als die Blattstiele sind. Vorkommen überall weit verbreitet, auch kolonienbildend.
Blütezeit Mai – Oktober.
Die Blätter enthalten u. a. eine histaminartige Substanz, Ameisensäure, Kalium, Gerbstoff, Chlorophyll und Spuren der Vitamine A und C. Die Wirkstoffe besitzen harntreibende, „blutreinigende", die Milchsekretion anregende und der Diabetes entgegenwirkende Eigenschaften. Ein Extrakt der frischen Blätter findet in der Homöopathie Anwendung. Die jungen Blätter, vor der Blüte im März oder April geerntet, ergeben ein schmackhaftes, gesundheitsförderndes Wildgemüse.

Brombeere Abb. 133
Rubus fruticosus Tafel 24

Ausdauernde Pflanze mit bis zu 5 m langen, kletternden, dornigen, verholzenden Stengeln, immergrünen, gezähntrandigen Blättern, häufig gefiedert, weißen oder rosafarbenen Blüten und schwarzblauen Früchten. Vorkommen verbreitet kultiviert, wildwachsend in lichten Wäldern, im Unterholz; Hecken bildend.
Blütezeit Juni – August.
Die Blätter enthalten reichlich Gerbstoff und organische Säuren mit verdauungsregulierenden Eigenschaften. Aus den schmackhaften Früchten bereitet man Sirup, Marmelade und Gelee.

Bruchkraut, Kahles B. Abb. 152
Herniaria glabra Tafel 27

5 – 20 cm hohe Pflanze mit niederliegenden, verzweigten Stengeln, ovalen, glattrandigen Blättchen und kleinen, grünen Blütchen. Pflanze kahl, im Unterschied zum Behaarten B., *Herniaria hirsuta*. Vorkommen auf sandigem Brachland. Blütezeit Mai – August.

Abb. 305 **Brunelle, Gemeine B.**
Tafel 52 ***Prunella vulgaris***

Flaumhaarige Pflanze mit liegendem oder aufrechtem, ca. 20 cm langem Stengel, spitzovalen, gegenständig angeordneten Blättern und violetten, seltener weißen Blüten in endständigen Ähren. Vorkommen verbreitet auf trockenen Böden und sonnigen Plätzen. Blütezeit Juni – September.
Die Pflanze enthält Gerbstoffe, ätherisches Öl und Bitterstoff. Sie besitzt adstringierende Eigenschaften und findet als Abkochung zu Gurgelwasser bei entzündlichen Vorgängen im Mundraum Anwendung. Die Homöopathie verwendet eine aus der frischen Pflanze gewonnene Tinktur.

Abb. 26 **Brunnenkresse,** Wasserkresse
Tafel 5 ***Nasturtium officinale***

Kriechender Stengel, 10 – 25 cm hoch, mit unpaarig gefiederten, gebuchteten bzw. gekerbten Blättern und kleinen weißen Blüten. Die Pflanze wächst wild an Quellen, Seen und Flußläufen und ist als Salatpflanze kultiviert.
Blütezeit Mai – September.
Brunnenkresse enthält die Vitamine C und E, Jod und andere Wirkstoffe mit anregenden, harntreibenden und hustenstillenden Eigenschaften. In der Volksmedizin finden die jungen Sprosse der Pflanze Verwendung.
Erntezeit April – September.

Abb. 478 **Brunnenlebermoos, Gemeines B.**
Tafel 81 ***Marchantia polymorpha***

Zweihäusige, bis 8 cm große, breitlappige, gabelig verzweigte Moospflanze, die an feuchten Mauern, an Gräben und anderen nassen Stellen wächst.

Abb. 382 **Buche, Rotbuche**
Tafel 66 ***Fagus silvatica***

Hoher Baum mit glatter, grauer Rinde und ovalen, jung gewelltrandigen Blättern; männliche Blüten in kurzen, kugeligen Köpfchen, weibliche zu zweien in vierklappiger, stachliger Hülle; Früchte sind die braunschaligen, dreikantigspitzen „Bucheckern“. Das Holz der Rotbuche ist rötlichweiß und hart, es wird zu besonders beanspruchten Bauteilen (Treppen) verarbeitet. Aus den Bucheckern läßt sich ein feines Speiseöl gewinnen. Vorkommen in der Ebene und im Mittelgebirge, ausgedehnte Wälder bildend. Blütezeit Mai.

Abb. 365 **Buchsbaum, Gemeiner B.**
Tafel 63 ***Buxus sempervirens***

Immergrüner Strauch oder niedriger Baum mit kleinen, ovalen, dunkelgrün glänzenden, ledrigen Blättern, grünlichen Blütenbüscheln in den Blattachseln und braunen Kapselfrüchten. In den Mittelmeerländern und Westeuropa, in Deutschland vereinzelt im Moselgebiet und in Baden wildwachsend; als Zwergstrauch kultiviert.

Büchsenkraut
Lindernia pyxidaria

Abb. 340
Tafel 58

5 – 10 cm hohes Pflänzchen mit verzweigtem Stengel, ovalen, ganzrandigen Blättern, gegenständig angeordnet, und einzelstehenden, gestielten, blaßrosa Blüten. Vorkommen verstreut an feuchten Stellen, vorzugsweise in Süddeutschland.
Blütezeit August – September.

Caesalpinia Abb. 80
Caesalpinia pulcherrima Tafel 14

Akazienähnliche, hohe Bäume Ost- und Westindiens, die Hölzer zum Färben und Gerben liefern.

Christophskraut Abb. 13
Actaea spicata Tafel 3

20 – 60 cm hohe, unangenehm riechende Pflanze mit unpaarig gefiederten, gezähntrandigen Blättern und weißen, zu Trauben geordneten Blüten, aus denen sich schwarze, glänzende Beeren entwickeln. Vorkommen in schattigen Bergwäldern, auf kalkhaltigen Böden.
Blütezeit April – Juni.
Der Samen der Pflanze enthält ein Protoanemonin. In der Homöopathie werden aus der Wurzel gewonnene Tinkturen bei rheumatischen Erkrankungen angewendet, sind jedoch in der heutigen Therapie nur noch von untergeordneter Bedeutung.
Die Beeren enthalten Giftstoffe, die Hautentzündungen hervorrufen können!

Clarkie Abb. 144
Clarkia pulchella Tafel 26

Aus Nordamerika stammende Gartenzierpflanze mit linealischen Blättern und großen blauen Blüten. Die Blütenblätter sind stark gebuchtet.

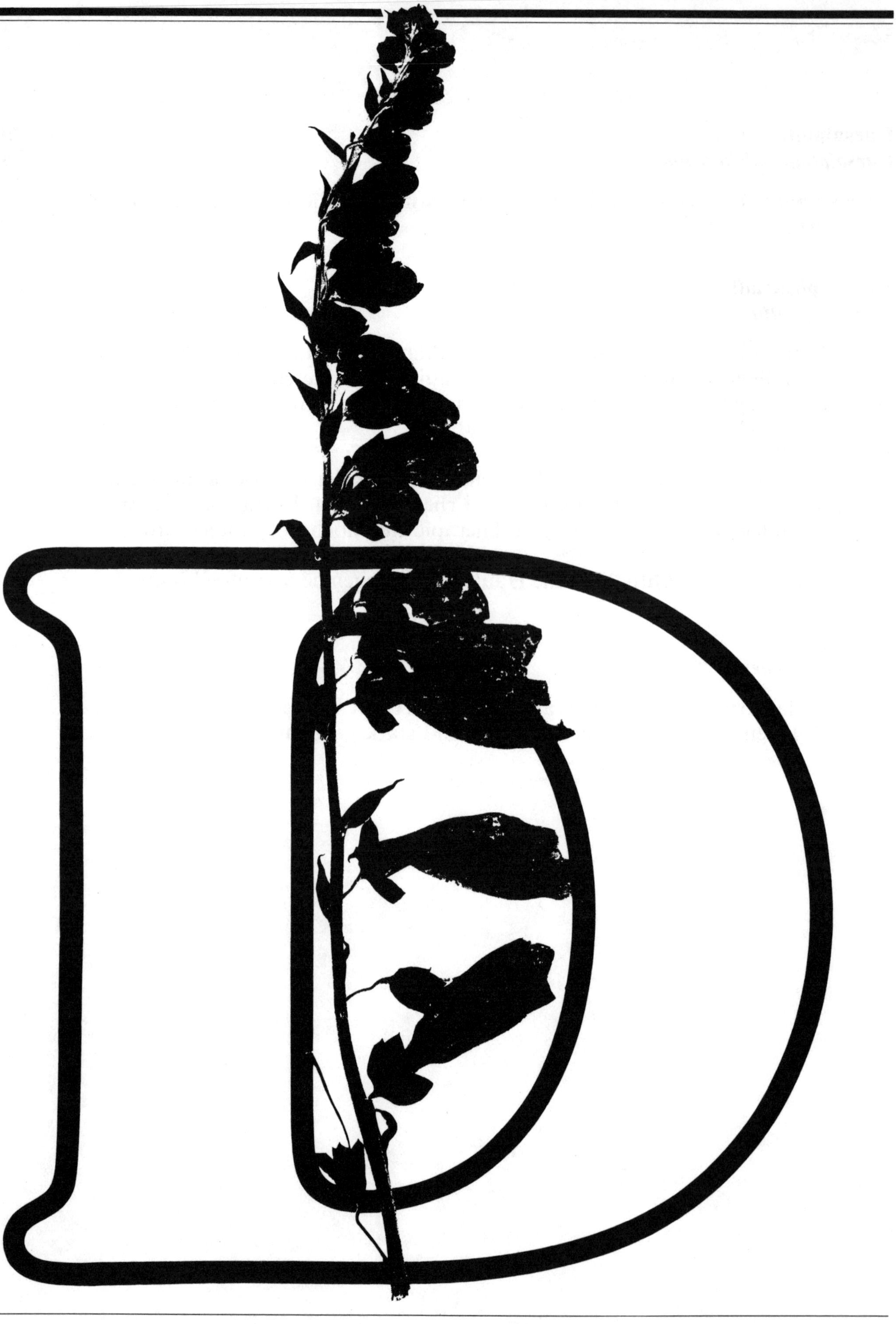

Dill, Gurkenkraut
Anethum graveolens

Abb. 175
Tafel 31

Gewürzpflanze mit 60–90 cm langen Stengeln, fein gefiederten Blättern und gelber Doldenblüte. In Südeuropa wildwachsend, verbreitet als frisches Salat- und Einmachgewürz kultiviert.
Blütezeit Juli–August.

Diptam
Dictamnus albus

Abb. 72
Tafel 13

40–90 cm hohe Pflanze mit unpaarig gefiederten, spitzovalen Blättern und weißlich-geäderten Blüten. Vorkommen auf Kalkfelsen und in Bergwäldern Süddeutschlands und Südeuropas.
Blütezeit Juni–Juli.
Die Pflanze steht unter Naturschutz!

Distel, Eselsdistel
Onopordon acanthium

Abb. 225
Tafel 39

1–2 m hohe Pflanze mit breit geflügeltem, stachligem Stengel, wechselständigen, stachelrandigen Blättern und großen, einzelstehenden, meist violetten Köpfen. Vorkommen häufig an Schutt und Wegerändern.
Blütezeit Juli–September.

Distel, Nickende Distel
Carduus nutans

Abb. 224
Tafel 39

40–100 cm hohe Pflanze mit stachligem Stengel, stachelrandigen, gelappten Blättern und roten bis rotvioletten, fast kugeligen, nickenden Köpfchen bis 6 cm Durchmesser. Vorkommen auf trockenen Böden, an Wegerändern.
Blütezeit Juli–August.
In Deutschland sind ca. 20 Distelarten in vielen Varianten vertreten.

Eberesche, Vogelbeere
Sorbus aucuparia

Abb. 125
Tafel 22

Strauch oder bis zu 8 m hoher Baum mit unpaarig gefiederten, gezähntrandigen Blättern und kleinen weißen, in Scheindolde stehenden Blüten. Die Früchte sind rot oder orangefarben. Vorkommen häufig an Waldrändern und freistehend bis ins Hochgebirge. Blütezeit Mai – Juni.
Die Früchte der Eberesche enthalten in reichem Maße Vitamin C, außerdem organische Säuren, Pektin und Carotin. Die Wirkstoffe besitzen harntreibende und mild abführende Eigenschaften. Aus den Früchten wird ein Sirup gewonnen.

Efeu
Hedera helix

Abb. 181
Tafel 32

Immergrüne, mit Hilfe von Haftwurzeln kletternde Pflanze; mehrere Meter lange, verholzende Zweige mit ledrigen, glänzenden Blättern; kleine, grüne Blüten, in Dolden angeordnet. Vorkommen in Wäldern, an Felsen und Mauerwerk, als Zierpflanze angepflanzt. Blütezeit September.
Die schwarzen Beeren sind giftig und enthalten hautreizende, blasenerzeugende Stoffe. Die Pflanze enthält ein Saponin mit krampflösenden Eigenschaften, das homöopathisch besonders bei Keuchhusten angewandt wird.

Ehrenpreis, Echter E.
Veronica officinalis

Abb. 338
Tafel 58

Kriechende Pflanze mit 15 – 30 cm langem Stengel, kurzgestielt ovalen, gezähntrandigen, hellgrünen Blättern und hellblauen, zum Teil lilageäderten Blüten, in Scheinähren angeordnet. Vorkommen in trockenen, lichten Wäldern und mageren Wiesen. Blütezeit Juni – August.
Die Pflanze enthält einen Bitterstoff und Gerbstoff und besitzt appetitanregende, hustenstillende und harntreibende Eigenschaften. Ehrenpreis, früher von hervorragender Bedeutung, findet heute kaum noch Anwendung.

Ehrenpreis, Feld-E.
Veronica arvensis

Abb. 339
Tafel 58

Zartes, bis 25 cm hohes Pflänzchen mit spärlich beblättertem Stengel, eiförmigen, gekerbten und behaarten Blättern und kleinen, blauen Blüten in den Blattachseln. Vorkommen auf Äckern und an Wegerändern.
Blütezeit April – September.

Eibe
Taxus baccata

Abb. 393
Tafel 68

Immergrüner, mittelhoher Baum mit zweizeilig angeordneten, weichen, flachen, dunkelgrün nadelähnlichen Blättern und eiförmigen, von einem roten Samenmantel umgebenen Samen (Scheinbeeren). Vorkommen verstreut in Wäldern

und Schluchten des südlichen Mittelgebirgsraumes bis zum Harz, jedoch nicht höher als 1200 m. Blütezeit März – Mai.
Jeder Teil des Baumes enthält das sehr giftige Alkaloid Taxin und andere Wirkstoffe. Anwendung eines Blattextraktes nur in der Homöopathie gegen Lebererkrankungen und pathologische Störungen der Harnorgane.
Die Eibe ist stark giftig!

Abb. 59
Tafel 11

Eibisch, Weiße Malve, Heilwurz
Althaea officinalis

50 – 100 cm hohe, buschartige Pflanze mit breiten, gezähntrandigen, sich samtig anfühlenden Blättern und hellrosa Blüten, bis 2,5 cm groß. Vorkommen auf feuchten Böden in der Ebene, an Flußufern und Küsten.
Blütezeit August – September.
Die Pflanze, besonders aber die Wurzel, enthält reichlich Pflanzenschleim, außerdem Pektin und Zucker. Die Wirkstoffe besitzen erweichende und beruhigende Eigenschaften. Sirup und Pflanzensäfte finden gegen Reizungen der Schleimhäute, Katarrhe und entzündliche Vorgänge im Magen wie in den Atmungsorganen Anwendung.
Ernte der Blüten, Blätter und Wurzel während der Blütezeit.

Abb. 384
Tafel 66

Eiche
Sommereiche, Stieleiche – *Quercus robur*
Stein- oder Wintereiche – *Quercus petraea*
Flaumeiche – *Quercus pubescens*

Hohe, starkborkige und knorrige Bäume mit charakteristisch gebuchteten, kurz gestielten Blättern; männliche Blüten in grünen, hängenden Kätzchen, weibliche einzeln oder zu mehreren, umgeben vom feinschuppigen, später verholzenden Fruchtbecher; einsamige Nußfrüchte (Eicheln). Vorkommen verbreitet, die Sommereiche mehr in der Ebene, die Steineiche in höheren Lagen, ausgedehnte Wälder bildend. Die Flaumeiche mit flaumig behaarten Zweigen und (jungen) Blättern ist selten. Blütezeit April – Mai.
Die Rinde enthält in hohem Maße Gerbstoff; eine Abkochung findet als Gurgelwasser oder als Badezusatz, besonders bei übermäßigem Fußschweiß Anwendung. Innerlich wird ein flüssiger Extrakt bei Milz- und Leberleiden verabreicht.

Abb. 413
Tafel 72

Einbeere
Paris quadrifolia

Ausdauernde Pflanze mit einzelnem, steifem, 30 – 40 cm hohem Stengel, breitovalen, quirlständig zu vieren geordneten Blättern, grünlichgelber Blüte und braunschwarzer, giftiger Beere. Vorkommen verbreitet, im Unterholz, vorzugsweise auf kalkhaltigen Böden. Blütezeit Mai – Juni.
Die Einbeere war früher offizinell, wird heute jedoch nur noch in der Homöopathie, u. a. bei Neuralgien, angewendet. Die Beere ist giftig!

Eisenhut, Echter Sturmhut Abb. 14
Aconitum napellus Tafel 3

50 – 130 cm hohe Pflanze mit schmalen, 5 – 7fach gefingerten, glattrandigen, dunkelgrünen Blättern, Pfahlwurzel und blauvioletten, traubenförmig angeordneten Blüten. Vorkommen im Gebirge bis in 3000 m Höhe.
Blütezeit Juli – September.
Die Art *Aconitum vulparia* ist gelbblühend.
Die Pflanze enthält Alkaloide und Flavonglucoside. Die Inhaltsstoffe besitzen eine anästhesierende Wirkung.
Der Eisenhut ist die giftigste aller in Europa vorkommenden Pflanzen, deren Gift auch durch die Haut einzudringen vermag und Hautentzündungen hervorrufen kann.

Eisenkraut Abb. 321
Verbena officinalis Tafel 55

30 – 60 cm hohe Pflanze mit steifen, kantigen Stengeln, gegenständig angeordneten, fiederspaltig gebuchteten oder lanzettlichen Blättern und kleinen rosafarbenen Blüten in endständigen Ähren. Vorkommen verbreitet auf trockenen Wiesen, an Wegerändern und Hängen. Blütezeit Juni – August.
Die Pflanze enthält ätherisches Öl, Glykoside, Gerbstoff, Pflanzenschleim und Bitterstoff, besitzt harntreibende, durchfallhemmende, anregende, vor allem aber wundheilende Eigenschaften und wird homöopathisch in Form einer Tinktur verabreicht. Zur Wundbehandlung wird eine Abkochung der blühenden Pflanze angewendet. Erntezeit Juni – August.

Engelwurz Abb. 174
Angelica archangelica Tafel 31

Kräftige, bis zu 2 m hohe Pflanze mit großer Pfahlwurzel, zylindrisch hohlem, verzweigtem Stengel mit breiter, lappiger Scheide, unpaarig gefiederten, gezähntrandigen Blättern und weißlichgrünen Blüten in Doppeldolden. Vorkommen verstreut auf feuchten Böden, an Gewässerrändern und im Gebirge.
Blütezeit Juli – August.
Die aromatisch duftende Pflanze, besonders aber die Wurzel, enthält ätherisches Öl. Die Wirkstoffe besitzen allgemein kräftigende, krampflösende, verdauungsfördernde und beruhigende Eigenschaften. Die Abkochung von Wurzelteilen findet u. a. bei Magenerkrankungen und grippalen Infekten Anwendung. Die Aromastoffe sind in zahlreichen Kräuterlikören enthalten.

Enzian, Frühlings-E. Abb. 277
Gentiana verna Tafel 48

Gebirgspflanze mit 5 – 15 cm hohen Stengeln, grundständigen, lanzettlichen Blättern und einzeln endständigen, blauen Blüten mit langem, an den Kanten geflügeltem Kelch. Vorkommen auf mageren Matten und felsigen Hängen in den Alpen, bis 2500 m ansteigend. Blütezeit je nach Standort April – Juli.

Enzianarten von ähnlichem Aussehen sind u. a. Schnee-Enzian, *Gentiana nivalis*, und Kurzblättriger Enzian, *Gentiana brachyphylla.*

Abb. 278
Tafel 48

Enzian, Stengelloser E.
Gentiana clusii und
***Gentiana kochiana* –** (mit olivgrünen Flecken im Innern der Blüten)

Großblütige Hochgebirgspflanzen mit grundständigen, breit- oder länglichovalen Blättern und röhrig-glockiger, blauer Blüte an kurzem, oft kaum wahrnehmbarem Stengel. Vorkommen auf Matten und Weideflächen in den Hochlagen der Alpen. Blütezeit Mai – Juli.
Gentiana kochiana enthält Bitterstoffe mit magenstärkender, appetitanregender Eigenschaft und wird volkstümlich bei Blutarmut und Fieber angewendet.

Enzian, Gelber E., Bitterwurz (ohne Abb.)
Gentiana lutea

Enziangewächs mit langer Pfahlwurzel, 60 – 110 cm hohem Stengel, gegenständigen, breitovalen Blättern mit paralleler Nervatur und leuchtend gelben, zu Scheinwirteln geordneten Blüten an den Blattachseln. Vorkommen auf Weideflächen und sonnigen Wiesenhängen in den Alpen, im Schwarzwald, in den Vogesen und den Gebirgen Südeuropas. Blütezeit Juli – August.
Die Wurzel vor allem enthält die bitterste bis heute bekannte Substanz, die noch in wäßriger Verdünnung von 1 : 50 000 wahrnehmbar ist. Die Wirkstoffe besitzen magenstärkende, appetitanregende und verdauungsfördernde Eigenschaften. Die Wurzel wird als Abkochung, Extrakt oder Tinktur angewendet oder vergoren zu Spirituosen verarbeitet.

Alle genannten Enzianarten stehen unter Naturschutz!

Abb. 108
Tafel 18

Erbse, Saat-E., Garten-E.
Pisum sativum

Bis zu mehreren Metern rankende Pflanze mit gefiederten, mit Ranken versehenen Blättern und weißen Blüten. Die Erbse ist als Kulturpflanze verbreitet. Es gibt eine Vielzahl von Varietäten.

Abb. 23
Tafel 4

Erdrauch, Gemeiner E.
Fumaria officinalis

15 – 30 cm hohe Pflanze mit unpaarig gefiederten, graugrünen Blättern und rosa oder gelblich-weißen, in Trauben angeordneten Blüten. Vorkommen buschig langgestreckt oder auch kletternd an Gartenrändern, Böschungen und auf Brachland, gelegentlich kolonienbildend. Blütezeit Mai – Oktober.
Die Pflanze enthält verschiedene Alkaloide, u. a. Fumarin. Die Wirkstoffe besitzen verdauungsfördernde, appetitanregende und abführende Eigenschaften. Die äußerliche Anwendung gegen Flechten und andere Hautkrankheiten

war verbreitet. Ein als Infus zubereiteter Tee aus der getrockneten Pflanze findet bei Erkrankungen der Verdauungsorgane Anwendung, auch zum Abführen. Erntezeit der blühenden Pflanze Juni – Oktober.

Erle, Schwarzerle
Alnus glutinosa

Abb. 378
Tafel 65

10 – 20 m hoher Baum mit schwärzlicher Rinde, klebrigen Knospen und ebensolchen, breitovalen, gezähnten, dunkelgrünen Blättern; grüngelbe männliche Blütchen in langen, hängenden Kätzchen, rote weibliche in kurzen Zäpfchen. Das Holz ist für Schnitzarbeiten sehr gut geeignet. Vorkommen auf feuchten Böden, an Flußufern, in der Ebene.
Blütezeit März – April (vor der Belaubung).
Die Rinde enthält u. a. Gerbstoffe und Harzsäuren. Eine Abkochung der Rinde wird als Gurgelwasser bei Angina angewendet.

Esche
Fraxinus excelsior

Abb. 268
Tafel 46

Hoher Baum mit glatter, grauer, im Alter aufgerauhter Rinde, unpaarig gefiederten, lanzettlich gezähntrandigen, dunkelgrünen Blättern und zuerst purpurroten, später grünen Blüten. Früchte charakteristisch geflügelt. Vorkommen in schattigen Wäldern, an steinigen Hängen.
Blütezeit April – Mai.
Die Rinde enthält ein Glykosid, Rutin, Zucker, Harze und Apfelsäure. Die Rinde wurde früher als Ersatz für Chinarinde verwendet. Heute finden nur noch gelegentlich die Blätter Anwendung.

Esparsette (siehe Futteresparsette)

Färberdistel, Gemeine F., Saflor Abb. 222
Carthamus tinctorius Tafel 38

Aus Ostindien stammende, 30 – 60 cm hohe Pflanze mit gering stachelbewehrten Blatträndern, am Stengelende vermehrten Blattansätzen und anfangs gelben, später roten Blütenköpfen. Blütezeit Juli – August.
Aus den Blütenköpfen wurden früher Farbstoffe für Textilien, Schminken und Lebensmittel gewonnen.

Färberröte Abb. 192
Rubia tinctorum Tafel 34

Labkrautartige Farbpflanze mit niederliegendem, 60 – 90 cm langem, vierkantigem Stengel und gelben Blütchen. Die Wurzel (Krapp-, Färberwurzel) lieferte roten Farbstoff. Wildwachsend in Südeuropa.
Blütezeit Juli – August.

Färber-Waid Abb. 40
Isatis tinctoria Tafel 7

50 bis mehr als 100 cm hohe Pflanze mit länglich pfeilförmigen Blättern und gelben Blüten. Färber-Waid ist u. a. erkenntlich an der Vielzahl einsamiger Schötchen. Vorkommen an Ufern und Hängen. Gelegentlich als Nutzpflanze angebaut, liefert die Pflanze einen blauen und grünen Farbstoff.
Blütezeit Mai – Juli.

Färber-Wau, Färber-Reseda Abb. 43
Reseda luteola Tafel 8

60 – 100 cm hohe Pflanze mit wenig verzweigten Stengeln, lanzettlichen Blättern und gelblichgrünen, traubenförmig angeordneten Blüten. Vorkommen auf lockeren Aufschüttungen, in der Nähe von Ortschaften, verschiedentlich kultiviert.
Blütezeit Juni – September.
Die Pflanze wurde früher verbreitet zum Gelbfärben von Stoffen verwendet. Sie enthält Flavone, ist jedoch heute als Heilpflanze nicht mehr von Bedeutung.

Faulbaum Abb. 74
Rhamnus frangula (Frangula alnus) Tafel 13

3 – 6 m hoher Strauch mit ovalen, ganzrandigen, wechselständigen Blättern und Zwitterblüten mit 5 Blütenblättchen; rote, in der Reife braune Beerenfrüchte. Vorkommen in feuchten Wäldern und Sümpfen.
Blütezeit Mai – Juni.
Rinde und junge Zweige enthalten Glykoside. Die Wirkstoffe besitzen abführende Eigenschaften. Die getrocknete Rinde muß mindestens ein Jahr aufbewahrt werden, bevor man sie als Abkochung verwendet.

F

Abb. 196
Tafel 34

Feldsalat, Rapunzel
Valerianella locusta, V. olitoria

5–20 cm hohe Pflanze mit spatelförmigen Grundblättern, zungenförmigen Blättern am Stengel und bläulichen Blütchen in Dolden. Auf Wiesen und Brachland wildwachsend, als Salatpflanze kultiviert. Blütezeit April–Mai.

Abb. 172
Tafel 30

Fenchel
Foeniculum vulgare, Anethum foeniculum

Kräftige, 80–150 cm hohe Pflanze mit fein gefiederten, in einer Scheide endenden, blaugrünen Blättern, langen, linealischen Fiederblättchen, glänzenden, vollen Stengeln und gelben Blüten in großen Doppeldolden. Vorkommen verbreitet auf Ödland, Hügeln und Brachland, überall kultiviert.
Blütezeit Juli–August.
Die Pflanze, vor allem aber die Früchte, enthalten ein ätherisches Öl, das anregende, krampflösende, auswurffördernde, entwässernde und verdauungsfördernde Eigenschaften besitzt. Ein Infus aus den Früchten findet gegen vielerlei Erkrankungen lindernd und heilend Anwendung und ist vor allem zur Verabreichung an Kinder geeignet.

Abb. 233
Tafel 40

Ferkelkraut, Gemeines F.
Hypochoeris radicata

Korbblütler mit grundständig in Rosette angeordneten, leicht gebuchtetrandigen, borstig behaarten Blättern, 25–60 cm hohen Blütenstengeln und gelben, endständigen Blütenköpfen. Vorkommen auf Wiesen, in Waldlichtungen, auf sandigen Böden. Blütezeit Mai–August.

Abb. 256
Tafel 44

Fettkraut, Gemeines F.
Pinguicula vulgaris

5–15 cm hohe Pflanze mit grundständiger Blattrosette aus fettig glänzenden, ovalen Blättern und violetten, gespornten Blüten, endständig an blattlosem Stengel. Vorkommen auf sumpfigen Gebirgswiesen, Hoch- und Flachmooren, vorzugsweise im Alpenvorland und in Skandinavien. Blütezeit Mai–August.

Abb. 390
Tafel 68

Fichte, Gemeine F., Rottanne
Picea abies

Bis zu 50 m hoher Nadelbaum mit rotbrauner Rinde, sehr dicht spiralig gestellten, stachelspitzigen, vierkantigen nadelförmigen Blättern auf vorspringenden Blattkissen und hängenden, länglichen Zapfen, die als Ganzes abfallen; männliche Blütenzäpfchen kugelig, rot, weibliche länglich, rot oder grün, noch aufrecht stehend. Das Holz ist weiß, weich und elastisch, ein dauerhaftes Nutzholz. Die Fichte ist der in Deutschland am häufigsten anzutreffende Nadelbaum, etwa ein Drittel der gesamten Waldfläche einnehmend. Vorherr-

schend in den Mittelgebirgen, in den Alpen bis zur Krummholzzone ansteigend. Blütezeit April – Mai.
Eine Abkochung oder der Extrakt frischer Fichtennadeln findet vorzugsweise als Badezusatz Anwendung und besitzt in seinem ätherischen Öl einen hervorragenden Wirkstoff.

Fichtenspargel, Waldwurz Abb. 255
Monotropa hypopitys Tafel 44

Bis 30 cm hohe Pflanze mit weißlich-gelbem Stengel, schuppenförmig mit gleichfarbigen Blättern besetzt und gelbem, traubig nickendem Blütenstand. Vorkommen als Moderpflanze in schattigen Wäldern. Blütezeit Juni – August.

Fieberklee, Bitterklee, Sumpfklee Abb. 279
Menyanthes trifoliata Tafel 48

Im Wasser und an feuchten Ufern wachsende Pflanze mit kriechendem Sproßende, großen, 3fach gefingerten, gekerbtrandigen Blättern und weiß-rosa gefärbten Blüten mit weiß bewimperten Blütenblättern in endständigen Trauben. Vorkommen in und an Teichen und kleinen Seen, in Sümpfen, auf Torfmooren. Blütezeit Mai – Juni.
Die Blätter und der Wurzelstock enthalten Bitterstoff mit kräftigenden, magenstärkenden und nervenberuhigenden Eigenschaften. Ein Infus der Blätter findet bei Verdauungsstörungen und Leberschwäche Anwendung.
Erntezeit der Blätter April – Juni.

Fingerhut
Roter Fingerhut – *Digitalis purpurea* Abb. 334
Tafel 57
Gelber Fingerhut – *Digitalis lutea* Abb. 335
Tafel 58

Bis über 1 m hohe Pflanze mit kräftigem Stengel, lanzettlichen, sehr großen, am Grund zur Rosette vereinigten, am Stengel wechselständig angeordneten, gezähntrandigen Blättern und hängenden Glockenblüten in endständiger, meist einseitwendiger Traube. Vorkommen in lichten Wäldern, im Gebirge. Der Gelbe Fingerhut gedeiht vorzugsweise auf kalkhaltigen, der Rote Fingerhut auf sauren Böden. Blütezeit Juni – August.
Die Blätter enthalten mehrere Glykoside, darunter das Digitalin, das isoliert in der Medizin als herzstärkendes Mittel Anwendung findet. Der Fingerhut zählt zu den wertvollsten Arzneipflanzen.
Die Pflanze ist giftig!

Fingerkraut Abb. 130
Hohes Fingerkraut – *Potentilla recta* Tafel 23
Frühlings-Fingerkraut – *Potentilla verna* (Abb.)

Von den verschiedenen Fingerkraut-Arten, die alle gefingerte, wenn auch in der Form unterschiedliche Blätter und gelbe Blüten aufweisen, ist vor allem das

Hohe Fingerkraut als Heilpflanze bekannt. Von der abgebildeten Art unterscheidet es sich durch die länglicheren und rundum gezähntrandigen Blätter. Blütezeit Mai – Juli, im Unterschied zum Frühlings-Fingerkraut, das bereits im April zu blühen beginnt.
Der Wurzelstock des Hohen Fingerkrautes ist reich an Gerbstoffen und besitzt durchfallhemmende Eigenschaften. Verwendung findet eine Abkochung oder eine Tinktur.

Abb. 281 **Flammenblume**
Tafel 48 ***Phlox (drummondi,*** Abb.***)***

In vielen Arten als Gartenzierpflanze kultiviert mit verschiedenfarbigen, endständigen Blütentrauben.
Himmelsleitergewächs, Heimat Nordamerika, Ostasien.

Abb. 457 **Flattergras**
Tafel 79 ***Milium effusum***

70 – 100 cm hohes, schlankes Gras mit waagerecht am Halm abzweigenden Rispen; Ährchen einblütig. Vorkommen verbreitet in Wäldern, vom Wild besonders begehrt. Blütezeit Mai – Juli.

Flechten
Abb. 481 **Isländische Flechte, Isländisch(es) Moos** ***Cetraria islandica***
Tafel 81

An kühlen und feuchten Orten, vor allem im Hochgebirge auf Matten und Wiesen wachsende Flechte mit bandartig gelapptem, bräunlichem, in trockenem Zustand weißlichgrünem Körper.
Die Pflanze enthält mehrere organische Säuren sowie Pflanzenschleim und besitzt antibiotisch wirkende, kräftigende und hustenstillende Eigenschaften. Darüber hinaus wirken die Bestandteile appetitanregend und verdauungsfördernd. Therapeutisch ist eine Abkochung gegen entzündliche Erkrankungen der Atemwege und funktionelle Störungen der Verdauungs- und Harnorgane anzuwenden, auch bei Schwäche- und Erschöpfungszuständen jeder Art. Der charakteristisch bittere Geschmack verliert sich nach längerem Kochen.
Auf Baumrinden, besonders auf der Rinde von Nadelbäumen, wachsen zahlreiche Flechtenarten, deren wichtigste und häufigste nachfolgend Erwähnung finden sollen:

Abb. 480 **Schüsselflechte,** ***Xanthoria parmelia***
Tafel 81

Aus blattartigen Lappen gebildeter Körper mit schüsselförmigen Fruchtkörpern.

Abb. 485 **Schildflechte,** ***Parmelia physoides***
und 487
Tafel 81

Aus tiefeingeschnittenen Lappen bestehender Körper, in feuchtem Zustand dunkelgrau, sonst hellgrau.

Bartflechte, *Usnea barbata* Abb. 486 Tafel 81

Graugrüne, fadenförmige Körper mit schildförmigen Fruchtkörpern und Moosbart, *Bryopogon jubatus* (ohne Abb.), ebenfalls weitverzweigte Fäden. Beide Arten hängen oft von den Zweigen herab.

Lungenflechte, *Lobaria pulmonaria* Abb. 488 Tafel 81

Blattartige, stark gelappte, netzadrige Körper; gedeiht außer an Laubbäumen auch auf Felsen.

Färberflechte, *Roccella tinctoria* Abb. 483 Tafel 81

Im Mittelmeergebiet heimisch, und Kuchenflechte, *Lecanora subfusca*, auch in Mitteleuropa vertreten, wachsen vorzugsweise auf Felsen. Abb. 484 Tafel 81

Rentierflechte, *Cladonia rangiferina* (ohne Abb.)

Stark verzweigter Körper, und Becherflechte, *Cladonia pyxidata*, mit kelchförmigen Fruchtkörpern, auf deren Rand rote Apothecien sitzen, besiedeln auch die Böden trockener Wälder. Abb. 482 Tafel 81

Flieder
Syringa vulgare Abb. 270 Tafel 46

Strauch oder niedriger Baum mit herzförmigen, unterseitig helleren Blättern und weißen oder lilafarbenen Blütentrauben. Als Zierstrauch kultiviert, in Südeuropa wildwachsend. Blütezeit Mai – Juni.

Fliegenfalle, Mückenwürger
Apocynum androsaemifolium Abb. 272 Tafel 47

Aus Nordamerika stammende Gartenzierpflanze mit lanzettlichen, gegenständigen Blättern und rosaroten Blütenrispen. Die Blüten enthalten einen klebrigen Saft, der als Insektenfalle dient.

Flockenblume, Skabiosen-F.
Centaurea scabiosa Abb. 228 Tafel 40

40 – 100 cm hohe Pflanze mit verzweigtem Stengel, fiederspaltigen Blättern und rotvioletten Blütenköpfchen. Vorkommen an sonnigen Stellen, besonders in Süddeutschland und in den Alpen. Blütezeit Juni – September.

Frauenmantel, Wiesen-Fr.
Alchemilla vulgaris Abb. 137 Tafel 24

10 – 40 cm hohe Pflanze mit verholztem Wurzelstock, handförmig geteilten, gefalteten, gezähntrandigen Blättern und kleinen, gelblichgrünen, zu dolden-

förmigen Träubchen geordneten Blüten. Vorkommen auf feuchten Wiesen und Weideflächen, in Waldlichtungen.
Blütezeit Mai – September.
Die Pflanze enthält Gerbstoff mit verdauungsfördernden, kräftigenden und appetitanregenden Eigenschaften. Die Heilpflanze findet gegen bestimmte Frauenkrankheiten Anwendung. Verabreicht wird ein Infus oder der Extrakt aus der frischen, blühenden Pflanze.
Erntezeit Juni – August.

Abb. 405 Tafel 70

Frauenschuh
Cypripedium calceolus

Bis 30 cm hohe Orchidee mit breitlanzettlichen, stengelumfassenden Blättern und endständiger, zweifarbig braun-gelber Blüte. Die Lippe hat die Form eines Pantoffels. Vorkommen sehr selten in schattigen Gebirgswäldern.
Blütezeit Mai – Juni.
Die Pflanze ist streng geschützt!

Abb. 394 Tafel 68

Froschbiß
Hydrocharis morsus ranae

10 – 15 cm hohe Pflanze mit grundständig angeordneten, langgestielten, nierenförmigen Blättern und weißen bis rosafarbenen Blüten. Vorkommen verstreut in stehenden Gewässern und Sümpfen.
Blütezeit Juni – September.
Zu den Froschbißgewächsen gehören u. a. die Wasserpest, *Elodea canadensis*, mit flutendem, bis 3 m langem Stengel, die wuchernd ganze Wasserläufe verstopft, und die Krebsschere, *Stratiotes aloides*.

Abb. 411 Tafel 71

Frühlingsknotenblume, Märzbecher
Leucojum vernum

8 – 30 cm hohe, dem Schneeglöckchen eng verwandte Pflanze, jedoch kräftiger im Wuchs; die Blütenhüllblätter sind an der Spitze gelbgrün gefleckt und knotig verdickt. Vorkommen auf Bergwiesen, in feuchten Laubwaldungen Mittel- und Südeuropas; in Norddeutschland nur verwildert.
Die Pflanze ist geschützt!

Abb. 143 Tafel 25

Fuchsie
Fuchsia coccinea

Aus Südamerika eingeführte, bei uns als Zierpflanze kultivierte Strauchpflanze mit roten, hängenden, traubenförmig angeordneten Blüten. Die Fuchsie ist als Garten- wie auch als Topfpflanze beliebt und blüht den ganzen Sommer über.

Fuchsschwanz Abb. 346
Zurückgekrümmter Fuchsschwanz – *Amaranthus retroflexus* Tafel 59
Grüner Fuchsschwanz – *Amaranthus lividus*

30 cm hohe, auch größere Pflanze mit langgestielt eiförmigen Blättern und kegelförmigen Blütenrispen. Vorkommen auf Äckern, Schutthalden und Brachland. Verschiedene Arten sind als Zierpflanzen kultiviert.

Fuchsschwanz, Wiesen-F. Abb. 448
Alopecurus pratensis Tafel 77

60 – 100 cm hohes Ährenrispengras mit scharfrandigen, breiten Blättern und grüner Blütenähre. Vorkommen verbreitet auf feuchten Wiesen.
Blütezeit Mai – Juni.

Futter-Esparsette Abb. 103
Onobrychis viciaefolia Tafel 17

30 – 60 cm hohe Pflanze mit gefiederten, länglichen Blättern und hellroter Blütenkerze; Hülse einsamig, kurz gezähnt. Vorkommen vorzugsweise auf Kalkboden, als Futterpflanze angebaut.
Blütezeit Mai – Juli.

Gänseblümchen Abb. 207
Bellis perennis Tafel 36

Maximal 10 cm hohe Pflanze mit spatelförmigen, flaumhaarigen, gezähntrandigen Blättern, in grundständiger Rosette vereinigt; einzelstehende Blütenköpfchen mit weißen (rötlichen) Randblüten. Vorkommen auf Wiesen und Rasenflächen, an Wald- und Wegerändern.
Blütezeit fast das ganze Jahr hindurch, gleich nach der Schneeschmelze beginnend.
Die Blüten enthalten schleimlösende Wirkstoffe. Aus der blühenden Pflanze gewonnene Extrakte oder Infusa finden auch bei Erkrankungen der Leber Anwendung und entfalten heilende Eigenschaften bei der Wundbehandlung. Die jungen Blütenköpfchen ergeben ein ausgezeichnetes Wildgemüse.

Gänsedistel, Kohl-G. Abb. 237
Sonchus oleraceus Tafel 41

30 – 90 cm hohe Pflanze mit am Grunde pfeilförmigen, allgemein stachelrandigen, breiten Blättern, einfachem Stengel und hellgelben Blütenköpfchen. Vorkommen auf Äckern und Aufschüttungen. Blütezeit Juni – Oktober.

Gamander, Echter G. Abb. 314
Teucrium chamaedrys Tafel 54

Würziger, bis 30 cm hoher Halbstrauch mit spitzovalen, gezähntrandigen, glänzenden Blättern und purpurroten Blüten in einseitwendigen Scheinähren. Vorkommen auf kalkhaltigen, steinigen Böden Mitteleuropas, an Acker- und Wegerändern, auf trockenen Wiesen, auch in lichten Wäldern.
Blütezeit Juli – September.
Die Pflanze enthält ätherisches Öl, Bitter- und Gerbstoffe, besitzt anregende, harn- und galletreibende Eigenschaften und ist Volksarznei, heute jedoch nur noch wenig genutzt.

Geißblatt, Wald-G., Wald-Heckenkirsche Abb. 190
Lonicera periclymenum Tafel 33

Kletterstrauch mit rechtswindenden, bis 5 m langen Stengeln, elliptischen, gegenständig angeordneten Blättern, gelbweißen, zweilippigen, kopfig-quirligen Blüten von angenehmem Duft und roten Beerenfrüchten. In Laubwäldern und Gebüsch aufwachsend, als Zierstrauch kultiviert. Blütezeit Juni – August.

Geißblatt, Garten-G., Jelängerjelieber Abb. 191
Lonicera caprifolium Tafel 33

Dem Wald-Geißblatt verwandt und ähnlich, die oberen Blätter jedoch miteinander verwachsen, mit gelben oder rosafarbenen, stark duftenden Blüten; rote Beerenfrüchte. Als Zierpflanze kultiviert, vereinzelt auch wildwachsend.
Blütezeit Mai – Juni.
Die Geißblattgewächse sind schwach giftig!

G

Abb. 97
Tafel 16

Geißraute, Geißklee
Galega officinalis

Etwa 1 m hohe Pflanze mit unpaarig gefiederten, länglichen Blättern und blauen, lilafarbenen, selten auch weißen Blüten. In Südosteuropa wildwachsend, verbreitet als Zierpflanze kultiviert. Blütezeit Juni – August.
Die Pflanze enthält Alkaloide, Glykosid, Saponin, Gerbstoff und Bitterstoffe. Die Wirkstoffe besitzen schweiß- und harntreibende, auch blutzuckersenkende Eigenschaften. Heute sind die blühenden Teile der Pflanze und die Samen auch in der volkstümlichen Anwendung nur noch von sehr untergeordneter Bedeutung.

Abb. 420
Tafel 73

Germer, Weißer G.
Veratrum album

1 – 1,5 m hohe Pflanze mit knolligem Wurzelstock, elliptischen, parallelnervigen, unterseits behaarten Blättern, wechselständig an aufrechtem, flaumhaarigem Stengel angeordnet, und grünlichweißen Blüten in Rispen. Vorkommen in Gebirgsgegenden, auf feuchten Wiesen und Weideflächen.
Blütezeit Juli – August.
Aus der Pflanze, die zwei Alkaloide enthält, wird eine Tinktur mit blutdrucksenkender Wirkung gewonnen. Die Pflanze ist stark giftig!

Abb. 440
Tafel 76

Gerste, Zweizeilige G.
Hordeum vulgare, H. distichum

Weltweit in verschiedenen Formen angebaute Getreidepflanze. Durch die langen Grannen und niedere Wuchshöhe ist sie vom Aussehen her gut von anderen Getreidearten zu unterscheiden.
Die Körner enthalten Proteide, Lipide, Stärke und Enzyme, der Keimling vor allem Vitamin B. Die Inhaltsstoffe der Gerste besitzen therapeutisch wirksame Eigenschaften und finden vor allem bei entzündlichen Erkrankungen der Verdauungsorgane Anwendung.

Abb. 75
Tafel 13

Giftsumach
Rhus toxicodendron

Bis 2 m hoher, kletternder Strauch, in Nordamerika heimisch, gelegentlich als Zierstrauch in Parkanlagen angepflanzt, mit ovalen, ganzrandigen Blättern und kleinen, traubig angeordneten Blüten. Blütezeit Mai.
Der Gerber-Sumach, *Rhus coriaria*, mit unpaarig gefiederten, gezähntrandigen Blättern, wächst in den Mittelmeerländern. Die ganze Pflanze ist weich behaart, ebenso die roten Früchte.

Abb. 263
Tafel 45

Gilbweiderich, Gemeiner G.
Lysimachia vulgaris

Pflanze mit 60 – 120 cm hohen Stengeln und länglichovalen, in 3zähligen Quirlen angeordneten Blättern; end- oder seitenständige, gelbe Blütentrauben. Vorkommen verbreitet in und an stehenden Gewässern. Blütezeit Juni – August.

Ginseng Abb. 180
Panax ginseng Tafel 32

In China und Japan wildwachsende Gebirgspflanze (auch angebaut). Die Wurzel enthält Saponine und Glykoside und ist als „Kraftwurzel“ und Heilmittel in Ostasien seit langem bekannt und geschätzt.

Ginster, Behaarter G. Abb. 84
Genista pilosa Tafel 14

Strauchige, bis 40 cm hohe, liegende oder aufrechte Pflanze mit bräunlich holzigen Stengeln, seidenhaarigen Blattachseln, kleinen ovalen Blättern und goldgelben Blüten. Stengel dornenlos. Vorkommen vorzugsweise an felsigen Orten und auf Heideboden. Blütezeit April – Juni.

Ginster, Färberginster Abb. 85
Genista tinctoria Tafel 14

30 – 60 cm hoher Halbstrauch mit lanzettlichen Blättern und gelben Blüten in endständigen Trauben. Der grüne, verzweigte Stengel ist kahl und dornenlos. Vorkommen vorzugsweise an Waldrändern und in lichten Waldungen.
Blütezeit Juni – Juli.
Die Pflanze enthält zwei Alkaloide, Flavon und einen gelben Farbstoff, der früher zum Färben von Stoffen genutzt wurde. Die Wirkstoffe der Pflanze besitzen harntreibende und mild abführende Eigenschaften. Früher offizinell, findet der Färberginster heute kaum noch Anwendung.

Ginster, Stechginster Abb. 86
Ulex europaeus Tafel 14

Strauchige, bis 150 cm hohe, reich mit Dornen besetzte Pflanze mit gelben Blüten an Kurztrieben, Kelch zweiteilig, bräunlich behaart. Vorkommen vorzugsweise auf sandigen Böden, in der Heide. Blütezeit Mai – Juni.

Ginster, Besenginster Abb. 87
Sarothamnus scoparius Tafel 15

Kleiner, ca. 60 cm hoher Strauch mit kleinen, oft dreifach gefingerten Blättchen, dornenlosen, grünen Zweigen und einzelnen großen, gelben Blüten; Samenhülsen am Rande behaart. Vorkommen vorzugsweise auf sauren Böden, am Waldrand und in der Heide. Blütezeit Mai – Juni.
Samen und Blätter enthalten mehrere Alkaloide, die isoliert oder auch als Extrakt der ganzen Pflanze gewonnen werden. Die Wirkstoffe besitzen herzstärkende, blutdruckerhöhende und gefäßerweiternde Eigenschaften und dienen als Diureticum bei Wassersucht. Hirten der Heidelandschaft wissen um die dem Schlangengift bei Vipernbissen entgegenwirkende Eigenschaft des Sparteinsulfates, das von den Schafen mit der Nahrung aufgenommen wird.

G

Abb. 445 **Glanzgras, Rohrartiges G.**
Tafel 77 ***Phalaris arundinacea***

Schilfrohrähnliches, 50 – 200 cm hohes Rispengras mit 10 – 20 cm langer Blütenrispe. Vorkommen an Gewässerrändern, in Sümpfen. Blütezeit Juni – Juli.

Abb. 372 **Glaskraut, Aufrechtes G.**
Tafel 64 ***Parietaria officinalis***

30 – 90 cm hohe Pflanze mit einfachem, kurzbehaartem Stengel, großen, länglichen, glänzenden Blättern, wechselständig angeordnet, und kleinen, graugrünen Blüten. Vorkommen verstreut auf Schutt, an Zäunen und Mauern. Blütezeit Juli – Oktober.

Abb. 244 **Glockenblume, Geknäuelte G.**
Tafel 42 ***Campanula glomerata***

30 – 50 cm hohe Pflanze mit am Grunde herzförmigen Blättern, gezähntrandig, wechselständig; blau-violette Glockenblüten zu mehreren aufrechtstehend endständig vereinigt. Vorkommen auf Wiesen und an Waldrändern. Blütezeit Juni – September.

Abb. 243 **Glockenblume, Pfirsichblättrige G.**
Tafel 42 ***Campanula persicifolia***

30 – 60 cm hohe Pflanze mit meist einfachem Stengel, lanzettlich schmalen, schwach gezähntrandigen, wechselständig angeordneten Blättern und großen, bis 4 cm langen, himmelblauen, glockigen Blüten. Vorkommen auf Bergwiesen und in lichten Wäldern. Blütezeit Juni – Juli.

Abb. 245 **Glockenblume, Rapunzel-G.**
Tafel 42 ***Campanula rapunculus***

30 – 100 cm hohe Pflanze mit lanzettlichen Blättern und einer Rispe aufrechtstehender, kurzgestielter, blauer oder mehr violetter Glockenblüten. Vorkommen auf Wiesen, an Waldrändern. Blütezeit Mai – August.

Abb. 333 **Gnadenkraut, Gottesgnadenkraut**
Tafel 57 ***Gratiola officinalis***

15 – 30 cm hohe Pflanze mit fleischigem Wurzelstock, hohlem, kaum verzweigtem Stengel, gegenständig stengelumfassenden, lanzettlichen, fein gezähntrandigen Blättern und einzelstehenden, hellrosa Blüten, in den Blattachseln angeordnet. Vorkommen an feuchten Stellen, in Torfmooren, sumpfigen Wiesen, an Gewässern. Blütezeit Juni – Juli.
Die Pflanze enthält Glykosid und andere wirksame Bestandteile, besitzt herzstärkende, harntreibende und mild abführende Eigenschaften und findet in der Homöopathie in Form eines flüssigen Extraktes bei Lebererkrankungen,

Nierenkrankheiten und Koliken Anwendung. Volkstümlich ist ein Infus oder eine Abkochung der blühenden Pflanze als Abführmittel und zur Entwässerung im Gebrauch. Erntezeit Juni – Juli.

Goldlack
Cheiranthus cheiri

Abb. 32
Tafel 6

30 – 60 cm hohe Pflanze mit lanzettlich schmalen, glattrandigen Blättern und orangefarbenen oder rotbräunlichen Blüten. In Südeuropa bis zum Wallis wildwachsend, sonst als Gartenzierpflanze kultiviert.
Blütezeit März – Juni (je nach Standort).
Die Pflanze enthält ätherisches Öl und Heteroside mit herzstärkenden Eigenschaften. Volkstümlich früher bei Lebererkrankungen angewendet; es wurde nur die Blüte geerntet.

Goldregen
Laburnum anagyroides

Abb. 89
Tafel 15

Bis 7 m hoher Strauch oder Baum mit dreigeteilten, langstieligen, unterseits z. T. wollig behaarten Blättern und goldgelben, hängenden Blütentrauben. Vorkommen wildwachsend in den Gebirgsgegenden Südeuropas (südliche Alpen), als Zierpflanze kultiviert und verbreitet. Blütezeit Mai – Juni.
Die Pflanze enthält giftige Alkaloide. Die Einnahme von Samen hat verschiedentlich zu schweren Vergiftungen geführt, daher ist vor allem bei Kindern erhöhte Vorsicht geboten. Nur noch in der Homöopathie werden geringste Dosen einer Tinktur gegen Schwindelanfälle, Krämpfe und schwere Depressionen angewendet.
Die ganze Pflanze ist stark giftig!

Goldrute
Solidago virgaurea

Abb. 204
Tafel 36

10 – 60 cm hohe Pflanze mit flaumhaarigem Stengel, länglich lanzettlichen, schwach gekerbtrandigen Blättern und goldgelben, in Rispen stehenden Blütenköpfchen. Vorkommen recht häufig in lichten Wäldern, an Waldrändern und auf Heideland. Blütezeit Juli – September.
Die Pflanze enthält ätherisches Öl, Saponine, Bitterstoff und Gerbstoffe mit harntreibenden, durchfallhemmenden und entzündungshemmenden Eigenschaften. Zur Anwendung gelangen Extrakte, Tinkturen oder ein Infus aus der frischen, blühenden Pflanze gegen bestimmte Nierenerkrankungen, Arthritis und Ekzeme.

Gundermann, Gundelrebe
Glechoma hederacea

Abb. 317
Tafel 54

Kriechende Pflanze mit meist liegenden, bis 60 cm langen Stengeln, nierenförmigen, gekerbtrandigen und flaumig behaarten, langgestielten Blättern; blaue,

violettblaue, manchmal auch rosafarbene Blüten, in Wirteln angeordnet; ausgeprägter, aromatischer Geruch. Vorkommen in lichten Wäldern, auf Wiesen, an Hecken.
Blütezeit April – Mai.
Die Pflanze enthält ätherisches Öl, Bitter- und Gerbstoff, besitzt hustenstillende und stärkende Eigenschaften und wird homöopathisch als aus der frischen Pflanze gewonnene Tinktur gegen Bronchitis, Bronchialasthma und bestimmte Darmerkrankungen angewendet.
Erntezeit April – Juni.

Abb. 315
Tafel 54

Günsel, Kriechender G.
Ajuga reptans

Krautartige Pflanze mit wurzeltreibenden Ausläufern, bis 50 cm langen Stengeln, länglichen, gebuchteten Blättern und blauen, in Scheinähren angeordneten Blüten. Vorkommen auf nassen Wiesen, in Wäldern, an schattigen und feuchten Plätzen.
Blütezeit April – Juni.
Die blühenden Sprosse enthalten Gerbstoffe und sind ein altbekanntes homöopathisches Heilmittel gegen Angina, Mund- und Kehlkopfentzündungen. Anwendung findet ein Infus der blühenden Sprosse.
Erntezeit Mai – Juni.

Abb. 149
Tafel 26

Gurke
Cucumis sativus

Aus Ostindien stammende, überall kultivierte Gemüsepflanze, als Kürbisgewächs in vielen Spielarten angebaut. Stengel kriechend, Blätter breit, gekerbt, unterseitig wollig behaart; große gelbe Blüten.
Blütezeit Juli – September.

Abb. 347
Tafel 60

Guter Heinrich
Chenopodium bonus henricus

15 – 30 cm hohes Gänsefußgewächs mit dreieckig pfeilförmigen, teilweise mehlig bestäubten oder rötlich gefärbten Blättern und kleinen grünen Blüten in unbeblätterter Ähre. Vorkommen recht häufig auf Äckern, an Wegrändern.
Blütezeit Mai – August.
Die Pflanze enthält in reichlichem Maße Saponine und findet volkstümlich in Form von Breiumschlägen als erweichendes Mittel Anwendung. Als Heilpflanze von untergeordneter Bedeutung.

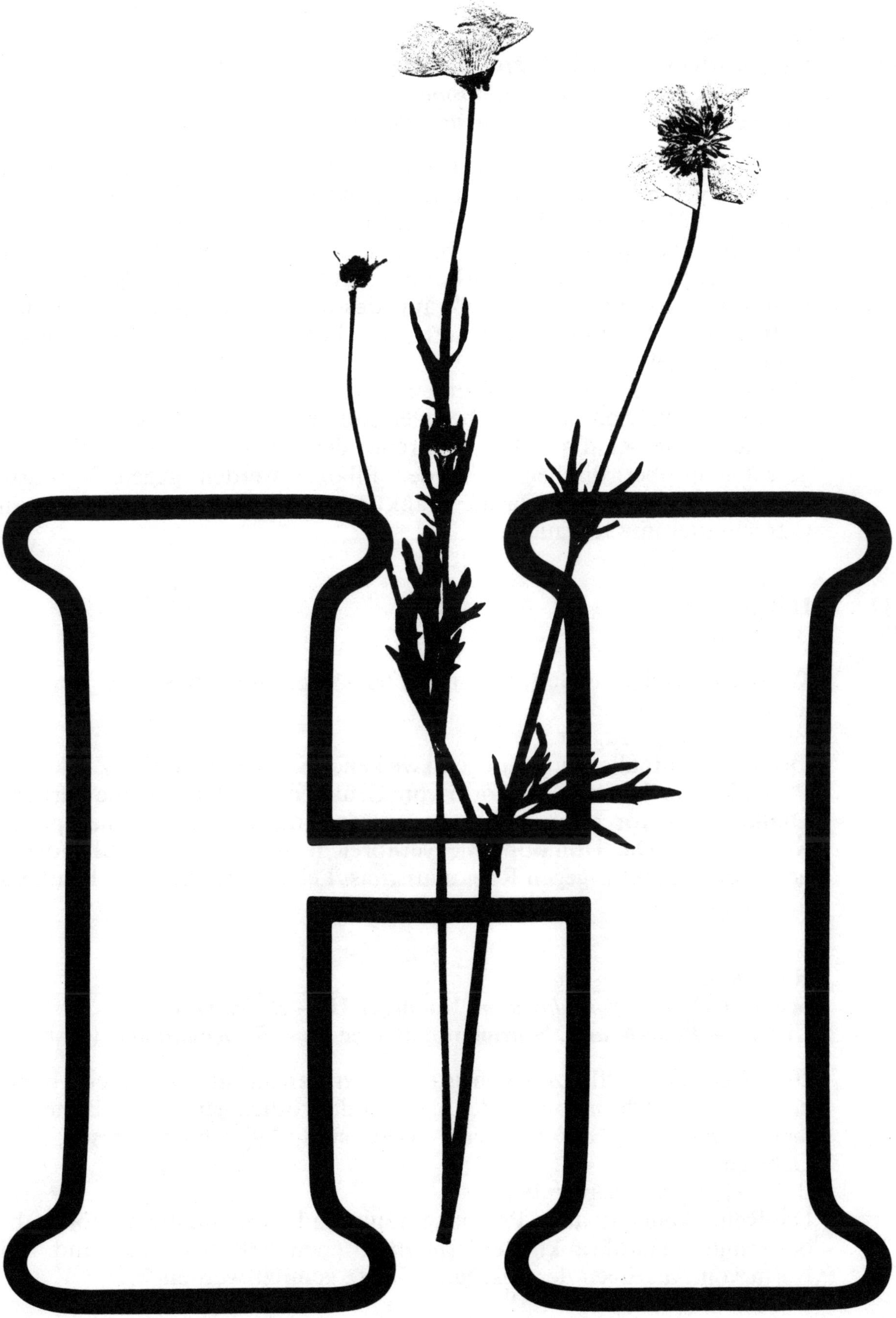

Abb. 231 **Habichtskraut**
Tafel 40 **Langhaariges H. – *Hieracium pilosella***
Abb. 239 **Wiesen-H. – *Hieracium caespitosum***
Tafel 41 **Doldenblütiges H. – *Hieracium umbellatum***

Artenreiche Pflanze mit behaartem Stengel und ebensolchen, lanzettlichen Blättern, gelben Blütenköpfen und Milchsaft. Das langhaarige Habichtskraut hat einen kahlen Stengel, die rosettenförmig am Grunde angeordneten Blätter sind mit langen weißen Haaren bedeckt, die Blüte ist im Gegensatz zu anderen Arten meist einzelstehend. Vorkommen auf trockenen Wiesen.
Dem doldenförmigen Habichtskraut, das in Wäldern und auf Triften wächst, fehlt die grundständige Blattrosette, der dicht beblätterte Stengel ist oben fast doldig verzweigt.
Das langhaarige Habichtskraut enthält Cumarine, Gerbstoff, Flavone und ätherisches Öl. Die Wirkstoffe besitzen galletreibende, antibiotische und adstringierende Eigenschaften. Die während der Blüte von Juni bis September geernteten, oberirdischen Teile der Pflanze werden gegen infektiöse, von Durchfällen begleitete Darmerkrankungen angewendet und sind auch als Gurgelmittel im Gebrauch.

Abb. 437 **Hafer**
Tafel 76 ***Avena sativa***

Weltweit angebaute Getreideart mit 60–90 cm hohem Stengel und in Rispen angeordneten Samen.
Blütezeit Juli–August.
Die Samen enthalten eine anregend wirkende Substanz, Stärke, Zucker, Fett und Proteide. Der Hafer ist in Form von Grütze oder Flocken eine hervorragende Diätkost, die vor allem bei Magenerkrankungen durchaus therapeutisch anwendbar ist. Die Homöopathie verabreicht eine aus der blühenden Pflanze gewonnene Tinktur gegen Rheumatismus, Lebererkrankungen, Hautleiden und Lähmungen.

Abb. 6 **Hahnenfuß**
Tafel 1 **Scharfer H. – *Ranunculus acer*, Knolliger H. – *R. bulbosus*,**
Gift-H. – *R. sceleratus*, Sturmhutblättriger H. – *R. aconitifolius* (Abb.)

20–80 cm hohe Pflanzen von großem Artenreichtum, mit meist handförmig unterteilten Blättern und weißer, gelber oder rötlich gerandeter Blüte. Vorkommen je nach Art auf trockenen oder sumpfigfeuchten Wiesen, häufig im Gebirge.
Blütezeit April–September.
Die Ranunkeln enthalten Protoanemonin und Saponin, die homöopathisch bei bestimmten Hautkrankheiten, rheumatischen Erkrankungen und Ischias in Form von Auszügen der frischen Pflanze genutzt werden.
Die Ranunkeln sind giftig!

Hainbuche, Weißbuche Abb. 380
Carpinus betulus Tafel 65

Bis 25 m hoher Baum mit grauer, glatter Rinde, eiförmigen, doppelt gesägtrandigen Blättern, Kätzchenblüten und geflügelten Früchten. Das Holz ist weißgrau, hart und elastisch, gut geeignet für Drechslerarbeiten. Vorkommen in Wäldern der Ebene und des Hügellandes, meist zusammen mit Rotbuchen. Blütezeit Mai – Juni.

Hainsimse, Feld-H. Abb. 427
Luzula campestris Tafel 74

10 – 40 cm hohe Pflanze mit grasähnlichen, bewimperten Blättern und kleinen, grünlichgelben Blüten in länglichen Ähren. Vorkommen auf trockenen Grasflächen. Blütezeit März – Juli.

Hanf Abb. 373
Cannabis sativa Tafel 64

Einjährige, bis 1,50 m hohe Pflanze mit verzweigtem Stengel, lanzettlichen, gezähntrandigen Blättern und gelben, in Scheinähren angeordneten Blüten. Vorkommen: in Zentralasien beheimatet, zum Zwecke der industriellen Nutzung hauptsächlich in Ost- und Südeuropa angebaut. Liefert Fasern, besonders für Seilerwaren, und Öl, das in der Seifenfabrikation verwertet wird. Aus *Cannabis indica* wird Haschisch gewonnen.

Hartriegel, Roter H., Hornstrauch Abb. 183
Cornus sanguinea Tafel 32

1 – 3,5 m hoher Strauch mit ovalen, ganzrandigen Blättern, weißen Blütendolden und schwarzen Früchten an roten Stielen. Vorkommen in Laubwäldern Süd- und Mitteleuropas, als Zierpflanze kultiviert.

Haselnußstrauch, Haselstrauch Abb. 381
Corylus avellana Tafel 66

Bis 5 m hoher Strauch mit rundlichen, am Grunde herzförmigen, gezähntrandigen Blättern; männliche Blüten in langen, hängenden Kätzchen, weibliche zu zweien auf laubknospenähnlichen Köpfchen. Die Früchte, Haselnüsse, sitzen in becherartigen Hochblatthüllen. Vorkommen in lichten Wäldern, an Waldrändern, in Gebüschen. Blütezeit Februar – März.

Hasenklee, Ackerklee Abb. 93
Trifolium arvense Tafel 16

15 – 30 cm hohe Pflanze mit dreifach gefingerten, länglichen Blättern, dichtem, weichhaarigem Kelch und lilafarbener Blüte. Verbreitet als Unkraut auf sandigen Äckern und Feldern, an Wiesenrändern. Blütezeit Juni – August.

H

Abb. 235
Tafel 41

Hasenlattich
Preanthes purpurea

60–150 cm hohe Pflanze mit stengelumfassenden, pfeilförmigen, schwach gebuchteten Blättern und violetten, in lockeren Rispen angeordneten Blütenköpfchen. Vorkommen in schattigen Gebirgswäldern Mittel- und Süddeutschlands.
Blütezeit Juli–August.

Abb. 169
Tafel 30

Hasenohr, Acker-H.
Bupleurum rotundifolium

20–50 cm hohe Pflanze mit verzweigten Stengeln, die die rundlich-ovalen Blätter zu durchdringen scheinen; Blüten gelb, in Dolden angeordnet. Vorkommen auf kalkhaltigen oder tonig bindigen Böden als Ackerunkraut.
Blütezeit Juni–Juli.

Abb. 88
Tafel 15

Hauhechel
Ononis spinosa

Gelegentlich verholzende Pflanze mit steifen, bis 40 cm hohen Stengeln, die mit Stacheln (Dornen) besetzt sind. Ovale, gezähntrandige Blätter und intensiv rosa gefärbte Blüten. Vorkommen ziemlich häufig auf Lehm- und Kalkböden, an Acker- und Wegrändern, auf trockenen Wiesen.
Blütezeit Juli–September.
Die Wurzel enthält ätherisches Öl, Flavonglykosid und andere Bestandteile. Die Wirkstoffe besitzen harntreibende Eigenschaften. Wurzelteile, als Infus zubereitet, finden bei Harngrieß und anderen Erkrankungen der Harnwege Anwendung.
Ernte der Wurzel März–April und September–Oktober, der Blüten Juli–September.

Abb. 156
Tafel 27

Hauswurz, Dachwurz
Sempervivum tectorum, S. arachnoideum

Die Pflanze besitzt eine Rosette fleischiger, saftiger Blätter mit blattbesetzten Blütenstengeln und rosa oder roten, sternförmigen Blüten. Vorkommen auf steinigen Böden, vor allem im Gebirge. In den Alpen bis über 2000 m hoch anzutreffen.
Blütezeit Juli–August.
Die Pflanze enthält Alkaloide, Gerbstoff, Apfelsäure und schleimige Substanzen. Die Wirkstoffe besitzen wundheilende Eigenschaften. Eine aus der frischen Pflanze gewonnene Tinktur findet in der Homöopathie u. a. gegen schmerzhafte Regelstörungen der Frau Anwendung.

Heckenrose, Hundsrose, Hagebutte
Rosa canina

Abb. 127
Tafel 22

1–3 m hoher, dorniger Strauch mit unpaarig gefiederten, ovalen, gezähntrandigen Blättern und blaßrosaroten, großen Blüten; rote Scheinfrüchte (Hagebutten). Heckenbildend an Waldrändern und buschigen Hängen.
Blütezeit Juni–Juli.
Die Früchte sind reich an Vitamin C und enthalten außerdem organische Säuren, Provitamin A und Gerbstoff. Die Wirkstoffe besitzen stärkende, anregende und harntreibende Eigenschaften. Aus den getrockneten Früchten wird ein Infus zubereitet, die frischen Früchte werden zur Bereitung von Marmelade und Sirup verwendet.
Erntezeit August–September.
Die Rost- oder Weinrose, *Rosa rubiginosa*, Abb. 128 Tafel 23, mit roten Blüten, und die rankende Feldrose, *Rosa arvensis*, Abb. 129 Tafel 23, weißblühend, sind der Heckenrose nahe verwandte, wildwachsende Rosenarten und ihr im Aussehen sehr ähnlich.

Heidekraut, Heide, (Erika)
Calluna vulgaris

Abb. 252
Tafel 44

15–30 cm hoher Halbstrauch mit zahlreichen kleinen, schuppenförmig angeordneten, mattgrünen, im Herbst rötlich verfärbten Blättern und rosa bis roten, selten auch weißen Blütchen in traubiger Anordnung. Vorkommen auf Heideland und in Gebirgsgegenden auf mageren, sauren Böden.
Blütezeit Juni–September.
Die Pflanze enthält Flavonglykoside und Gerbstoff mit harntreibenden und antiseptischen Eigenschaften. Homöopathisch wird eine Tinktur aus frischen, blühenden Sproßspitzen zur Behandlung von Nierenleiden und Erkrankungen der Harnwege angewendet.
Heidekrautgewächse von ähnlichem Aussehen sind u. a. Glockenheide, *Erica tetralix*, und Grau-Heide, *Erica cinerea*, letztere nur im nordwestlichen Rheinland anzutreffen.
Heidekrautgewächse sind geschützte Pflanzen!

Heidelbeere
Vaccinium myrtillus

Abb. 246
Tafel 43

25–30 cm hoher Halbstrauch mit grünen Zweigen, ovalen, schwach gezähnten, glänzend grünen Blättern, kleinen, grünlichrosa gefärbten Blüten und blauen bis schwarzblauen Beeren. Vorkommen auf sauren Böden, Heiden und Mooren, in Laub- und Nadelwäldern, im Unterholz.
Blütezeit April–Juni, Fruchtreife Juli–August.
Die Früchte haben einen hohen Nährwert und wirken, roh gegessen oder gedörrt, durchfallhemmend. Die Blätter enthalten ein Glykosid, das den Zuckergehalt des Blutes senkt. Ferner besitzen die Wirkstoffe adstringierende und antiseptische Eigenschaften. Erntezeit Früchte und Blätter Juli–August.

H

Die Sumpfheidelbeere, *Vaccinium uliginosum*, (Abb. 247 Tafel 43) mit blaugrünem Laub und ganzrandigen Blättern, wächst auf Torfmooren und in feuchten Bergwäldern. Ihre Beeren sind innen farblos und weniger schmackhaft.

Abb. 306
Tafel 52

Helmkraut, Sumpf-H.
Scutellaria galericulata

15 – 70 cm hohe Pflanze mit herzförmigen, gezähntrandigen, wechselständig angeordneten Blättern und violetten, einzeln blattachselständigen Blüten. Vorkommen an Gewässern und auf feuchten Wiesen.
Blütezeit Juli – September.

Abb. 421
Tafel 73

Herbstzeitlose
Colchicum autumnale

12 – 20 cm hohe Pflanze mit langröhriger, dem Krokus ähnlicher, hell-lila Blüte, die sich im Herbst aus einer Knolle entwickelt; die linealischen Blätter erscheinen erst im folgenden Frühjahr. Vorkommen verbreitet auf feuchten Wiesen.
Blütezeit September – Oktober.
Die homöopathische Anwendung ist stark eingeschränkt. Die Pflanze enthält eine die Zellkernteilung hemmende Substanz, die jedoch wegen ihrer Giftigkeit noch nicht zur Krebsbekämpfung angewendet werden kann.
Die Pflanze ist stark giftig!

Abb. 162
Tafel 29

Herzblatt
Parnassia palustris

15 – 30 cm hohe Pflanze mit grundständig langgestielten, herzförmigen Blättern und nur einem Laubblatt am Stengel; Blüte weiß, durchscheinend geädert, endständig. Vorkommen auf Moor- und feuchten Bergwiesen.
Blütezeit Juli – September.
Die Pflanze steht unter Naturschutz!

Abb. 141
Tafel 25

Hexenkraut, Großes H.
Circaea lutetiana

30 – 70 cm hohe Pflanze mit herz- bis eiförmigen, schwach gezähntrandigen Blättern und weißen, am Stengel kerzenartig angeordneten, kleinen Blüten. Vorkommen in schattigen Wäldern.
Blütezeit Juli – August.

Abb. 132
Tafel 23

Himbeere
Rubus idaeus

1 – 2 m hohe Pflanze, die Stengel mit kleinen Stacheln besetzt, die Fiederblätter gezähntrandig mit deutlich hellerer Unterseite; grünlichweiße Blüten und rote,

aromatische Früchte. Vorkommen: überall kultiviert, wildwachsend in Wäldern, an Wegrändern, im Unterholz.
Blütezeit Mai – Juni, Erntezeit der Früchte Juli – August.
Die Früchte enthalten Vitamin C, organische Säuren, Zucker und Pektin. Wegen des besonders aromatischen Geschmackes werden die Früchte verbreitet zu Sirup, Marmelade und Gelee mit hohem Nährwert verarbeitet und finden wie die Blätter (als Infus zubereitet) als stärkendes Mittel bei verschiedenen Krankheiten Anwendung.

Himmelsleiter Abb. 280
Polemonium coeruleum Tafel 48

20 – 50 cm hohe Pflanze mit unpaarig gefiederten Blättern und blauen, radförmigen Blüten. Vorkommen verbreitet, auch als Gartenzierpflanze.
Blütezeit Juni – September.

Hirschsprung Abb. 153
Corrigiola litoralis Tafel 27

5 – 25 cm hohe Pflanze mit länglichen Blättchen an verzweigten, meist liegenden Stengeln und stecknadelkopfgroßen, weißschwarzen Blütchen. Vorkommen an Meeresstränden und sandigen Flußufern. Blütezeit Juni – Juli.

Hirschzunge Abb. 470
Phyllitis scolopendrium Tafel 80

Tüpfelfarn mit ungeteilten, zungenförmigen, 20 – 60 cm langen, glänzend grünen Wedeln, langgestielt. Vorkommen vorzugsweise auf kalkhaltigen Böden, in steinigen Wäldern. Sporenreife Juli – September.
Die Wedel enthalten Gerbstoffe, Pflanzenschleime und Zucker, besitzen harntreibende sowie leicht aromatische Eigenschaften und werden als Abkochung oder in Form einer Tinktur gegen Leber- und Milzerkrankungen angewendet. Der Pflanze wird auch eine heilende Wirkung bei Bronchitis zugeschrieben. Verwendet werden die frischen Wedel, günstigste Erntezeit Mai – Juni.

Hirse, Rispen-H. Abb. 436
Panicum miliaceum Tafel 76

Aus Ostasien stammende und in vielen Spielarten kultivierte Nahrungspflanze mit etwa 1 m hohem Halm und in Rispen angeordnetem Blüten- und Fruchtstand. Blütezeit Juli – August.

Holunder, Schwarzer H. Abb. 187
Sambucus nigra Tafel 33

3 – 6 m hoher Strauch oder Baum mit heller, rissiger Rinde, unpaarig gefiederten, mattgrünen, gezähntrandigen Blättern, cremeweißen Blüten-Trugdolden

von starkem Duft und schwarzen Beerenfrüchten. Vorkommen verbreitet an Waldrändern, in Schluchten, auch in freiem Gelände.
Blütezeit Juni – Juli.
Die Blüten enthalten ätherisches Öl, Rutin, Pflanzenschleime und Gerbstoffe. Sie wirken, frisch oder getrocknet als Infus zubereitet, schweißtreibend und krampflösend und werden bei fieberhaften Erkältungskrankheiten und grippalen Infekten angewendet.
Der aus den Früchten gewonnene Saft (auch Sirup und Gelee) wirkt in Verbindung mit anderen Mitteln u. a. mild abführend. Holunderfrüchte besitzen einen hohen Gehalt an Vitamin C.

Abb. 455
Tafel 78

Honiggras, Wolliges H.
Holcus lanatus

30 – 100 cm hohes Rispengras mit dicht weichhaarigen Blättern und Blattscheiden; Granne kaum hervortretend; Rispe locker, meist rötlich oder violett überlaufen. Vorkommen verbreitet auf Wiesen.
Blütezeit Juni – August.

Abb. 91
Tafel 15

Honigklee, Steinklee
Melilotus officinalis

60 – 100 cm hohe Pflanze mit dreifach gefiederten, linealischen Blättern und intensiv gelben, endständigen Blütentrauben. Vorkommen an Wegrändern, auf Wiesen, Feldern, Brachland und Aufschüttungen.
Blütezeit Juli – September.
Die Pflanze enthält ein Glykosid als Vorstufe des Cumarin. Die Wirkstoffe besitzen aromatisierende, erweichende, krampflösende und harntreibende Eigenschaften. Volkstümlich gegen Bronchitis angewendet, nutzt die Pharmazie Auszüge als Geschmackskorrigens.
Ernte der blühenden Pflanze Juli – August.

Abb. 374
Tafel 64

Hopfen
Humulus lupulus

Rankende Pflanze mit rechtswindenden, bis zu mehreren Metern langen Stengeln, breiten, 2- bis 5fach gelappten, gezähntrandigen Blättern, grünlichgelben Blüten und zapfenähnlichem Fruchtstand. Wildwachsend auf feuchten Böden an Ufern und Hecken, als Nutzpflanze für die Bierbrauerei kultiviert.
Blütezeit Juli – August.
Die Zapfen enthalten verschiedene Wirkstoffe mit beruhigenden und schmerzstillenden Eigenschaften. In Extraktform wird Hopfen als Beruhigungsmittel angewendet. Auch als Infus zubereitet entfalten die Inhaltsstoffe der Zapfen ihre günstige Wirkung bei Schlaflosigkeit und nervösen Störungen.
Erntezeit der Zapfen September – Oktober.

Hopfenseide, Kleeseide Abb. 284
Cuscuta europaea Tafel 49

Blattlose Schmarotzerpflanze mit windenden, fadenförmigen, blaßroten Stengeln und gelblichweißen Blütenknäueln. Vorkommen verbreitet, schmarotzend besonders an Brennesseln, Klee und Hopfen.
Blütezeit Juli – August.
Die Pflanze enthält Harz-Glykosid; eine Abkochung wirkt mild abführend.

Hornmohn, Gelber H. Abb. 22
Glaucium flavum Tafel 4

30 – 50 cm hohe Pflanze mit bräunlichgrün bereiften, runden, stark gebuchteten Blättern und gelber Blüte. Vorkommen an sandigen Küsten und Hängen.
Blütezeit Mai – August.

Hufeisenklee Abb. 104
Hippocrepis comosa Tafel 17

10 – 35 cm hohe Pflanze mit langgestielten, gefiederten Blättern und gelben Blüten in nickender Dolde. Vorkommen auf sonnigen Höhen und trockenen Wiesen in Süddeutschland.
Blütezeit Mai – Juli.

Huflattich Abb. 200
Tussilago farfara Tafel 35

5 – 30 cm hohe Pflanze mit kriechendem Wurzelstock, großen, schild- bis herzförmigen, wollig behaarten, unterseitig weißlichgrünen Blättern und vor der Entfaltung der Blätter aufbrechenden, goldgelben Blütenkörbchen an geschuppten Schäften. Vorkommen auf Lehmböden verbreitet.
Blütezeit je nach Standort Februar – April.
Die jungen Blütenknospen ergeben einen hervorragenden Wildsalat. Die Pflanze enthält Pflanzenschleim und Inulin. Die Wirkstoffe besitzen erweichende und auswurffördernde Eigenschaften. Getrocknete Huflattichblätter sind Bestandteil vieler Hustenteemischungen. Das Infus wirkt spürbar lindernd bei Bronchitis und anderen Erkältungskrankheiten.
Erntezeit der Blütenknospen März, der Blätter April – Juni.

Hundspetersilie, Gartenschierling Abb. 171
Aethusa cynapium Tafel 30

Krautartige, 10 – 60 cm hohe Pflanze, der kultivierten Petersilie sehr ähnlich, jedoch mit unterseitig hellgrün glänzenden, gefiederten Blättern. Weiße Blüten in flachen Dolden (bei der Petersilie grünlichgelb). Vorkommen häufig in Gärten, auf Äckern als Unkraut.
Blütezeit Juni – September.

Die Pflanze ist äußerst giftig. Vergiftungsfälle aufgrund von Verwechslung mit echter Petersilie sind bekannt. Besondere Erkennungsmerkmale: Blätter nicht gekräuselt und unangenehmer Geruch.

Abb. 294
Tafel 50

Hundszunge
Cynoglossum officinale

30 – 60 cm hohe Pflanze mit lanzettlichen, ungestielten, flaumhaarigen Blättern und kleinen, rötlichbraunen Blüten. Vorkommen verbreitet auf steinigen Böschungen und in Waldlichtungen.
Blütezeit Mai – August.
Wurzel und Samen enthalten Alkaloide, ätherisches Öl und Gerbstoff. Die Pflanze wird heute nur noch homöopathisch genutzt. Wenig giftig für Mensch und Weidevieh, wirkt die Pflanze stark giftig bei Kaltblütern.

Abb. 38
Tafel 7

Hungerblümchen, Frühlings-H.
Erophila vulgaris, Draba verna

Kleines, 2 – 10 cm hohes Pflänzchen mit Rosette aus spatelig-lanzettlichen, grünen Blättchen und weißen Blütchen, sowie 10 mm langen Schötchen. Vorkommen auf magerem, sonnigem Boden.
Blütezeit März – Juni.

I

Abb. 398
Tafel 69

Igelkolben, Einfacher I.
Sparganum simplex

15–60 cm hohe Pflanze mit schmal linealischen Blättern und stachelig-kugeligem, einfach traubigem Blütenstand, die oberen Köpfchen ungestielt. Vorkommen verbreitet am Ufer von Teichen, Seen und Flußläufen.
Blütezeit Juni–Oktober.

Abb. 112
Tafel 19

Indigopflanze, Gemeine I.
Indigofera tinctora

1–1,50 m hoher, ostindischer Halbstrauch mit unpaarig gefiederten Blättern und rötlichen, z. T. auch grünlichen Blütentrauben. In Europa nicht wildwachsend.
Aus den Blättern und Zweigen wurde der Farbstoff Indigo gewonnen.

Abb. 307
Tafel 52

Immenblatt
Melittis melissophyllum

Seltene, 30–60 cm hohe Pflanze mit kurzgestielten, ovalen, gezähntrandigen Blättern und roten Blüten. Vorkommen in schattigen Wäldern und Gebüschen.
Blütezeit Mai–Juni.

Abb. 271
Tafel 47

Immergrün
Vinca minor

Wintergrüne, bis 30 cm hohe Pflanze mit lanzettlichen, gegenständigen Blättern und blauen, gestielten Blüten in den Blattachseln. Kriechender Halbstrauch der Hundsgiftgewächse. Vorkommen zwischen Gebüschen, an steinigen Plätzen und Waldrändern; als Zierpflanze kultiviert.
Blütezeit April–Mai.
Die Pflanze ist giftig!

J

Abb. 158
Tafel 28

Johannisbeere
Rote Johannisbeere – *Ribes rubra*
Schwarze Johannisbeere – *Ribes nigrum*

Bis zu 1,30 m hoher Strauch mit gelappten, aromatisch duftenden, etwas klebrigen, gezähntrandigen Blättern, grünen, in Trauben hängenden Blüten und roten oder schwarzen Fruchttrauben. Die Johannisbeere ist verbreitet kultiviert, kommt jedoch auch wildwachsend vor.
Blütezeit April – Mai.
Die Früchte der Schwarzen Johannisbeere enthalten reichlich Vitamin C, Vitamin P, organische Säuren, Flavonoide, Pektin, Zucker und ein ätherisches Öl. Die Blätter enthalten ätherisches Öl, Gerbstoff und Säure. Die Wirkstoffe der Blätter besitzen u. a. schweißtreibende und harnausscheidende Eigenschaften. Die Früchte beeinflussen Gefäße und Sehfähigkeit günstig und weisen darüber hinaus einen hohen Nährwert auf.

Abb. 82
Tafel 14

Johannisbrotbaum
Ceratonia siliqua

Bis 6 m hoher Baum mit gefiederten, ledrigen Blättern, grünlichen Blüten und langen, braunvioletten Samenhülsen. Vorkommen in gebirgigen Gegenden des Mittelmeerraumes, vielerorts kultiviert.
Die süßlich schmeckenden Fruchthülsen finden im Mittelmeergebiet bei Husten und Heiserkeit Anwendung.

Abb. 61
Tafel 11

Johanniskraut
Hypericum perforatum

30 – 60 cm hohe Pflanze mit aufrechten, verzweigten Stengeln, kleinen, länglichen, gelegentlich punktierten Blättern und goldgelben Blüten. Vorkommen verbreitet an Wegrändern, in lichten Wäldern, an Hecken und Waldrändern.
Blütezeit Juli – September.
Die Pflanze enthält ätherisches Öl und Flavone. Die Wirkstoffe besitzen wundheilende und beruhigende Eigenschaften. Ein Infus findet bei Erkrankungen der Atmungsorgane und der Harnwege, sowie zur Wundbehandlung Anwendung.
Erntezeit der blühenden Pflanze Juli – August.

Abb. 329
Tafel 56

Judenkirsche, Lampionblume
Physalis alkekengi

30 – 60 cm hohe Pflanze mit aufrechtem, steifem Stengel, gestielten, ganzrandigen, eiförmigen Blättern, einzelstehenden, cremefarbigen, nickenden Blüten und einer kirschgroßen, orangefarbenen Frucht, die in einem gerippten, roten Fruchtkelch von lampionähnlicher Form verborgen ist. Vorkommen verstreut auf kalkhaltigen Böden, in Weinbergen, an Heckenrändern; in Gärten als Zierpflanze kultiviert. Blütezeit Mai – Juli.

Die Pflanze enthält ein Alkaloid und Bitterstoff. In der eßbaren Frucht ist mehr Vitamin C enthalten als in der Zitrone. Die Beere besitzt schweiß- und harntreibende Eigenschaften. Die Homöopathie wendet eine aus den reifen Früchten gewonnene Tinktur gegen Nierenkrankheiten an.
Erntezeit der Früchte September – Oktober.

Jungermannia Abb. 477
Jungermannia lanceolata Tafel 81

Auf feuchten Stellen, andere Arten auch auf Baumrinden und Steinen gedeihende, winzige Moospflänzchen (Abb. 477b stark vergrößert).

Kälberkropf, Hecken-K. Abb. 177
Chaerophyllum temulum Tafel 31

30 – 100 cm hohe Pflanze mit gefiederten, teilweise langgestielten, gekerbtrandigen Blättern und weißer Blütendolde. Vorkommen auf Wiesen, Schutt, an Hecken und Wegerändern. Blütezeit Mai – Juni.
Giftiges Unkraut!

Kalmus Abb. 400
Acorus calamus Tafel 69

Kräftige, 60 – 150 cm hohe Pflanze mit linealisch langen, stengelumfassenden Blättern und grüngelbem Blütenkolben, seitlich aus blattähnlichem Schaft hervortretend. In Südostasien beheimatet, über ganz Europa an Ufern verbreitet, heute jedoch recht selten. Blütezeit Juni – Juli.
Das nach Mandarinen duftende Rhizom enthält ätherisches Öl und besitzt antibiotische, beruhigende, schweißtreibende, fiebersenkende und verdauungsregulierende Eigenschaften. Anwendung als Abkochung, Extrakt oder Tinktur bei Magen- und Darmkoliken.
Die Pflanze ist geschützt!

Kamille, Echte K. Abb. 209
Matricaria chamomilla Tafel 37

15 – 45 cm hohe Pflanze mit verzweigten Stengeln, fein gefiederten Blättern und endständigen Blütenköpfchen. Die Blütenböden sind kegelförmig nach oben gewölbt und hohl, die weißen Randblüten herabgeschlagen; charakteristischer Duft. Vorkommen verbreitet auf Äckern, Wiesen und Brachland, an Wegerändern.
Blütezeit Juni – August.
Die Blüte enthält ätherisches Öl, Flavonheteroside und Cumarine. Die Wirkstoffe besitzen entzündungswidrige, krampflösende, magenstärkende und antiseptische Eigenschaften. Zur Anwendung gelangen ein Infus aus den getrockneten Blüten oder Extrakte der frischen Pflanze. Die Kamille ist die Heilpflanze mit dem größten Anwendungsspektrum.

Kamille, Hundskamille Abb. 210
Acker-H. – *Anthemis arvensis*, Färber-H. – *Anthemis tinctoria*, Tafel 37
Römische H. – *Anthemis nobilis*, Stinkende H. – *Anthemis cotula* (Abb.)

Der echten Kamille ähnelnde Pflanzen mit verzweigten Stengeln, gefiederten Blättern, meist halbkugelig oder flacher gewölbten Blütenböden und seitwärts gerichteten Randblüten (bei der Färber-H. gelb), ohne Duft oder unangenehm riechend (Stinkende H.).
Die aus Südeuropa eingeführte Römische H., wie die echte Kamille duftend, besitzt, wenn auch in geringerem Maße, deren heilkräftige Eigenschaften und wird entsprechend genutzt.

K

Abb. 451
Tafel 78

Kammgras, Wiesen-K.
Cynosurus cristatus

25–60 cm hohes Gras mit 3–4blütigen Ährchen mit kammartiger Hülle in einseitwendiger Ährenrispe und scharfrandigen Blättern. Vorkommen auf trockenen Wiesen, Bergwiesen und Heideflächen.
Blütezeit Juni–Juli.

Abb. 475
Tafel 81

Kammkelch
Lophocolea

Zierliches Moospflänzchen mit zweizeilig am Stengel angeordneten Blättchen. Vorkommen auf feuchtem Boden und an morschen Baumstämmen.

Abb. 81
Tafel 14

Kampescheholzbaum
Haematoxylon campechianum

6–15 m hoher Baum, in Mexiko wildwachsend, mit paarig gefiederten Blättern und gelben Blütentrauben.

Abb. 197
Tafel 35

Karde, Wilde K., Kardendistel
Dipsacus silvester, D. fullonum

Bis zu 1,50 m hohe Pflanze mit stachligen Stengeln, Blättern und Blütenständen. Die ungestielten Blätter umschließen den verzweigten Stengel; der Blütenstand mit lila Blüten, endständig, ist konisch ausgebildet. Vorkommen recht häufig an Böschungen und Wegerändern, auf Wiesen und Äckern als lästiges Unkraut.
Blütezeit Juli–August.
Die Pflanze enthält ein Glykosid. Eine aus der frischen, blühenden Pflanze gewonnene Tinktur findet homöopathisch gegen verschiedene Hautkrankheiten Anwendung.

Abb. 176
Tafel 31

Karotte, Möhre, Gelbe Rübe
Daucus carota

Pflanze mit 20–30 cm hohen Stengeln, orangeroter Pfahlwurzel, feingefiederten Blättern und weißem, doldenförmigem Blütenstand. Auf trockenen Wiesen und an Wegrändern wildwachsend, verbreitet als Gemüsepflanze kultiviert.
Blütezeit Juni–August.
Die Pflanze enthält die Vitamine C, B_1, B_2 und das Provitamin A, außerdem Zucker und Pektin. Rohe Möhren lindern Hautjucken und beschleunigen die Narbenbildung bei Wunden. Der Pektingehalt verleiht der Möhre durchfallhemmende Eigenschaften. Die Anwendung von Möhrensaft empfiehlt sich bei nervösen Störungen, Wassersucht und Verdauungsbeschwerden. Karotten sind wegen ihres hohen Nährstoffgehaltes als Babynahrung in verschiedenen Formen im Handel.

Kaskarillenstrauch Abb. 369
Croton eleutheria Tafel 63

Baum oder Strauch Asiens, Wolfsmilchgewächs. Das giftige, jedoch arzneilich genutzte Krotonöl wird aus dem Samen des *Croton tiglium* gewonnen.

Kastanie, Edelkastanie Abb. 383
Castanea sativa, C. vesca Tafel 66

Bis 20 m hoher Baum mit lanzettlichen, grob gezähntrandigen, bis zu 18 cm langen Blättern und ährigem Blütenstand mit oben männlichen, unten weiblichen Blüten zu 1 – 3 in stachliger Hülle, dem späteren Fruchtbecher der braunen Früchte (Kastanien, Maronen). Vorkommen im Mittelmeerraum, lokalisiert am südlichen Alpenrand, im Oberrheingraben und in klimatisch günstigen Lagen des Rhein-Main-Gebietes.
Blütezeit: Juni.
Die Blätter enthalten Gerbstoff. Ein Infus oder ein flüssiger Extrakt wirken auswurffördernd bei Bronchitis und gegen rheumatische Erkrankungen. Die Kastanien besitzen durchfallhemmende Eigenschaften.

Katzenminze, Echte K., Katzenkraut Abb. 316
Nepeta cataria Tafel 54

Ziemlich seltene Pflanze mit 20 – 60 cm hohem Stengel, graugrünen, wollig behaarten, herzförmigen, gezähntrandigen Blättern und weißen Blüten in Scheinähre. Der Pflanze entströmt ein charakteristischer Minzengeruch, der Katzen anzieht. Vorkommen auf Brachflächen, an Wegerändern, Aufschüttungen und Abhängen.
Blütezeit Juli – August.
Die Pflanze enthält ätherisches Öl, ist Volksarznei und findet gegen Durchfälle und chronische Bronchialerkrankungen Anwendung.

Kautschukbaum, Federharzbaum Abb. 367
Hevea brasiliensis Tafel 63

Aus Brasilien stammender und in vielen Plantagen kultivierter, bis 30 m hoher Baum, aus dessen Milchsaft (Latex) der Kautschuk gewonnen wird. Ursprungsgebiet sind die Urwälder am Amazonas. Der Kautschukbaum gehört zu den Wolfsmilchgewächsen.

Kicher-Tragant Abb. 100
Astragalus cicer Tafel 17

30 – 60 cm hohe Pflanze mit unpaarig gefiederten, spitzovalen Blättern und blaßgelben, zu eiförmig langstieliger Traube geordneten Blüten. Vorkommen an Wegen, auf Wiesen, besonders in Süddeutschland und in den Schweizer Bergen. Blütezeit Juni – Juli.

K

Abb. 388
Tafel 67

Kiefer, Wald-K., Gemeine K., Föhre
Pinus silvestris

Bis 40 m hoher Nadelbaum mit rötlicher, längs- und querrissiger Rinde, dunkelgrünen, nadelförmigen, 5–7 cm langen Blättern, zu 2 an Kurztrieben; männliche Blüten gelb, kätzchenähnlich, weibliche (Blütenzapfen) rötlich, Fruchtzapfen rund, holzartig, graubraun. Kiefernholz findet als Bauholz Verwendung. Vorkommen verbreitet auf sandigen Böden.
Blütezeit Mai–Juni.
Der ganze Baum enthält ätherische Öle, die Rinde darüber hinaus in reichem Maße ein balsamisch wirkendes Harz, das Terpentin, das in unterschiedlicher Extraktform einen recht weiten Anwendungsbereich aufweist.
Die Kiefer, *Pinus*, ist in Nord-, Mittel- und Südeuropa artenreich vertreten. Die wichtigsten Arten sind:
Schwarzkiefer – *Pinus nigra*, Nadeln bis 15 cm;
Bergföhre – *Pinus montana*, bildet oft Krummholzgürtel;
Zirbelkiefer, Arve – *Pinus cembra*, Nadeln zu 5 an Kurztrieben, Hochgebirgsbaum unter Naturschutz;
Aleppokiefer – *Pinus halepensis*, Südeuropa;
Pinie – *Pinus pinea*, mit schirmförmiger Krone, an den Mittelmeerküsten;
Strandkiefer, Igelföhre – *Pinus maritima*, mit kegelförmiger Krone, an den Mittelmeerküsten.

Abb. 123
Tafel 21

Kirschbaum

Süßkirsche – *Prunus avium* (Abb.);
Sauerkirsche – *Prunus cerasus*

Hoher Baum mit oval gezähntrandigen Blättern, weißen, zu Büscheln geordneten Blüten und roten Früchten. Als Vogelkirsche verbreitet wildwachsend in lichten Laubwäldern, gepfropft und kultiviert in ganz Europa angepflanzt.
Blütezeit April–Mai.

Abb. 92
Tafel 15

Klee, Wiesenklee, Futterklee
Trifolium pratense

15–40 cm hohe Pflanze mit dreifach gefiederten, ovalen Blättern und violettpurpurnen, kugelig geordneten, endständigen Blüten. Fast überall wildwachsend, meist als Ackerflüchtling; verbreitet als Futterpflanze kultiviert.
Blütezeit je nach Entwicklungsstand Juni–September.

Abb. 267
Tafel 46

Kleinling
Centunculus minimus

3–10 cm hohes Pflänzchen mit spitzovalen Blättchen und unscheinbaren, rötlichen oder weißen, gestielten Blütchen. Vorkommen auf nassen sandigen Stellen, verstreut als Ackerunkraut.
Blütezeit Juni–September.

Klette, Große K. Abb. 220
Arctium lappa Tafel 38

Kräftige, bis 1,50 m hohe Pflanze mit rauhen, breitovalen, wechselständigen Blättern und langgestielten, kugeligen, rotvioletten Blütenköpfchen bis 4 cm Durchmesser, traubig geordnet. Die Blätter des Hüllkelches enden in einer hakenförmig gebogenen Spitze.
Die Wurzel enthält ätherisches Öl, die Samen enthalten fettes Öl und ein Glykosid. Die Wirkstoffe besitzen galle-, harn- und schweißtreibende Eigenschaften. In der Homöopathie wird eine Tinktur aus der frischen Wurzel zur inneren Anwendung bei entzündlichen Erkrankungen der Haut verabreicht.

Knabenkraut, Männliches K., Manns-K. Abb. 403
Orchis mascula Tafel 70

15 – 60 cm hohe Orchidee mit lanzettlichen Blättern und purpurroten Blüten, in Ähren angeordnet.
Blütezeit Mai – Juni.
Weitere Knabenkraut-Arten sind u. a.:
Geflecktes K. – *Orchis maculata*
Helm-K. – *Orchis militaris*
Brand-K. – *Orchis ustulata*
Breitblättriges K. – *Orchis latifolia*
Holunder-K. – *Orchis sambucina* (gelbblühend)
Alle kommen auf Wiesen im Gebirge vor, einzelne davon vorzugsweise in den Alpen.
Die Knabenkraut-Arten sind als Orchideen geschützt!

Knäuel, Einjähriger K. Abb. 154
Scleranthus annuus Tafel 27

5 – 20 cm hohe Pflanze mit linealisch schlanken Blättchen an verzweigtem Stengel und grüngelben Blütchen. Nur spitzer Kelchzipfel, keine Blütenblätter.
Vorkommen auf sandigen Äckern und Triften.
Blütezeit Mai – Oktober.

Knäuelgras, Gemeinde K. Abb. 452
Dactylis glomerata Tafel 78

30 – 125 cm hohes Rispengras mit oben dicht geknäulten Rispen. Vorkommen auf Wiesen und in lichten Wäldern.
Blütezeit Juni – Juli.

Knoblauch s. Lauch

K

Abb. 408
Tafel 70

Krokus, Frühlings-K., Frühlingssafran
Crocus albiflorus, C. vernus

4–8 cm hohe Pflanze mit linealischen Blättern und großen, weißen oder violetten Blüten. Vorkommen auf feuchten Wiesen, vorzugsweise in den Alpen, wo er in Vielzahl gleich nach der Schneeschmelze aufblüht.
Blütezeit je nach Standort und Höhenlage März–Mai.
Der Echte Safran, *C. sativus*, ist in vielen Gebieten als Gewürzpflanze kultiviert und wirkt in geringen Dosen appetitanregend und beruhigend, in größeren Mengen jedoch toxisch. Erkenntlich an orangefarbenen Narben und hell-lila gefärbten Blüten, ist er im Wuchs dem Frühlingskrokus ähnlich.

Abb. 356
Tafel 61

Knöterich, Floh-K. Pfirsichblättr. K.
Polygonum persicaria

30–70 cm hohe Pflanze mit lanzettlichen Blättern, bewimperten Blattröhren und roten oder weißen Blüten in Ähren. Vorkommen auf Äckern und Schutt, an Gräben und Wegerändern. Blütezeit Juli–Oktober.

Abb. 355
Tafel 61

Knöterich, Schlangen-K.
Polygonum bistorta

30–70 cm hohe Pflanze mit länglich-lanzettlichen, oben stengelumfassenden Blättern und rosaroter, dichter Blütenähre. Vorkommen auf feuchten, sumpfigen Wiesen. Blütezeit Juni–Juli.

Abb. 354
Tafel 61

Knöterich, Vogel-K.
Polygonum aviculare

Kriechende Pflanze mit verzweigten, 30–45 cm langen Stengeln, lanzettlichen, kleinen Blättern und kleinen weißen oder rötlichen Blüten, in den Blattachseln angeordnet. Vorkommen verbreitet an Wegen, auf Äckern und Ödflächen.
Blütezeit Juli–September.

Abb. 331
Tafel 57

Königskerze, Wollkraut
Große Königskerze – *Verbascum thapsiforme* (Abb.)
Filz-Königskerze – *Verbascum phlomoides*

Wollig behaarte Pflanze mit 70–120 cm hohem, aufrechtem Stengel, breitlanzettlichen, weißfilzig behaarten Blättern und gelben Blüten in dicht endständiger Traube. Vorkommen auf steinigen Böden, Brachland, an Wegerändern und auf trockenen Wiesen.
Blütezeit Juni–August.
Die Pflanze enthält Pflanzenschleim und Saponine, sie besitzt erweichende und schleimlösende Eigenschaften. Ein Infus oder eine Abkochung der Blüten findet gegen Erkrankungen der Atmungsorgane und äußerlich zur Wundbehandlung Anwendung. Erntezeit der Blüten Juni–August.

Koriander
Coriandrum sativum

Abb. 179
Tafel 31

Kräftige Pflanze mit unangenehmem Geruch, vollem, 10–30 cm hohem Stengel und gefiederten, gekerbtrandigen Blättern; rosagefärbte Blüten in doldenförmiger Anordnung. Gelegentlich wildwachsend, in Gärten als Gewürzpflanze kultiviert. Blütezeit Juni–August.
Die Früchte enthalten ätherisches Öl. Die Wirkstoffe besitzen verdauungsanregende und krampflösende Eigenschaften. Die Pharmazie verwendet Koriander als Geschmackskorrigens.

Kornblume
Centaurea cyanus

Abb. 227
Tafel 39

30–60 cm hohe Pflanze mit sprödem, verzweigtem Stengel, linealisch-lanzettlichen, am Grunde gefiederten Blättern, Blütenköpfchen mit blauen Randblüten. Vorkommen verbreitet in Getreidefeldern, auf Wiesen und Brachland. Blütezeit Juni–August.
Wegen ihres Bitterstoffgehaltes wurde die Kornblume früher bei Verdauungsstörungen angewandt, ist jedoch heute therapeutisch nur noch von untergeordneter Bedeutung.

Kornelkirsche
Cornus mas

Abb. 182
Tafel 32

1–6 m hoher Strauch mit ovalen, ganzrandigen Blättern und gelben, zu Trauben geordneten Blüten, die vor der Belaubung aufbrechen. Die roten, länglichen Früchte schmecken säuerlich. Vorkommen in Süd- und Mitteleuropa, im Norden in Hecken kultiviert; gedeiht selten auf kalkhaltigen Böden.
Blütezeit März–April, vereinzelt schon im Februar.

Kranichschnabel
Pelargonium

Abb. 68
Tafel 12

In mehr als 300 Arten als Zierpflanze kultiviert, mit schönen Blüten und angenehmem Geruch ausgestattet. Abgebildet ist Pelargonium Zonale.

Kreuzblume, Bittere K.
Polygala amara

Abb. 47
Tafel 9

Kleine bis mittelgroße Pflanze in dichtem Wuchs mit lanzettlich kahlen, wechselständig angeordneten, glattrandigen Blättern und traubenförmigen, blauen Blüten (auch rosa oder weiß). Vorkommen auf feuchten Lehm- oder Kalkböden, in Wiesen. Blütezeit Mai–Juli.
Die Pflanze enthält Saponine und einen Bitterstoff. Die Wirkstoffe besitzen auswurffördernde und magenstärkende Eigenschaften und regen die Milchsekretion an.

K

Abb. 215
Tafel 37

Kreuzkraut, Gemeines K.
Senecio vulgaris

10 – 30 cm hohe Pflanze mit schmalen, stark gefiederten, gelappten Blättern und gelben Blütenköpfchen ohne Randblüten, in Rispen angeordnet. Vorkommen verbreitet auf Äckern und Brachland, an Wegerändern.
Blütezeit Mai – September.
Das Gemeine Kreuzkraut war früher offizinell, wird jedoch heute nicht mehr genutzt, da ein in der Pflanze, vor allem aber in der Wurzel enthaltenes Alkaloid als Lebergift wirkt, das Leberzirrhose verursachen kann.

Abb. 101
Tafel 17

Kronwicke
Coronilla varia

30 – 60 cm hohe Pflanze mit unpaarig gefiederten, ovalen, glattrandigen Blättern und rosafarbenen, in kugelig langgestielten Trauben angeordneten Blüten. Vorkommen häufig an Äckern und Wegrändern, Abhängen, Hecken und Aufschüttungen.
Blütezeit Juni – August.
Die Blüten und Blätter enthalten das giftige Glykosid Coronillin und u. a. wohlriechende Stoffe. Die Wirkstoffe besitzen in kleinsten homöopathischen Dosen herzstärkende Eigenschaften ähnlich dem Digitalin.
Die ganze Pflanze ist in hohem Maße giftig, tödliche Vergiftungen durch den Genuß von Samenkörnern sind bekannt geworden.

Abb. 322
Tafel 55

Kugelblume, Gemeine K.
Globularia elongata

5 – 30 cm hohe Pflanze mit dicht wechselständig beblätterten Stengeln, grundständig nierenförmigen, nach oben mehr lanzettlichen Blättern und endständig kugelig verdichteten, blauen Blüten. Vorkommen auf trockenen, kalkhaltigen Böden, in den Alpen bis über 2500 m ansteigend.
Blütezeit Mai – Juni.

Abb. 3
Tafel 1

Kuhschelle, Küchenschelle
Pulsatilla vulgaris, Anemone pulsatilla

10 – 20 cm hohe Pflanze mit fein gefiederten, behaarten Blättern und violetter Blüte. Vorkommen auf trockenen Wiesen und kalkhaltigen Böden.
Blütezeit April – Mai.
Die Pflanze enthält Protoanemonin, Saponine und Gerbstoffe mit schmerzstillenden, krampflösenden, zusammenziehenden und schweißtreibenden Eigenschaften. Nur alkoholische Auszüge der frischen Pflanze sind homöopathisch anwendbar.
Die Pflanze ist leicht giftig!

Kümmel, Wiesenkümmel
Carum carvi

Abb. 167
Tafel 30

30 – 70 cm hohe Pflanze mit verzweigten Stengeln, fein gefiederten Blättern und weißen, in aufrechten Dolden angeordneten Blüten. Die Früchte sind länglich, gefurcht und von aromatischem Duft. Vorkommen auf Wiesen und Weiden, als Gewürzpflanze kultiviert.
Blütezeit Mai – Juli.
Die Samen enthalten ein ätherisches Öl mit krampflösenden und stärkenden Eigenschaften. Der Gebrauch als Küchengewürz und zur Likörherstellung ist verbreitet. Eine Abkochung der Samen, innerlich angewandt, besitzt heilkräftige Eigenschaften, besonders bei Rippenfellentzündung und rheumatischen Erkrankungen.

Labkraut, Echtes L. Abb. 193
Galium verum Tafel 34

20–80 cm hohe Pflanze mit verzweigtem Stengel, quirlständigen, schmallanzettlichen Blättern und gelben, dichten Blütentrauben. Vorkommen auf Wiesen und Äckern, an Wegerändern. Blütezeit Juni–September.

Laichkraut, Schwimmendes L. Abb. 402
Potamogeton natans Tafel 70

50–175 cm lange Wasserpflanze mit langgestielten, elliptischen, lederartigen Schwimmblättern und grünlicher Blütenähre. Vorkommen in stehenden und langsam fließenden Gewässern. Blütezeit Juni–August.
Von *Patamogeton* gibt es eine große Anzahl weiterer Arten, die sich durch Blatt- und Wuchsform unterscheiden.

Lärche Abb. 391
Larix decidua Tafel 68

Hoher Baum mit weichen, dünnen, hellgrünen, im Herbst abfallenden nadelförmigen Blättern, an Langtrieben einzeln, an Kurztrieben büschelig angeordnet; rundliche männliche und aufrechte rote weibliche Blütenzäpfchen; Fruchtzapfen klein, ledrig, rundlich; Holz harzreich, als Bau- und Werkholz verwertet. Die Lärche ist im Alpenraum heimisch, sonst aufgeforstet, besonders im Mittelgebirgsraum. Blütezeit je nach Standort März–Mai.

Lattich, Giftlattich Abb. 234
Lactuca virosa Tafel 41

60–100 cm hohe Pflanze mit stark verzweigtem Stengel, dunkelgrünen, gezähntrandigen bis stacheligen, lanzettlichen Blättern und kleinen, gelben Blütenköpfchen. Vorkommen verstreut auf trockenen Böden. Blütezeit Juli–September.
Nur noch homöopathisch findet die Pflanze in Form von Tinkturen Anwendung, u. a. bei Bronchitis, Asthma und Erkrankungen der Harnwege.
Die Pflanze ist giftig!
Zu der artenreichen Korbblütlergattung Lattich, *Lactuca*, gehört auch der Gartensalat, *Lactuca sativa*, der in vielen Formen gezogen wird (Kopf-, Schnittsalat usw.) und mit seinem hohen Gehalt an Eisen und Vitaminen einen wertvollen Bestandteil unserer Ernährung bildet.

Lauch, Kohl-L. Abb. 419
Allium oleraceum Tafel 73

30–70 cm hohe Pflanze mit linealischen Blättern und von Hüllblättern überragtem Blütenstand, oft mit Brutzwiebeln. Vorkommen auf Grashügeln und im Gebüsch. Blütezeit Juli–August.

Von *Allium* sind Zwiebel, Knoblauch, Schalotte, Porree und Schnittlauch als Nutzpflanzen kultiviert und weisen heilkräftige Eigenschaften auf.

Zwiebel, Speisezwiebeln, *Allium cepa*, mit einem flüchtigen Öl, Sulfiden, Flavonen, den Vitaminen A, B und C als Inhaltsstoffen, mit bakteriostatischen, galletreibenden, verdauungsanregenden und blutregenerierenden Eigenschaften.

Knoblauch, *Allium sativum*, mit ätherischem Öl, einem Enzym, Fermenten, den Vitaminen A, B_1 und B_2 als Inhaltsstoffen und harntreibenden, schleim- und krampflösenden, blutdruck- und fiebersenkenden, antiseptischen und die Gallesekretion fördernden Eigenschaften.

Schnittlauch, *Allium schoenoprasum*, mit Substanzen, die jenen von Zwiebel und Knoblauch ähnlich sind.

Porree, *Allium porrum*, und Schalotte, *Allium ascalonicum*, wirken ähnlich der Zwiebel, vor allem harntreibend und blutdrucksenkend.

Abb. 296
Tafel 51

Lavendel
Lavandula officinalis

20–60 cm hoher Halbstrauch mit stark verzweigten Sprossen, linealisch schmalen, wollig behaarten Blättern und kleinen, blauen, stark aromatisch duftenden Blüten, teilweise an den Blattachseln angeordnet. Vorkommen auf trockenen Böden und sonnigen Hängen Südeuropas, stellenweise kultiviert.
Blütezeit Juli–August.
Die Blüten enthalten ätherisches Öl. Lavendel wird vor allem bei der Parfüm- und Seifenherstellung verwendet, der aromatische Duft der Blüten wirkt anregend. Als Badezusatz und seltener bei innerlicher Anwendung werden die stimulierenden und krampflösenden Eigenschaften genutzt.

Abb. 52
Tafel 9

Leimkraut, Stengelloses L.
Silene acaulis

Niedrige Polster bildende Pflanzen mit linealischen Blättern und kurzgestielten, einzelnen Blüten, rot bis lilafarben. Vorkommen im Hochgebirge an feuchten, felsigen Stellen des Alpenraumes. Blütezeit Juni–August.

Abb. 57
Tafel 10

Lein, Flachs
Linum usitatissimum

30–80 cm hohe Pflanze mit lanzettlichen Blättern und blauen Blüten von ca. 3 cm Durchmesser. Auf Brachland und Böschungen wildwachsend, als Nutzpflanze kultiviert. Blütezeit Juni–August.
Die Pflanze wird zu Leinen versponnen. Der Samen enthält Pflanzenschleime, Pektin, fettes Öl, verschiedene organische Säuren, Vitamin F und ein Enzym. Die Wirkstoffe besitzen lindernde und abführende Eigenschaften. Samenabsude werden gegen Entzündungen der Verdauungsorgane und der Harnwege angewendet. Erntezeit des Samens August–September.

Leinblatt, Alpen-L., Bergflachs
Thesium alpinum

Abb. 358
Tafel 61

10 – 30 cm hohe Pflanze mit am Grunde verzweigtem Stengel, linealischen, wechselständig angeordneten Blättern und weißen, auf Tragblättern sitzenden Blüten. Vorkommen in den Alpen, über 2500 m ansteigend.
Blütezeit Juni – Juli.

Leinkraut, Gemeines L., Frauenflachs
Linaria vulgaris

Abb. 337
Tafel 58

25 – 60 cm hohe Pflanze mit linealischen, am Stengel dicht aneinander gereihten Blättern und gelben, orange gefleckten, gespornten Blüten in endständiger Traube. Vorkommen verbreitet auf trockenen Böden, an Wegerändern, auf Äckern.
Blütezeit Juli – September.
Die Pflanze enthält u. a. Flavonglykoside, besitzt harntreibende und „blutreinigende" Eigenschaften, wird jedoch heute nur noch als Volksarznei in Form einer Abkochung der blühenden Pflanze angewendet.
Erntezeit Juli – September.

Lerchensporn, Gelber L., Hohler L.
Corydalis ochroleuca, C. cava

Abb. 24
Tafel 5

Der Gelbe Lerchensporn wird 10 – 30 cm hoch und besitzt wie die meisten Corydalisarten gefiederte, an den Enden scharf eingeschnittene Blätter. Die Blüten, traubenförmig angeordnet, sind gelb. Vorkommen in Südeuropa, in Deutschland als Gartenpflanze und wildwachsend.
Blütezeit Mai – September.
Aus dem rosa oder rot blühenden Hohlen Lerchensporn, *Corydalis cava*, wird ein Alkaloid (Bulbocapnin) gewonnen, das auf das zentrale Nervensystem einwirkt und beruhigende, hypnotische Eigenschaften besitzt. Anwendung unmittelbar vor und nach Operationen.

Levkoje, Winterlevkoje
Matthiola ancanna (nach R. Brown)

Abb. 31
Tafel 6

Nur an südeuropäischen Küsten wildwachsende, sonst kultivierte Zierpflanze mit schlanken, glattrandigen Blättern und blauen Blüten, 30 – 100 cm hoch.
Blütezeit April – Oktober.

Lichtnelke, Rote L., Kuckucks-L.
Lychnis diurna, Lychnis flos cuculi

Abb. 53
Tafel 10

40 – 60 cm hohe Pflanze mit oval lanzettlichen Blättern und fleischroten Blüten. Blätter und Stengel gelegentlich kurz behaart. Vorkommen an Bächen, Hecken und Waldrändern. Blütezeit Mai – August.

L

Abb. 173
Tafel 31

Liebstöckel, Maggikraut
Levisticum officinale

1–2 m hohe Pflanze mit rundem, hohlem Blütenschaft, langgestielten, 2–3fach gefiederten, eine grundständige Rosette bildenden Blättern und gelblichgrünen, zur breiten Dolde vereinigten Blüten. In Südeuropa wildwachsend, verbreitet kultiviert.
Blütezeit Juli–August.
Die Wurzel der Gewürzpflanze enthält ein ätherisches Öl, organische Säuren, Harz und Zucker. Die Wirkstoffe besitzen harntreibende und auswurffördernde Eigenschaften. Die frischen Blätter dienen als Gewürz.

Abb. 269
Tafel 46

Liguster, Rainweide
Ligustrum vulgare

2–3 m hoher Strauch mit gegenständigen, lanzettlichen Blättern und weißen, in kurzer Traube angeordneten, duftenden Blüten. Die schwarzen Beerenfrüchte sind giftig. Vorkommen in sonnigen Wäldern, als Zierstrauch kultiviert.
Blütezeit Juni–August.
Die Rinde enthält Bitterstoff, Harz und Gerbstoffe. Die Blüten werden in der Homöopathie gegen trockene, brüchige Haut angewendet. Die Beeren sind heute wegen ihrer Giftigkeit in der Medizin nicht mehr im Gebrauch.
Die schwarzen Beeren sind stark giftig! Besonders bei Kindern ist erhöhte Vorsicht geboten, da die Früchte angenehm schmecken.

Abb. 60
Tafel 11

Linde
Sommerlinde – *Tilia platyphyllos*
Winterlinde – *Tilia cordata*

Wald- und Alleebaum mit herzförmigen, unterseitig helleren Blättern und aufrechten Blütenständen. Vorkommen in lichten Wäldern und an Waldrändern.
Blütezeit Juni–Juli.
Die Blüten enthalten ätherisches Öl, Flavonglykoside, Gerbstoffe und Pflanzenschleim. Die Wirkstoffe besitzen hustenstillende, krampflösende, erweichende und schweißtreibende Eigenschaften. Ein als Infus bereiteter Tee wird gegen Erkrankungen der Atemwege, besonders bei grippalen Infekten, angewendet.

Abb. 107
Tafel 18

Linse
Lens esculenta

15–50 cm hohe Nutzpflanze mit paarig gefiederten, mit Ranken versehenen Blättern, weißen Blüten zu 2 oder 3 am Stiel und trapezförmigen Hülsen. Vorkommen kultiviert als Hülsenfrucht, stellenweise auch verwildert.
Blütezeit Juni–Juli.

Löffelkraut, Echtes L.
Cochlearia officinalis

Abb. 35
Tafel 7

10–30 cm hohe Pflanze mit lang gestielten, nierenförmigen, dunkelgrünen Blättern und weißen, traubenförmig angeordneten Blüten. Vorkommen verstreut im Gebirge und an Ufern von Bächen und Flüssen; ziemlich selten. Blütezeit April–Juli.
Die Pflanze enthält Glykosid, Bitterstoffe, Gerbstoffe, Mineralstoffe und Vitamin C. Anwendung volkstümlich und in der Homöopathie zu Frühjahrskuren aufgrund der harntreibenden Eigenschaften. Verwendung findet nur die frisch gepflückte Pflanze oder Auszüge derselben.

Löwenmaul
Großes Löwenmaul – *Antirrhinum majus* (Abb.)
Feld-Löwenmaul – *Antirrhinum orontium*

Abb. 336
Tafel 58

30–60 cm hohe Pflanzen mit lanzettlichen Blättern und blaßroten, kopfig in den Blattachseln angeordneten Blüten. Vorkommen auf Äckern und an Wegerändern, an Gemäuern und auf steinigen Plätzen. Als Gartenzierpflanze und Schnittblume verbreitet kultiviert.

Löwenzahn
Taraxacum officinale

Abb. 232
Tafel 40

Formenreiche Pflanze mit Blattrosette aus gebuchteten, fiederspaltigen Blättern, 10–30 cm hohem, hohlem Blütenschaft, lebhaft gelbem, schaftständigem Blütenköpfchen und Milchsaft. Vorkommen: überall verbreitet auf Wiesen, Kleefeldern, nicht zu trockenen Böden. Blütezeit April–Juni.
Wurzel und Blütenstengel enthalten Bitterstoff, Gerbstoffe, Harz und ätherisches Öl. Die Wirkstoffe besitzen u. a. galletreibende Eigenschaften und werden in Form von Tinkturen und Extrakten vor allem bei Lebererkrankungen angewendet. Die jungen Blätter liefern einen guten Wildsalat mit „blutreinigender“ und stärkender Wirkung. Ernte der Blätter vor der Blüte (März–April). Die Wurzel kann das ganze Jahr über geerntet werden.

Lungenkraut
Pulmonaria officinalis

Abb. 286
Tafel 49

15–30 cm hohe Pflanze mit einfachen Stengeln, rauhen, weißfleckigen, grundständig lang-, am Stengel kurzgestielten, ovalen Blättern und anfangs rosafarbenen, später blauen Blüten. Beide Farben sind am gleichen Stengel zu sehen. Vorkommen verbreitet in Wäldern. Blütezeit März–Mai.
Die Pflanze enthält Saponin, Pflanzenschleim, Gerbstoff, Kieselsäure und Mineralsalze. Die Wirkstoffe besitzen adstringierende, erweichende, schleimlösende und auswurffördernde Eigenschaften. Ein Infus der blühenden Pflanze findet bei Erkrankungen der Atemwege, bei Durchfall und Hämorrhoiden Anwendung. Erntezeit März–April.

L

Abb. 90
Tafel 15

Luzerne
Medicago sativa

30 – 60 cm hohe Pflanze mit dreiteiligen, gezähntrandigen Blättern und blauvioletten Blütentrauben. Die Pflanze ist als Viehfutter kultiviert und in gemäßigten Zonen wildwachsend.
Die Blätter enthalten Provitamin A, die Vitamine C, D, E und K sowie Mineralsalze von Calcium, Kalium, Eisen und Phosphor. Die Wirkstoffe besitzen heilkräftige Eigenschaften gegen Anämie und Blutungen. Wie Spinat können die frischen Blätter als Gemüse, Salat oder in Suppen Verwendung finden. Die Pharmazie extrahiert aus der Pflanze Chlorophyll, Carotin und Vitamin K. Die therapeutische Anwendung befindet sich noch im Anfangsstadium (seit 1945 bekannt).

M

M

Abb. 136
Tafel 24

Mädesüß, Echtes M., Wiesenkönigin, Moorspierstaude
Spiraea ulmaria, Filipendula ulmaria

60–120 cm hohe Pflanze mit gefiederten, gezähntrandigen, unterseitig leicht silbrigen Blättern und kleinen weißen, in doldenähnlichen Trauben angeordneten Blüten. Vorkommen häufig auf feuchten Wiesen.
Blütezeit Juli.
Die Pflanze enthält ein Glykosid, das sich u. a. in Methylsalicylsäure aufspaltet. Der Wirkstoff besitzt antirheumatische und entwässernde Eigenschaften. Ein Absud findet gegen Gelenkrheumatismus, Arthritis, Wassersucht und bei Erkrankungen der Harnwege Anwendung.

Abb. 415
Tafel 72

Maiglöckchen
Convallaria majalis

15–25 cm hohe Pflanze mit kriechendem Wurzelstock, zwei elliptischen Laubblättern und aromatisch duftenden, weißen Blüten in einseitwendiger Traube. Die Beerenfrüchte sind rot. Vorkommen in lichten Wäldern, lokal recht häufig.
Blütezeit Mai.
Die Pflanze enthält in den Glykosiden herzstärkende Wirkstoffe, die ähnlich dem Digitalin in der Medizin Anwendung finden.
Die Pflanze ist giftig!

Abb. 435
Tafel 76

Mais
Zea mays

Aus Süd- und Zentralamerika stammende, weltweit kultivierte, 1–2 m hohe Nahrungs- und Futterpflanze mit breiten Blättern, großer endständiger Rispe mit gelben Staubblüten und Stempelblüten an dicken Kolben. Die Früchte sind dicht gedrängt am Kolben angeordnet.
Die Griffel der weiblichen Blüten enthalten Saponine, Kaliumsalze und Öl, besitzen harntreibende Eigenschaften, die in der Homöopathie in Form einer Tinktur therapeutisch genutzt werden. Die tropischen Maisarten enthalten außerdem ein Alkaloid, das psychisch anregend bis zum Delirium führen kann.

Abb. 301
Tafel 51

Majoran, Wilder M., Dost
Origanum vulgare

Bis 30 cm hohe, würzig duftende Pflanze mit ovalen, schwach gezähntrandigen, wechselständig angeordneten Blättern und kleinen, rosa Blüten, in doldenförmigen Rispen angeordnet. Vorkommen an trockenen, steinigen Plätzen, vorzugsweise im Gebirge.
Blütezeit je nach Standort Juni–September.
Die Pflanze enthält ätherisches Öl und Gerbstoff, sie besitzt magenstärkende, krampflösende, hustenstillende, schleimlösende und schweißtreibende Eigen-

schaften. Ein Infus der blühenden Pflanze (frisch oder getrocknet), findet bei grippalem Infekt und Erkrankungen der Atmungsorgane Anwendung.
Erntezeit Juli – September.
Ähnlich der kultivierten Art, *Majorana hortensis*, besitzt der Wilde Majoran eine ausgezeichnete Würzkraft, beide sind als vielseitiges Küchengewürz beliebt und verbreitet.

Malve, Wilde M. Abb. 58
Malva silvestris Tafel 10

30 – 100 cm hohe Pflanze mit meist 5fach gegliederten, gezähntrandigen, wollig behaarten Blättern und rosa bis roten Blüten, dunkel geädert. Vorkommen häufig an Ackerrändern, auf Böschungen, an Hecken und Wegen.
Blütezeit Juni – August.
Blüten und Blätter enthalten Pflanzenschleime und verschiedene Vitamine in Spuren. Die Wirkstoffe besitzen erweichende, adstringierende, auswurffördernde und den Magen anregende Eigenschaften. Anwendung eines Infuses von Blüten und Blättern gegen Erkrankungen der Harn- und Verdauungsorgane und als Gurgelmittel bei Entzündungen der Schleimhäute.
Erntezeit Blüten und Blätter Juni – August.

Mandelbaum, Echte Mandel, Bittermandel Abb. 113
Amygdalus communis, A. nana Tafel 19

Kleiner Baum oder Strauch mit schmal langzettlichen, gezähntrandigen Blättern und rosafarbenen Blüten; ovale, längliche, behaarte Frucht mit 1 bis 2 Samen. Die aus Asien stammende Pflanze ist in Südeuropa und an klimatisch begünstigten Stellen in Deutschland als Kulturpflanze angebaut.
Abgebildet ist die wildwachsende, ca. 1,20 m hohe Form einer bitteren Mandel, *Amygdalus nana*. Blütezeit April – Mai.
Die Samen der wildwachsenden Form (Bittermandeln) enthalten ein sehr giftiges Glykosid und ungiftiges Öl, das in Form von Emulsionen Verwendung findet und auch als Geschmackskorrigens verschiedener Präparate dient.

Maniokstrauch, Kassavestrauch Abb. 368
Manihot utilissima, Jatropha manihot Tafel 63

2 – 2,50 m hoher Strauch mit 7fach gefingerten, langgestielten Blättern, aus Südamerika stammend und in vielen tropischen Ländern Afrikas und Asiens angebaut. Die Wurzelknollen dienen als Nahrung.

Mannstreu, Feld-M. Abb. 165
Eryngium campestre Tafel 29

40 – 50 cm hohe Pflanze mit dünnen Stengeln, stachligen, quirlständigen Blättern und weißen Blüten als kugelige Köpfchen. Vorkommen auf trockenen Wiesen, an sonnigen Hängen und Wegerändern. Blütezeit Juli – August.

Die Wurzel enthält Saponine. Die Wirkstoffe der gesamten Pflanze besitzen harntreibende Eigenschaften und werden gegen Harngrieß angewandt. Volkstümliche Anwendung auch gegen Hauterkrankungen.

Abb. 208 **Margerite, Weiße Wucherblume**
Tafel 36 ***Chrysanthemum leucanthemum***

Kräftige Pflanze mit 30–65 cm hohen Stengeln, an denen kleine, gezähnte, dunkelgrüne Blätter wechselständig aufsitzen; Blütenstände endständig, die gelben Scheibenblüten von großen, weißen Strahlenblüten umgeben. Vorkommen verbreitet auf Wiesen, Äckern und an Wegerändern.
Blütezeit Juni–August.
In der Naturheilkunde sind die schweiß- und harntreibenden sowie wundheilenden Eigenschaften der Margerite heute nur noch von untergeordneter Bedeutung.

Abb. 50 **Mauer-Gipskraut**
Tafel 9 ***Gypsophila muralis***

5–15 cm hohe Pflanze mit verzweigtem Stengel, vereinzelten linealischen Blättchen und rosafarbenen, dunkel geäderten Blüten. Vorkommen auf sandigen Äckern und Ruinen. Blütezeit Juni–September.

Abb. 155 **Mauerpfeffer**
Tafel 27 ***Sedum acre***

Ausdauernde, polsterbildende Pflanze mit 5–12 cm langen Stengeln, fleischigen ovalen, schuppenförmig an den Stengeln angeordneten Blättern und endständigen, gelben Blütensternen. Vorkommen an Felsen, altem Gemäuer und trockenen Hängen. Blütezeit Juni–August.
Die Pflanze enthält Alkaloide, Glykosid, Gerbstoffe und organische Säuren mit hautreizenden Wirkstoffen. In der Homöopathie werden Pflanzenauszüge gegen Hämorrhoiden und Mastdarmfisteln angewendet.

Abb. 463 **Mauerraute**
Tafel 79 ***Asplenium ruta muraria***

Bis 20 cm hoher, ziemlich kahler Tüpfelfarn mit gekerbten Blättchen, teilweise gelappt. Vorkommen auf Mauern und Felsen. Sporenreife Juni–Juli.

Abb. 375 **Maulbeerbaum**
Tafel 64 **Schwarzer M. – *Morus nigra***
Weißer M. – *Morus alba*

Aus Asien stammender, bis 10 m hoher Baum mit großen, breit-herzförmigen, gezähntrandigen Blättern, kätzchenartigen Blütenständen, brombeerförmigem

Fruchtstand und Milchsaft. Die Früchte von *M. nigra* ergeben ein angenehm säuerliches Obst, *M. alba* dient als Futterpflanze für die Seidenraupenzucht. In Südeuropa angepflanzt, vereinzelt auch in Mitteleuropa.

Mäuseschwänzchen Abb. 5
Myosurus minimus Tafel 1

Bis 12 cm hohe Pflanze mit schmalen, linealischen, grundständigen Blättern und grünlichweißen Blütchen, aus denen sich ein ährenförmiger Fruchtstand entwikkelt. Vorkommen auf sandigem, trockenem Boden. Blütezeit Mai – Juni.

Meerkohl Abb. 42
Crambe maritima Tafel 8

Kohlartige, 30 – 60 cm hohe Pflanze mit sehr großen, gebuchteten, gezähntrandigen Blättern und weißen Blüten. Vorkommen am Meeresstrand der Nord- und Ostsee. Blütezeit Mai – Juni.
Aus den jungen Blättern und Sprossen der Pflanze wurde früher ein Wildgemüse zubereitet.

Meerzwiebel, Zweiblättrige M. Abb. 418
Scilla bifolia Tafel 73

10 – 20 cm hohe Pflanze mit zwei breitlinealischen Blättern und blauer, 2 – 12blütiger Blütentraube. Vorkommen in lichten Wäldern, vorzugsweise in Süddeutschland. Blütezeit April – Mai.
Die Meerzwiebel ist eine Arzneipflanze, aus der herzaktivierende Wirkstoffe gewonnen werden.
Die Pflanze ist giftig!

Mehlbeere Abb. 119
Sorbus aria Tafel 20

Mittelhoher Baum mit gezähntrandigen, unterseitig silbrig behaarten Blättern und traubig geordneten, weißen Blüten. Die roten Beeren erscheinen in verschiedenen Formen. Vorkommen verstreut, besonders an den Rändern von Gebirgswäldern, auf kalkhaltigen Böden.
Die Früchte enthalten reichlich Vitamin C, organische Säuren, Pektin u. a.; sie besitzen harntreibende und mild abführende Eigenschaften. Anwendung als Sirup oder Extrakt.

Melde, Gemeine M. Abb. 351
Atriplex patula Tafel 60

30 – 90 cm hohe Pflanze mit pfeilförmigen Blättern und grünen Blüten in Rispen. Vorkommen als Unkraut auf Äckern und Schuttplätzen, an Wegerändern. Blütezeit Juli – Oktober.

M

Abb. 303
Tafel 52

Melisse, Zitronenmelisse, Zitronenkraut
Melissa officinalis

40 – 70 cm hohe Pflanze mit spitzovalen, gezähntrandigen, gelblichgrünen Blättern, kleinen, weißen Blüten und charakteristischem Zitronenduft. Vorkommen: in Südeuropa und als Gartenflüchtling in Mitteleuropa wildwachsend, vielfach kultiviert.
Blütezeit Juli – August.
Die Pflanze enthält ein ätherisches Öl, das beruhigend auf das Nervensystem, außerdem auch magenstärkend, krampflösend und schweißtreibend wirkt. Anwendung finden die Blätter der Melisse als Infus oder als Mazeration in alkoholischer Lösung (Melissengeist zur innerlichen Anwendung, Melissenspiritus äußerlich zu Einreibungen bei Neuralgien, zu Kräuterkissen und als Badezusatz).

Abb. 423
Tafel 74

Milchstern, Nickender M., Vogelmilch
Ornithogalum nutans

50 – 60 cm hohe Pflanze mit linealischen Blättern und weißen, nickenden, sternförmigen Blüten. Vorkommen vorzugsweise in Südosteuropa, auf Wiesen und in lichten Wäldern.
Blütezeit April – Mai.

Abb. 161
Tafel 28

Milzkraut, Wechselblättriges M.
Chrysosplenium alternifolium

10 – 15 cm hohe Pflanze mit nierenförmig gekerbtrandigen, wechselständigen Blättern und grünen Blüten. Vorkommen an Quellen und Bächen.
Blütezeit März – Mai.

Abb. 302
Tafel 52

Minze, Ackerminze
Mentha arvensis

15 – 40 cm hohe, würzig duftende Pflanze mit halbliegendem Stengel, schopfig gehäuften, ovalen, gezähntrandigen Blättern und blaßlila Blüten, in Scheinquirlen angeordnet. Vorkommen auf steinigen Plätzen und sonnigen Hängen.
Blütezeit Juli – August.

Minze, Pfefferminze
Mentha piperita ohne Abb.

Bastardpflanze aus Bachminze (s. dort) und Roßminze, mit dunkelgrünen, in der Form der Bachminze ähnlichen Blättern und violetten oder mehr lilafarbenen, in Scheinähren angeordneten Blüten. Vorkommen: verbreitet kultiviert, wildwachsend meist als Gartenflüchtling. Die Pflanze strömt den stark aromatischen Duft des Menthols aus.
Blütezeit Juli – September.

Die Pflanze enthält ätherisches Öl mit Menthol als Hauptbestandteil, Gerbstoffe und Bitterstoff. Das Infus der getrockneten Blätter, vielfach als Gebrauchstee genutzt, findet u. a. gegen Nervosität, Schlaflosigkeit, Erkrankungen der Atmungsorgane und Verdauungsstörungen Anwendung.
Es kommen verschiedene wildwachsende Bastardarten mit unterschiedlich hohem Gehalt an ätherischen Ölen und verschiedener chemischer Zusammensetzung vor.

Minze, Bachminze, Wasserminze Abb. 299
Mentha aquatica Tafel 51

30–90 cm hohe, würzig duftende Pflanze mit ovalen, gezähntrandigen Blättern und violetten oder mehr rötlichen Blüten, zu dicht gedrängten, kugeligen Blütenquirlen geordnet. Vorkommen an Gewässern, auf sumpfigen Böden, an Wegen (Wasseranzeiger).
Blütezeit Juli–Oktober.
Die Blätter enthalten ätherisches Öl und Gerbstoff. Die Wirkstoffe besitzen galletreibende, durchfallhemmende und krampflösende Eigenschaften. Ein Infus der frischen Blätter wird gegen Leberleiden, Magenkrämpfe und Störungen des Magen-Darmtraktes angewendet.

Mispel, Gemeine M. Abb. 120
Mespilus germanica Tafel 21

1–6 m hoher Baum mit nahezu glattrandigen Blättern und apfelförmiger Frucht; Blüten groß, fünfgriffelig, weiß. Vorkommen in Süddeutschland und in der Schweiz, auf Kalkboden.
Blütezeit Mai–Juni.

Mistel Abb. 184
Viscum album Tafel 32

Auf verschiedenen Baumarten schmarotzende, holzartige Pflanze mit 30–60 cm langen, grünen Zweigen und paarig gegenständigen, hellgrün ledrigen, länglichen Blättern. Die unscheinbaren grünen Blüten entwickeln sich zu einsamigen weißen Scheinbeeren. Vorkommen in Gesamteuropa und Nordasien, in Wäldern, Parkanlagen und Obstbaumkulturen.
Blütezeit März–April, Reife im Frühwinter.
Die Pflanze enthält verschiedene Säuren und Viscotoxin. Ein isoliertes Protein führte im Tierversuch zu einer Wachstumshemmung bestimmter Tumore. In genau dosierten Mengen besitzen die Wirkstoffe der Mistel herzstärkende, blutdrucksenkende und gefäßerweiternde Eigenschaften. In höheren Dosen sind die Stoffe als Herzgift wirksam.
Die Pflanze ist giftig!

M

Abb. 20
Tafel 4

Mohn, Klatschmohn
Papaver rhoeas

30 – 70 cm hoher, behaarter Stengel mit gefiederten, grobgezähnten Blättern und roter Blüte. Vorkommen auf Brachland, in Getreidefeldern und an Wegrändern.
Blütezeit Mai – August.
Der Saft des Stengels enthält Alkaloide, die Blüte Pflanzenschleim. Ein aus den Blüten gewonnener Sirup findet gegen Husten Anwendung.
Schlafmohn, *Papaver somniferum* ist eine lilablühende Kulturpflanze, aus deren Samenkapseln Opium, Morphin und Codein zu Arzneizwecken gewonnen werden.

Abb. 249
Tafel 43

Moosbeere
Vaccinium oxycoccus

Liegender Halbstrauch mit kriechenden Zweigen und wenigen immergrünen, sehr kleinen, ovalen Blättern, unterseitig weißlichgrün; lang gestielte, rosafarbene Blüten und kleine, rote, mehr birnenförmige Beeren. Vorkommen ziemlich selten auf Torfmooren, in feuchtem Moos.
Blütezeit Juni – Juli, Fruchtreife August.
Die Beeren enthalten organische Säuren, Glykosid, Pektin und Vitamin C.
Die Pflanze ist streng geschützt!

Abb. 186
Tafel 32

Moschuskraut
Adoxa moschatellina

5 – 15 cm hohe Pflanze mit gelappten Blättern und grünen, kubischen Blütenköpfchen, langgestielt. Vorkommen in feuchten Gebüschen, in Deutschland und in der Schweiz recht häufig.
Blütezeit März – Mai.

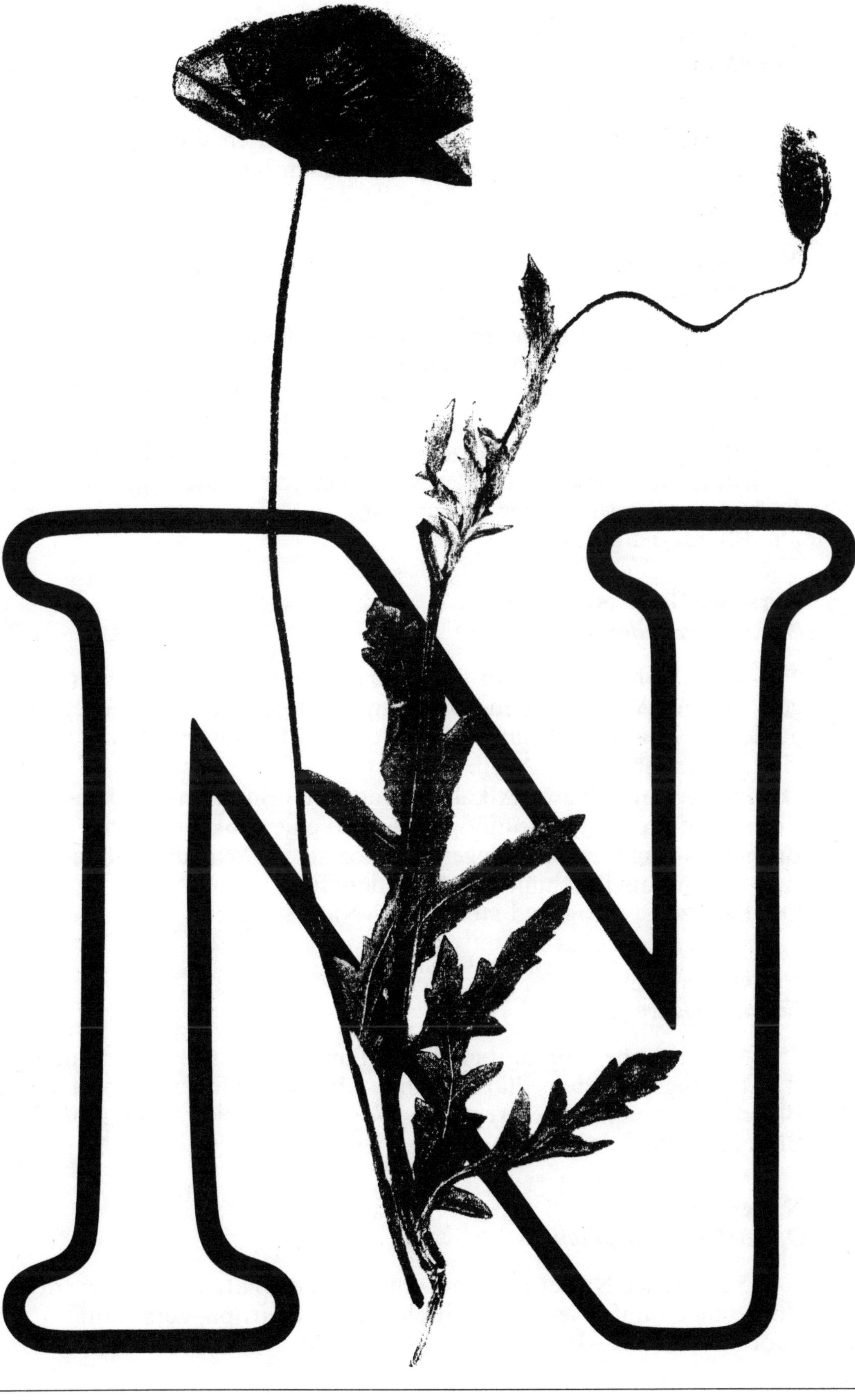

N

Abb. 140
Tafel 25

Nachtkerze, Gemeine N.
Oenothera biennis

40 – 120 cm hohe Pflanze mit wechselständigen, lanzettlich glattrandigen Blättern und gelben, am Stengel einzelstehenden Blüten, die sich meist abends öffnen. Vorkommen an Flußufern und auf feuchten Sandböden.
Blütezeit Juni – September.

Abb. 328
Tafel 56

Nachtschatten, Schwarzer N.
Solanum nigrum

10 – 70 cm hohe Pflanze mit schwach violettfarbenem Stengel, eiförmigen, gebuchteten Blättern und weißen, nickenden Blüten. Die Früchte sind schwarze Beerentrauben. Vorkommen an Böschungen und Aufschüttungen, als Unkraut in Gärten. Blütezeit Juni – September, Fruchtreife Oktober.
Die grünen Teile der Pflanze enthalten ein Alkaloid. Früher wurden die Wirkstoffe als schmerzstillendes Mittel genutzt, heute jedoch ist die Pflanze nur noch von untergeordneter Bedeutung.
Die Pflanze ist giftig!

Abb. 409
Tafel 71

Narzisse, Gelbe N.
Narcissus pseudonarcissus

20 – 30 cm hohe Pflanze mit linealischen Blättern und gelben, trompetenförmigen Blüten. Wildwachsende Vorkommen lokalisiert, auf feuchten Wiesen, in lichten Laubwäldern, auf Weideflächen; als Gartenpflanze verbreitet kultiviert. Blütezeit März – April.
Die Zwiebel enthält zwei Alkaloide und einen Bitterstoff und besitzt stark giftige Eigenschaften. In der Homöopathie wird eine Tinktur aus der Zwiebel u. a. bei Bronchitis angewendet. Wegen der toxischen Wirkung ist die volkstümliche Anwendung als Brechmittel sehr bedenklich.
Die Pflanze ist giftig und steht unter Naturschutz!

Abb. 285
Tafel 49

Natternkopf
Echium vulgare

25 – 120 cm hohe, borstig behaarte Pflanze mit lanzettlich schmalen, wechselständig angeordneten Blättern und blauen, seltener rötlichen oder weißen Blüten. Vorkommen verbreitet an Wegen, auf Äckern und Aufschüttungen.
Blütezeit Juni – September.

Abb. 466
Tafel 80

Natternzunge
Ophioglossum vulgatum

5 – 25 cm hoher Natternfarn mit ungeteiltem Blatt und sporentragender Ähre. Vorkommen auf Wiesen in Mittel- und Südeuropa, zerstreut.
Sporenreife Juni – Juli.

Nelke, Feder-N. Abb. 48
Dianthus plumarius Tafel 9

20–50 cm hohe, wohlriechende Pflanze mit linealisch schmalen Blättern und rosa oder weißer Nelkenblüte. Vorkommen: wildwachsend auf felsigem Boden in den Alpen und in Südosteuropa, kultiviert als Zierpflanze.
Blütezeit je nach Standort April–Juni.

Nelke, Pracht-N. Abb. 49
Dianthus superbus Tafel 9

30–60 cm hohe, wohlriechende Pflanze mit linealischen Blättern und rosa bis purpurfarbener Nelkenblüte, stark geschlitzt. Vorkommen auf Wiesen und an Waldrändern, im Gebirge.
Blütezeit Juni–September.

Nelkenwurz, Bachnelkenwurz Abb. 135
Geum rivale Tafel 24

Kräftige Pflanze mit ca. 30 cm hoch aufgerichtetem Stengel, gefiederten, gezähntrandigen und behaarten Blättern von unterschiedlicher Größe sowie rosa bis orangefarbenen Blüten, deren Kelchblätter intensiv rot gefärbt sind. Vorkommen verbreitet an Bachrändern und auf feuchten Böden, vorzugsweise im Gebirge. Blütezeit Mai–Juni.
Die Inhaltsstoffe und deren Wirkung gleichen jenen der Echten Nelkenwurz (siehe diese).

Nelkenwurz, Echte N. Abb. 134
Geum urbanum Tafel 24

30–60 cm hohe, z. T. flaumhaarige Pflanze mit gezähntrandigen Blättern und kleinen gelben Blüten. Vorkommen verbreitet in Lichtungen, an Hecken und Waldrändern.
Blütezeit Juli–August.
Die Pflanze, vor allem aber die Wurzel, enthält ein Glykosid, Gerbstoffe und Bitterstoff. Die Wirkstoffe besitzen verdauungsanregende, kräftigende und regulierende Eigenschaften. Anwendung finden die blühende Pflanze und das Rhizom. Die Homöopathie verwendet nur die aus Wurzelteilen gewonnenen Auszüge.

Nieswurz, Schwarze N., Christrose Abb. 9
Helleborus niger Tafel 2

Bis 30 cm hohe Pflanze mit handförmig 7–9fach gefingerten, gezähnten Blättern, ledrig, und weißer, an der Rückseite rosa gefärbter Blüte. Vorkommen im Gebirge, vor allem in den Alpen, auf kalkhaltigen Böden.
Blütezeit Dezember–März.

Die Pflanze, besonders aber der Wurzelstock, enthält Saponine und herzwirksame Stoffe, die ähnlich dem Digitalin zu Heilzwecken in homöopathischen Dosen Anwendung finden.
Die G r ü n e N i e s w u r z, *Helleborus viridis*, mit grünlichen, zu Trauben geordneten Blüten, erblüht in hellen Wäldern von März bis Mai. Neben den obengenannten herzwirksamen Glykosiden enthält sie Alkaloide.
Beide Nieswurzarten sind giftig!
Die Schwarze Nieswurz steht unter Naturschutz!

Abb. 205
Tafel 36

Ochsenauge
Buphthalmum salicifolium

Korbblütlerpflanze mit 25 – 80 cm hohem Stengel, lanzettlichen, teilweise ungestielten Blättern und einzelnen gelben Blütenköpfen am Ende beblätterter Stengel. Vorkommen vor allem in den Alpen, auf begrasten Berghängen.
Blütezeit Juli – September.

Abb. 290
Tafel 50

Ochsenzunge, Rote O.
Anchusa officinalis

70 cm hohe, wollige Pflanze mit lanzettlichen Blättern und blauen oder violetten, selten auch weißen Blüten. Vorkommen auf Brachland, an Hängen, besonders im Mittelmeerbereich; *A. italica* ist als Gartenpflanze kultiviert.
Blütezeit Juni – September.
Die Pflanze enthält Alkaloide, Cholin, Gerbstoffe und Pflanzenschleim. Blüten, Wurzel und Samen besitzen auswurffördernde und „blutreinigende" Eigenschaften. Aus der Wurzel wurde früher ein roter Farbstoff gewonnen.

Abb. 273
Tafel 47

Oleander
Nerium oleander

Bis zu 5 m hoher Zierstrauch mit ledrigen, lanzettlich-linealischen Blättern und großen, rosa oder weißen Blüten. Als Zierstrauch kultiviert, in den Mittelmeerländern gelegentlich wildwachsend.
Blütezeit Juni – September.
Der Oleander ist giftig!

Abb. 361
Tafel 62

Osterluzei
Aristolochia clematitis

30 – 60 cm hohe Pflanze mit großen, herzförmigen, hellgrünen Blättern von unangenehmem Geruch und hellgelben, langen, röhrigen Blüten, traubig in den Blattachseln. Vorkommen: im Mittelmeerraum heimisch, in Mitteleuropa eingebürgert, aus früheren Kulturen verwildert; kolonienbildend im Unterholz, an Hecken, in Weinbergen.
Blütezeit Mai – Juni.
Wurzelstock und Stengel enthalten ätherisches Öl und andere Bestandteile mit antibiotischen Eigenschaften. Eine Abkochung dieser Pflanzenteile eignet sich besonders zur Behandlung infizierter Wunden, zur Anwendung bei Arthritis und rheumatischen Erkrankungen. Seit dem Altertum wird Osterluzei bei Schlangenbissen angewendet.

P

Abb. 429
Tafel 75

Palme, Betelpalme
Areca catechu

In Südasien heimische Fiederpalme mit 12–15 m hohem Stamm und eigroßen Nußfrüchten. Die Samen der Betelnüsse sind Bestandteil des Kau- und Genußmittels Betel.

Abb. 433
Tafel 75

Palme, Dattelpalme
Phoenix dactylifera

Verbreitet kultivierte Fiederpalme (Nordafrika, europäische Mittelmeerküsten, Südasien, Australien, Mexiko, Kalifornien), bis 30 m hoch, deren zuckerreiche Beerenfrüchte, Datteln, in Asien und Afrika ein wichtiges Nahrungsmittel darstellen. Sehr zuckerreiche Früchte werden zu Dattelhonig (Palmzucker) verarbeitet und getrocknet in den Handel gebracht, der Sproßsaft wird zu Dattelwein vergoren.

Abb. 431
Tafel 75

Palme, Kokospalme
Cocos nucifera

In tropischen Ländern verbreitet kultivierte Fiederpalme mit bis zu 30 m hohem Stamm und großen Steinfrüchten, die unter einer dichten Faserschicht die hartschalige Kokosnuß bergen. Im Innern der Nuß findet sich ein süßlich-milchiger Saft, Kokosmilch. Das weiße Samenfleisch wird, besonders in den Mittelmeerländern, zur Erfrischung angeboten und getrocknet (Kopra) zu Kokosfett verarbeitet. Aus den widerstandsfähigen Fruchtfasern werden Matten, Seile, Bürsten und Polster hergestellt.

Abb. 432
Tafel 75

Palme, Afrikanische Ölpalme
Elaeis guineensis

Bis zu 9 m hohe Fiederpalme, aus deren Früchten das überwiegend zu technischen Zwecken verwendete Palmöl gewonnen wird.

Abb. 430
Tafel 75

Palme, Echte Sagopalme
Metroxylon Rumphii

In Südasien (Neuguinea, Indonesien) heimische, wälderbildende Fiederpalme mit 4–9 m hohem Stamm. Aus dem Mark dieser Palme wird Sago in bester Qualität gewonnen.

Abb. 386 **Pappel**
Tafel 67 **Silberpappel – *Populus alba***
Abb. 387 **Schwarzpappel – *Populus nigra***
Tafel 67 **Zitterpappel, Espe – *Populus tremula***

Hohe, kätzchentragende Bäume mit unterschiedlichen Blattformen: Silberpappel gelappt, variabel, mit silbriggrauer Unterseite, Schwarzpappel rautenförmig,

Zitterpappel kreisrund, vom geringsten Luftzug bewegt (Name). Vorkommen in feuchten Wäldern, die Silberpappel vorwiegend in Süddeutschland.
Blütezeit März – April.
Die Blütenknospen der Schwarz- und Zitterpappel enthalten verschiedene Wirkstoffe mit harntreibenden, auswurffördernden, schweißtreibenden und wundheilenden Eigenschaften. Ein Extrakt wird gegen Hämorrhoiden angewendet.
Der schlank aufragende Alleebaum *Populus pyramidalis* ist eine kultivierte Abart der Schwarzpappel.

Perlgras, Nickendes P.
Melica nutans

Abb. 456
Tafel 79

30 – 70 cm hohes Gras mit nickenden Ährchen an einseitwendiger Rispe und langen, schmalen Blättern. Vorkommen häufig in schattigen Wäldern, jedoch nicht in Nordwestdeutschland und Schleswig-Holstein.
Blütezeit Mai – Juni.

Pestwurz, Gemeine P.
Petasites hybridus

Abb. 201
Tafel 35

Ausdauernde Pflanze mit bis zu 60 cm langem Stengel und bis zu 60 cm großen, unterseitig hellgrauen, wollig behaarten Blättern, in der Form dem Huflattich sehr ähnlich, herz- bis schildförmig; rosaviolette Blütentrauben. Der Stengel ist am Grunde rhizomartig ausgebildet und kriechend. Vorkommen auf feuchten Böden, Aufschwemmungen und Dämmen, meist größere Kolonien bildend.
Blütezeit März – April.
Die Wurzel enthält ein Alkaloid, ätherisches Öl, Pektine, Inulin, Pflanzenschleim und Gerbstoff. Die Wirkstoffe besitzen harn- und schweißtreibende, krampflösende und wundheilende Eigenschaften. Anwendung findet ein Wurzelextrakt.

Petersilie
Petroselinum crispum (ohne Abb.)

Verbreitet kultivierte Gewürzpflanze mit 10 – 50 cm hohem Stengel, gefiederten, glänzend dunkelgrünen, gekräuseltrandigen Blättern und grünlichgelben Blüten in Dolden. Die Pflanze riecht angenehm aromatisch. Bei wildwachsenden Pflanzen ist eine Verwechslung mit der sehr giftigen Hundspetersilie möglich.
Die Pflanze enthält in überreichem Maße Vitamin C, außerdem ätherisches Öl, Flavone, Provitamin A, Eisen, Kalzium und Phosphor. Die Wirkstoffe besitzen u. a. harntreibende, verdauungsfördernde und schleimlösende Eigenschaften. Als ausdrucksvolles Frischwürzkraut verdient Petersilie wegen ihres hohen Vitamingehaltes besondere Beachtung.

P

Abb. 73
Tafel 13

Pfaffenhütchen, Pfaffenkäppchen
Evonymus europaeus

2–4 m hoher Strauch mit schwach gezähnten, lanzettlichen Blättern und weißgrünen, kleinen, in Bündeln angeordneten Blüten. Fleischige, korallenrote, vierfächrige Früchte. Vorkommen in lichten Wäldern, an Waldrändern und buschigen Hängen.
Blütezeit Mai–Juni.
Die Pflanze enthält einen Bitterstoff, die Samen enthalten herzstärkende Heteroside. Das Pfaffenhütchen wirkt giftig, insektizid und harntreibend. Eine Tinktur aus der frischen Pflanze wird in der Homöopathie angewendet.

Abb. 396
Tafel 69

Pfeilkraut
Sagittaria sagittifolia

Bis zu 100 cm hohe Pflanze mit langgestielten, pfeilförmigen Blättern und weißen, rosagefleckten Blüten in Quirlen zu je 3 an langem Blütenschaft. Vorkommen in stehenden und langsam fließenden Gewässern.
Blütezeit Mai–Juli.

Abb. 264
Tafel 46

Pfennigkraut
Lysimachia nummularia

Flach am Boden kriechende Pflanze mit herzförmigen bis runden Blättern und großen, gelben Blüten. Vorkommen an Gräben, in feuchten Wäldern, auf Wiesen.
Blütezeit Mai–Juli.

Abb. 15
Tafel 3

Pfingstrose, Feinblättrige Pf., Echte Pf.
Paeonia tenuifolia, P. officinalis

30–80 cm hohe Pflanze mit gefiederten, glattrandigen, bei der P. tenuifolia linealischen Blättern und roter, in seltenen Fällen auch weißer Blüte. Vorkommen in Osteuropa und Asien, im südlichen Alpenraum und kultiviert als Zierpflanze.
Blütezeit Mai–Juni.

Abb. 121
Tafel 21

Pfirsichbaum
Amygdalus persica

4–6 m hoher Baum mit länglich ovalen, fein gezähntrandigen Blättern, großen weißen Blüten und goldgelber bis rötlichgelber, fein behaarter Frucht. Der Pfirsichbaum ist kultiviert und an klimatisch begünstigten Stellen in Deutschland, verbreitet in den südlichen Ländern angepflanzt.
Blütezeit April–Mai.

Pflaumenbaum Abb. 114
Prunus domestica Tafel 19

In zahlreichen Arten kultivierter Obstbaum mit zu Gruppen geordneten ovalen, gezähntrandigen Blättern und weißen Blüten.
Blütezeit April.
Getrocknete Pflaumen gelten als verdauungsfördernd und mild abführend.

Pillenfarn Abb. 460
Pilularia globulifera Tafel 79

3–10 cm langer, kriechender Kleefarn mit borstlichen Blättern und erbsengroßen, pillenförmigen Sporenkapseln. Vorkommen auf Sumpfböden, in Seen und Teichen.

Pimpernuß Abb. 62
Staphylea pinnata Tafel 11

Bis 5 m hoher Strauch mit unpaarig gefiederten, leicht gezähnten, spitzovalen Blättern und rosaweißlichen Blütentrauben. Vorkommen wildwachsend in Süddeutschland, sonst als Zierstrauch.

Pippau Abb. 238
Wiesen-Pippau – *Crepis biennis* Tafel 41
Dach-Pippau, Grundfeste – *Crepis tectorum* (Abb.)

30–80 cm hohe Pflanze mit gebuchtetrandigen Blättern in grundständiger Rosette und gelben Blütenköpfchen an teilweise verzweigtem Stengel. Vorkommen in vielen Arten auf sandigen Böden, Äckern, trockenen Wiesen, an Ruinen.
Blütezeit je nach Art und Standort Mai–September.

Platterbse
(siehe Wald-Platterbse)

Portulak, Burzelkraut Abb. 151
Portulaca oleracea Tafel 27

Niederliegende Pflanze mit rundlichen, fleischig-saftigen Blättern und kleinen gelben Blüten. Vorkommen an Meeresstränden und auf sandigen Äckern als Unkraut oder kultiviert als Gemüse-, Salat- und Würzpflanze.

Preiselbeere, Preißelbeere Abb. 248
Vaccinium vitis idaea Tafel 43

Immergrüner Halbstrauch mit kriechendem Wuchs, flaumig behaarten, bis 25 cm langen Zweigen und wechselständigen, am Rande oft eingerollten

Blättern, ledrig, glänzend; weiße oder rosafarbene Blüten, korallenrote Beeren in endständiger Traube, von herbem Geschmack. Vorkommen in Heidelandschaften, Torfmooren und Gebirgswäldern.
Blütezeit Mai – Juli, Fruchtreife Juli – August.
Die schmackhaften Früchte enthalten organische Säuren, Vitamin C und Provitamin A. Ein Infus aus den Blättern wird bei Erkrankungen der Harnwege angewandt.

Abb. 124 **Quittenbaum**
Tafel 22 ***Cydonia oblonga (Pirus cydonia)***

Kleiner Obstbaum mit wollig behaarten Blättern, großen rosafarbenen Blüten und verschiedenartigen, großen gelben Früchten. In Europa kultiviert, in den östlichen Mittelmeerländern vereinzelt auch wildwachsend.
Blütezeit April–Mai.
Die Früchte enthalten reichlich Pektin, die Fruchtkerne Pflanzenschleim. Ein aus den Früchten gewonnener Sirup besitzt erweichende, reizmildernde Eigenschaften und findet u. a. bei Heiserkeit und Halserkrankungen Anwendung.

R

Abb. 404
Tafel 70

Ragwurz, Spinnen-R.
Ophrys sphegodes

15 – 30 cm hohe Orchidee mit lanzettlichen, stengelumfassenden Blättern und bräunlichgelblichen Blüten mit ungeteilter, ausgerandeter und behaarter Lippe. Vorkommen auf Wiesen und grasigen Hängen klimatisch begünstigter Gebiete Deutschlands.
Blütezeit Mai – Juni.
Die Pflanze steht unter Naturschutz!

Abb. 212
Tafel 37

Rainfarn
Chrysanthemum vulgare

Kräftige, 30 – 60 cm hohe Pflanze mit doppelt gefiederten Blättern und goldgelben, flachen Blütenköpfchen ohne Randblüten, in dichten Trauben angeordnet. Rainfarn strömt einen herben Kampfergeruch aus und kommt auf trockenen Böden an Wege- und Ackerrändern, Zäunen und Aufschüttungen vor.
Blütezeit Juli – September.
Die Pflanze enthält ätherisches Öl. Eine Abkochung der Blüten wird volkstümlich als Wurmmittel genutzt. Das Rainfarnöl, *Oleum Tanaceti*, findet äußerlich zu Einreibungen bei Rheumatismus Anwendung.

Abb. 447
Tafel 77

Rasenschmiele
Deschampsia caespitosa

60 – 130 cm hohes Rispengras mit gerillten Blättern und meist waagerecht stehenden Rispenverzweigungen. Vorkommen auf Wiesen, an feuchten Stellen.
Blütezeit Juni – Juli.

Abb. 71
Tafel 12

Raute, Gartenraute
Ruta graveolens

40 – 60 cm hohe Pflanze mit gefiederten, länglichovalen Blättchen und kleinen, gelben Blüten; Stengel verzweigt, Blattfarbe grünblau. Als Gartenflüchtling verbreitet, Ursprung im Mittelmeergebiet.
Die Pflanze enthält ätherisches Öl und das dem Vitamin P gleichzusetzende Glykosid Rutin. In der Homöopathie wird ein Extrakt der frischen Pflanze u. a. gegen Neuralgien und rheumatische Erkrankungen verabreicht. Als Gurgelwasser mit krampflösender Wirkung wird die Pflanze volkstümlich genutzt. Küchengewürz in Italien.

Abb. 441
Tafel 77

Raygras, Englisches R., Wiesen-Lolch
Lolium perenne

15 – 60 cm hohe Pflanze mit schmalen, dunkelgrün glänzenden Blättern; die kleinen Ährchen sind mit der Schmalseite zur Ährenspindel angeordnet, die selbst das Aussehen einer Ähre hat.

Reiherschnabel Abb. 67
Erodium cicutarium Tafel 12

Bis 60 cm hohe Pflanze mit gefiederten Blättern und karminroten Blüten, zu Dolden geordnet. Vorkommen auf trockenen Wiesen, an Ackerrändern.
Blütezeit April – Juli.

Reis Abb. 443
Oryza sativa Tafel 77

Aus Asien stammendes Getreidegras, dort wie in anderen klimatisch geeigneten Gebieten als Nahrungspflanze angebaut. Der Halm wird bis zu 1,5 m hoch.

Riemenblume Abb. 185
Loranthus europaeus Tafel 32

Seltene, auf Eichen und Edelkastanien schmarotzende Pflanze, 30 – 90 cm hoch, mit eiförmig-länglichen Blättern, unscheinbaren gelben Blüten und gelben Früchtetrauben. Vorkommen in Südeuropa, Österreich, Mitteldeutschland und Böhmen.

Ringelblume, Garten-R. Abb. 219
Calendula officinalis Tafel 38

Bis zu 50 cm hohe Pflanze mit ovalen oder lanzettlichen Blättern und orangefarbenen, einfachen oder gefüllten Blütenköpfchen. Als Zierpflanze kultiviert, wildwachsende Art ist die Acker-Ringelblume, *C. arvensis.*
Blütezeit Juni – September.
Die Blütenköpfchen enthalten ätherisches Öl, Harz, Saponin und Bitterstoff. Ein Extrakt der Blüte oder eine Tinktur wirken als Wundbalsam heilend und begünstigen eine rasche Vernarbung.

Rippenfarn Abb. 464
Blechnum spicant Tafel 79

15 – 20 cm hoher Tüpfelfarn mit niederliegenden sterilen und schlankeren, aufrechten fruchtbaren Wedeln, letztere mit sehr schmalen und dicht stehenden Fiedern. Vorkommen zerstreut an schattigen Plätzen, in Fichtenwäldern des Gebirges, in den Alpen bis 2000 m ansteigend. Sporenreife Juli – September.

Rittersporn, Feld-R. Abb. 12
Delphinium consolida Tafel 2

20 – 50 cm hohe Pflanze mit feingefiederten Blättern, wollig behaartem Stengel und blauen, gespornten, in lockeren Trauben angeordneten Blüten. Vorkommen: im Flachland recht häufig, an Wegerändern, auf Brachland.
Blütezeit Juni – August.

Die Pflanze enthält ein Alkaloid und Farbstoffe, die früher zum Einfärben von Wolle Verwendung fanden. Die Inhaltsstoffe wirken lähmend auf das Zentralnervensystem. Früher offizinell, wird die Pflanze heute kaum noch zu Heilzwekken genutzt.
Die Pflanze ist giftig!

Abb. 366
Tafel 63

Rizinusbaum, Wunderbaum
Rizinus communis

In Asien heimischer, bis 12 m hoher Baum, in Europa als max. 2,50 m hoher Zierstrauch vereinzelt kultiviert, mit lanzettlichen, quirlig angeordneten Blättern.
Aus den Samen dieses Baumes wird das arzneilich als Abführmittel hochwirksame Öl gewonnen.

Abb. 439
Tafel 76

Roggen
Secale cereale

Besonders in gemäßigten und kühleren Klimaten angebautes Brotgetreide mit bis zu 2 m hohem Halm und vierreihiger Ähre mit mittellangen Grannen.

Abb. 397
Tafel 69

Rohrkolben, Breitblättriger R.
Typha latifolia

1 – 2 m hohe Pflanze mit linealischen, stengelumfassenden Blättern und großem, kolbenartigem Blütenstand. Vorkommen im Röhricht stehender und fließender Gewässer.
Blütezeit Juni – August.

Abb. 320
Tafel 54

Rosmarin
Rosmarinus officinalis

Immergrüner Zwergstrauch, bis 1 m hoch, mit lederartig dicken, dunkelgrünen, lanzettlichen Blättern und blau oder hell-violett gefärbten Blüten. Die Pflanze strömt starken Kampfergeruch aus. Vorkommen in den Mittelmeerländern, wildwachsend und kultiviert.
Die Pflanze enthält ätherisches Öl. Die Wirkstoffe besitzen anregende, krampflösende und den Gallenfluß fördernde Eigenschaften. Rosmarinöl findet äußerlich, zu Salben verarbeitet oder als Badezusatz, Anwendung bei Rheumatismus, Gelenkschmerzen und Geschwüren. Eine Abkochung der Blätter ergibt ein gegen Mundfäule wirksames Gurgelwasser. Rosmarin ist ein beliebtes Fleisch- und Fischgewürz der italienischen und südfranzösischen Küche, verwendet werden die jungen Spitzentriebe frisch oder getrocknet.
Nach Genuß übermäßiger Dosen sind schwere Vergiftungen vorgekommen.

Rosmarinheide, Lavendelgränke
Andromeda polifolia

Abb. 251
Tafel 44

Bis 30 cm hoher Halbstrauch mit immergrünen, lanzettlich-linealischen, grüngrauen, oben glänzend-, unterseitig weißlichgrünen Blättern und sehr kleinen weißen oder rosafarbenen, glockigen Blüten. Vorkommen ziemlich selten auf sumpfigen oder moorigen Flächen, vorzugsweise in Gebirgsgegenden.
Blütezeit Mai – August.
Blätter und Blüten enthalten ein giftiges Glykosid, das jedoch blutdrucksenkende Eigenschaften besitzt. Bis heute wird die Pflanze noch nicht therapeutisch genutzt. Verwechslungen mit Rosmarin aufgrund ähnlicher Blätter sind bekannt geworden.
Die Pflanze ist giftig! Selbst Pollen, die in den Honig gelangen, führen zu Vergiftungserscheinungen. (Vom Altertum her überliefert.)

Ruchgras, Wohlriechendes R.
Anthoxanthum odoratum

Abb. 449
Tafel 78

30 – 50 cm hohes Ährenrispengras mit 3 – 4 braunen Stengelknoten, bewimperten Blättern und dichter Ährenrispe; aromatisch duftend. Vorkommen auf trockenen Wiesen und Weideflächen.
Blütezeit Mai – Juli.

Ruhrkraut, Zweihäusiges R.
Gnaphalium dioicum

Abb. 214
Tafel 37

10 – 20 cm hohe Pflanze mit grundständigen Blättern und rötlichen Blütenköpfchen, in Trauben an beblättertem Stengel. Vorkommen auf Bergwiesen und in trockenen Waldungen.
Blütezeit Mai – Juni.
Vom Ruhrkraut gibt es eine große Anzahl wildwachsender Arten, die sich in Blattform und Blütenfarbe voneinander unterscheiden. Auch das Edelweiß, *Leontopodium alpinum*, gilt als artverwandt.

Runkelrübe
Beta vulgaris

Abb. 348
Tafel 60

20 – 80 cm hohe Pflanze mit am Grunde langgestielten, lanzettlichen bis ovalen Blättern und grünen Blüten in großem, rispigem Blütenstand. Wildwachsend an der Atlantikküste und im Mittelmeergebiet, in Deutschland auf Helgoland, als Ackerflüchtling auch andernorts. *Beta vulgaris* ist als Zuckerrübe, Rote Rübe, Mangold und Futterrübe in verschiedenen Spielarten kultiviert.
Blütezeit Juni – September.

Abb. 66
Tafel 12

Ruprechtskraut, Storchschnabel
Geranium robertianum, G. sanguineum

10–15 (30) cm hohe Pflanze mit dreieckigen, in 3–5 gelappte Segmente unterteilten Blättern und roter oder rosa gefärbter Blüte. Vorkommen auf steinigen Böden, sonnigen Hängen, an Waldrändern und Ruinen.
Blütezeit April–Juni (G. robertianum), Juni–August (G. sanguineum).
Das Ruprechtskraut, kenntlich an den rötlichen Stengeln und niedrigem Wuchs, enthält ätherisches Öl und Gerbstoffe. Die Wirkstoffe besitzen adstringierende und beruhigende Eigenschaften. Auszüge der frischen Pflanze werden heute nur noch zu Spülungen bei Mundentzündungen oder äußerlich als Badezusatz und zu Kompressen angewendet.
Erntezeit Mai–August.
Abgebildet ist *Geranium sanguineum.*

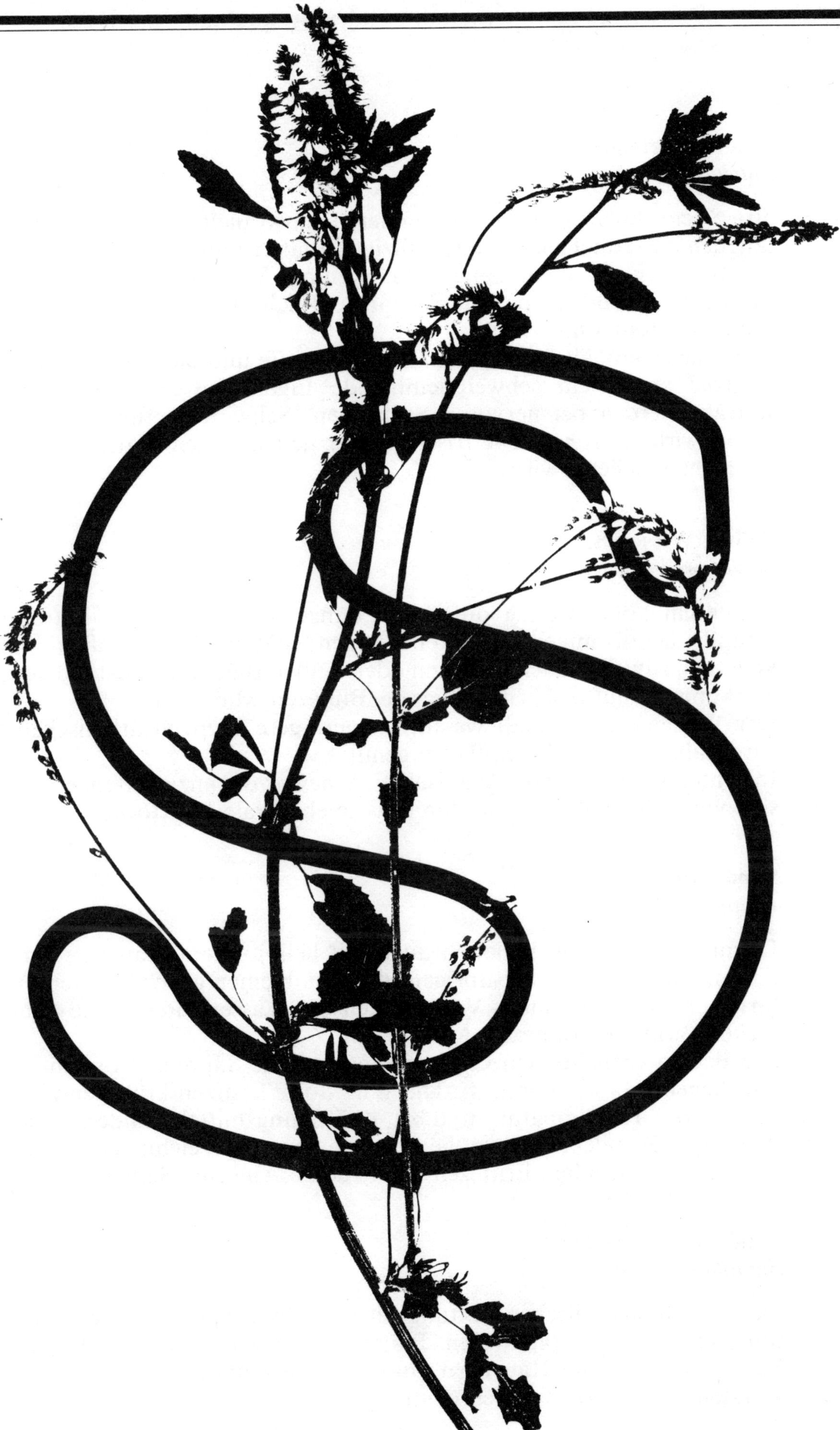

Abb. 297
Tafel 51

Salbei, Garten-S.
Salvia officinalis

50–80 cm hoher, würzig duftender Halbstrauch mit aufrechten Stengeln, länglich lanzettlichen, graugrün filzigen Blättern und violetten oder blauvioletten Blüten in traubenförmiger Anordnung. Vorkommen: als Gewürzpflanze kultiviert, in Südeuropa und als Gartenflüchtling in Mitteleuropa wildwachsend. Blütezeit Juni–Juli.
Die Pflanze enthält ätherisches Öl, Bitterstoffe und Gerbstoffe. Die Wirkstoffe besitzen vor allem schweißhemmende Eigenschaften. Infus, Tinktur oder Extrakt werden bei nervösen Störungen, Schwindelgefühl u. a. angewendet. Salbei wirkt östrogen. Die frischen oder getrockneten Blätter sind ein hervorragendes Küchengewürz.

Abb. 298
Tafel 51

Salbei, Wiesen-S.
Salvia pratensis

30–60 cm hohe, würzig duftende Pflanze mit langen, gezähntrandigen, am Grunde herzförmigen, oben eiförmigen Blättern und großen blauen oder violetten, zuweilen auch rötlichen oder weißen Blüten in endständigen Trauben. Vorkommen auf trockenen Wiesen. Blütezeit Mai–Juli.
Der Wiesensalbei enthält wesentlich geringere Mengen ätherischen Öles und wird daher nicht als Heilpflanze genutzt.
In lichten Wäldern ist der Waldsalbei, *S. nemorosa*, anzutreffen, er unterscheidet sich vom Wiesensalbei u. a. durch die mehr ovale Blattform.

Abb. 360
Tafel 62

Sanddorn
Hippophae rhamnoides

Dorniger, bis zu 3 m hoher Strauch mit hellbraunem Stamm, schmal lanzettlichen, auf der Oberseite silbrigen Blättern, kleinen grünen Blüten und orangefarbenen Beerenfrüchten. Vorkommen an Wasserläufen, Fluß- und Meeresküsten verbreitet. Blütezeit April–Mai.
Die Beeren enthalten ein Glykosid, organische Säuren, Provitamin A und in reichlichem Maße Vitamin C. Die Wirkstoffe besitzen kräftigende Eigenschaften. In der Homöopathie und zu Kräftigungsmitteln finden Fruchtauszüge Anwendung, zudem ergeben die Beeren einen ausgezeichneten Fruchtsirup und würzige Marmeladen. Erntezeit der Früchte August–September.

Abb. 359
Tafel 62

Sandelbaum, Weißer S.
Santalum album

Der indisch-australischen Gattung der Sandelholzgewächse zugehörender Baum mit gegenständig spitzovalen Blättern und rosa Blüten, dessen Holz zu Schnitzereien, zum Räuchern und zur Gewinnung von Sandelöl für die Herstellung von Duftstoffen dient.

Sandkraut, Frühlings-S.
Arenaria verna

Abb. 54
Tafel 10

Liegende Pflanze mit aufrechten Blütenstengeln, linealisch-lanzettlichen Blättern und weißer Blüte. Vorkommen auf felsigen Gebirgsweiden.
Blütezeit Mai – Juli.

Sanikel, Heildolde
Sanicula europaea

Abb. 163
Tafel 29

30 – 40 cm hohe Pflanze mit kahlem Stengel, 3 – 5fach gelappten, gezähntrandigen Blättern und kleinen, in Dolden angeordneten, meist weißen Blüten. Vorkommen verbreitet in Laubwäldern. Blütezeit Mai – Juli.
Der Wurzelstock und die Blätter enthalten Saponine, Gerbstoff, Bitterstoff und ätherisches Öl. Die Blätter der Pflanze, mit leicht blutstillenden Eigenschaften, werden als Infus äußerlich zur Wundbehandlung und als Gurgelwasser angewandt.

Sauerklee, Buchklee, Hasenkohl
Oxalis acetosella

Abb. 70
Tafel 12

Kriechende, kleeblättrige (3fach gelappt) Pflanze, 8 – 16 cm hoch, mit weißen, rosa geäderten Blüten. Vorkommen in schattigen Wäldern und im Unterholz.
Blütezeit April – Mai.
Die Blätter enthalten Calciumoxalat und Oxalsäure, Wirkstoffe mit starker Reizwirkung, die zu Vergiftungserscheinungen mit starkem Durchfall führen können. Anwendung nur bedingt gegen Hautkrankheiten und Schleimhautentzündungen.

Schachbrettblume, Schachblume, Kiebitzei
Fritillaria meleagris

Abb. 422
Tafel 73

Zwiebelpflanze mit bis zu 30 cm hohem Stengel, schmalen, linealischen Blättern und einer tulpenförmigen, geneigten, purpurroten und „schachbrettartig" dunkler gefleckten Blüte. Vorkommen verstreut auf sumpfigen Wiesen, gelegentlich in Kolonien. Blütezeit April – Mai.
Die Pflanze ist stark giftig, in Deutschland selten und daher geschützt!

Schafgarbe
Achillea millefolium

Abb. 211
Tafel 37

Kräftige Pflanze mit 30 – 60 cm hohen Stengeln, fein gefiederten Blättern und weißem oder rosafarbenem Blütenstand in Trugdolden. Vorkommen verbreitet auf Wiesen, Äckern und Brachland, an Wegrändern. Blütezeit Juni – Oktober.
Die Pflanze enthält ätherisches Öl und Bitterstoff. Die Wirkstoffe besitzen antiseptische, auswurffördernde, schleimlösende, krampflösende und kräftigende Eigenschaften. Ein Infus, aus der blühenden Pflanze zubereitet, wird bei

vegetativen Störungen, Appetitlosigkeit und Verdauungsstörungen angewandt. Da das Aussehen der Schafgarbe infolge ihrer Verbreitung allgemein bekannt sein dürfte, ist hier die seltenere Sumpfschafgarbe, *Achillea ptarmica*, als Beispiel großer Abweichungen in Blattform und Blüte eng artverwandter Pflanzen abgebildet. Letztere wird als Heilpflanze heute kaum noch genutzt.

Abb. 178
Tafel 31

Schierling, Gefleckter Sch.
Conium maculatum

50–200 cm hohe Pflanze mit hohlem, verzweigtem, rötlich bis bräunlich geflecktem Stengel, unpaarig gefiederten, stark eingeschnittenen Blättern und weißen Blüten in großen Doppeldolden. Vorkommen verbreitet auf Brachland, an Hecken und Gräben. Blütezeit Juni–Juli.

Die Pflanze enthält 5 Alkaloide, ätherisches Öl und Flavonglykoside. Der Gefleckte Schierling ist eine gefährliche Giftpflanze mit atemlähmender Wirkung und wird daher heute nicht mehr therapeutisch genutzt. Lediglich das Alkaloid Coniin findet isoliert in genauester Dosierung noch zu Arzneizwecken Verwendung.

Alle Schierlingsarten, so auch der Wasser-Sch. *Cicuta virosa*, sind gefährliche Giftpflanzen.

Abb. 458
Tafel 79

Schilfrohr
Phragmites communis

1–4 m hohes Gras mit hohlem Halm, seidenhaarig büscheliger, violettbrauner Blütenrispe und scharfrandigen Blättern. Vorkommen verbreitet an feuchten Ufern, in Sümpfen und Mooren. Blütezeit August–September.

Abb. 115
Tafel 19

Schlehe, Schwarzdorn
Prunus spinosa

1–4 m hoher, ausladender, dorniger Strauch mit kleinen, zarten, oval gezähntrandigen Blättern, schwarzbrauner Rinde und weißen, sehr zahlreichen kleinen Blüten. Die blauen Früchte sind eßbar und von herbem Geschmack. Vorkommen an Waldrändern und Lichtungen, bildet dichtes Unterholz.

Blütezeit April–Mai.

Die Blüten enthalten ein Glykosid, wirken harntreibend, mild abführend und finden als Auszüge in der Homöopathie Anwendung. Die Früchte, reich an Vitamin C, gelten als Stärkungsmittel für Magen und Harnblase.

Abb. 259
Tafel 45

Schlüsselblume
Mehlschlüsselblume – *Primula farinosa* (Abb.)
Duftende Schlüsselblume – *Primula veris*

Bis zu 30 cm hohe Pflanzen mit grundständigen, lanzettlichen, flaumhaarigen Blättern, bei der Mehlschlüsselblume unterseitig mehlig bestäubt; meist gelbe

(Mehlschl. rötlichviolette), in Dolden angeordnete Blüten an kahlem Stengel in verschieden abgewandelten Arten. Vorkommen auf Wiesen, vorzugsweise im Gebirge. Blütezeit je nach Art und Standort März – Juli.
Die gelbe Duftende Schlüsselblume, *Primula veris*, enthält Saponine, Glykoside und Flavone. In der Naturheilkunde wird eine Abkochung der Wurzel oder ein Extrakt wegen der schleimlösenden und auswurffördernden Wirkung bei Erkrankungen der Atemwege angewendet. Ferner wird eine Tinktur aus der frischen Pflanze gegen Nierenleiden und Neuralgien verabreicht.

Schmerwurz Abb. 412
Tamus communis Tafel 71

Schlingpflanze mit windenden Stengeln, herzförmigen Blättern, kleinen hellgrünen Blütentrauben und rötlichen oder gelblichgrünen Beeren. Vorkommen ziemlich verbreitet an Waldrändern. Blütezeit Mai – Juni.
Die Beeren enthalten eine giftige Substanz; der Wurzelstock enthält Calciumoxalat und einen in der Wirkung dem Histamin ähnlichen Stoff. Eine aus dem Wurzelstock gewonnene Tinktur findet äußerlich gegen Sonnenbrand u. a. Anwendung. Die volkstümliche Verwendung gegen Prellungen usw. ist wegen der hautreizenden Wirkung nicht ungefährlich.

Schneeball Abb. 189
Viburnum opulus Tafel 33

2 – 4 m hoher Strauch mit glatten Zweigen, 3 – 5fach gelappten Blättern, weißen, in Doppeldolden angeordneten Blüten und giftigen roten Beeren. Vorkommen in feuchten Wäldern, als Zierstrauch kultiviert. Blütezeit Mai – Juli.

Schneeglöckchen Abb. 410
Galanthus nivalis Tafel 71

7 – 20 cm hohe Pflanze mit linealischen Blättern und glockenförmiger, weißer, hängender Blüte. Vorkommen: als Zierpflanze verbreitet kultiviert, wildwachsend nur östlich der Elbe. Blütezeit Februar – März.
Die Pflanze enthält Alkaloide, wird in Osteuropa volkstümlich als Brechmittel verwendet, findet therapeutisch jedoch nur vereinzelt Anwendung.
Das Schneeglöckchen ist geschützt!

Schöllkraut, Gemeines Sch. Abb. 21
Chelidonium majus Tafel 4

30 – 60 cm hohe Pflanze mit grüngrauen, gefiederten, rundlichen, gekerbtrandigen Blättern und hellgelben Blüten. Vorkommen an Hecken und auf Schutt. Blütezeit Mai – August.
Die Pflanze enthält Alkaloide, ätherisches Öl und Enzyme. Die Wirkstoffe besitzen narkotische, adstringierende, abführende und galletreibende Eigen-

schaften. Aus der Wurzel gewonnene Tinkturen finden in der Homöopathie gegen Lebererkrankungen und andere Leiden Anwendung.
Abkochungen der Pflanze wurden äußerlich gegen Hühneraugen, Warzen und andere krankhafte Wucherungen verwendet.
Die Pflanze ist giftig!

Abb. 30
Tafel 5

Schöterich, Ackerschöterich
Erysimum cheiranthoides

30–100 cm hohe Pflanze mit behaarten, länglichen Blättern und gelben Blüten; 12–20 mm lange Schoten. Vorkommen auf Äckern und an Flußufern.
Blütezeit Mai–September.

Abb. 471
Tafel 80

Schriftfarn
Ceterach officinarum

Seltener, in Deutschland nur im Südwesten vertretener Farn mit 5–15 cm langen, relativ schwach gefiederten,unterseitig braun beschuppten Wedeln. Vorkommen an Fels und altem Gemäuer.
Sporenreife Juli–September.
Die Wedel enthalten Gerbstoffe und organische Säuren mit beruhigenden und schweißtreibenden Eigenschaften.
Die Pflanze ist geschützt!

Abb. 344
Tafel 59

Schuppenwurz
Lathraea squamaria

5–35 cm hohe Schmarotzerpflanze mit schuppig angeordneten, kleinen Blättchen, einseitwendigem Blütenstand und rosa- bis violettfarbenen Blüten. Vorkommen in schattigen Laubwäldern, auf verschiedenen Pflanzenarten schmarotzend.

Abb. 453
Tafel 78

Schwaden, Großer Sch.
Glyceria maxima

Rispengras mit bis zu 1,5 m hohem, rohrartig dickem Halm, 10–25 mm breiten Blättern und allseitwendiger, vielähriger Rispe. Vorkommen an schlammigen Ufern, in Sümpfen. Blütezeit Juli–August.

Abb. 275
Tafel 47

Schwalbenwurz, Hundswürger, Giftwurzel
Cynanchum vincetoxicum

Krautartige, bis 1,20 m hohe Pflanze mit pfeilförmigen, kurz gestielten, gegenständigen Blättern und blattachselständigen, traubig angeordneten gelbweißen Blüten. Die Pflanze strömt einen durchdringenden Geruch aus und kommt verstreut auf steinigen Böden, in trockenem Unterholz, auf Böschungen und Brachland vor. Blütezeit Juni–September.

Die ganze Pflanze, besonders jedoch die Wurzel, enthält unter anderen Bestandteilen ein giftiges Glykosid mit herzwirksamen Eigenschaften. Die Schwalbenwurz findet in der Medizin kaum noch Anwendung, die Homöopathie bedient sich einer aus der frischen Pflanze gewonnenen Tinktur. Früher glaubte man, in der Schwalbenwurz ein Gegengift für Schlangenbisse zu besitzen.
Die Pflanze ist giftig!

Schwanenblume, Wasserliesch
Butomus umbellatus

Abb. 395
Tafel 69

50 – 120 cm hohe Pflanze mit linealischen, bis zu 1 m langen, grundständigen Blättern und stielrundem Blütenschaft mit etwa 20 rötlich-weißen Blüten in Trugdolde. Vorkommen in stehenden Gewässern wie Teichen und flachen Seen.
Blütezeit Juni – Juli.

Schwarzkümmel, Ackerschwarzkümmel
Nigella arvensis

Abb. 10
Tafel 2

10 – 30 cm hohe Pflanze mit fein gefiederten Blättern und hellblauer, sternförmiger Blüte. Vorkommen als Unkraut auf Saatfeldern.
Blütezeit Juli – September.
Die Kulturpflanze des Echten Schwarzkümmels, *Nigella sativa*, ist die seit der Antike bekannte Gewürzpflanze, deren Samen Glykosid, Gerbstoffe und ätherisches Öl enthält. Die Wirkstoffe besitzen krampflösende Eigenschaften und wirken, als Infus zu Tee bereitet oder in Form alkoholischer Extrakte, heilungsfördernd u. a. bei Bronchitis und hartnäckigem Husten.

Schwarzwurzel
Scorzonera hispanica

Abb. 230
Tafel 40

60 – 100 cm hohe Pflanze mit lanzettlich schmalen, glattrandigen Blättern und gelben Blütenköpfen. Die Schwarzwurzel ist als Gemüsepflanze kultiviert und kommt in verschiedenen Arten wildwachsend auf Wiesen vor.
Blütezeit Juni – Juli.

Schwertlilie
Iris germanica

Abb. 406
Tafel 70

30 – 60 cm hohe Pflanze mit kriechendem Wurzelstock, „schwertförmigen“, zu zwei Zeilen geordneten Blättern und violetten Blüten. Wildwachsend auf steinigen Böden, in Waldwiesen; als Zierpflanze und Schnittblume in verschiedenen Arten kultiviert.
Das Rhizom enthält ein aromatisch nach Veilchen duftendes ätherisches Öl, Stärke und Pflanzenschleim. Es wird als Aromaticum und Geschmackskorrigens verwendet und ist Bestandteil von Husten- und Bronchialtees.

S

Abb. 18
Tafel 4

Seerose, Weiße S.
Nymphaea alba

In stehenden oder langsam fließenden Gewässern wachsende Pflanze mit runden, glattrandigen, auf der Wasseroberfläche schwimmenden Blättern und weißen, bis zu 20 cm großen Blüten.
Blütezeit Juni – August.
Die Lotosblume, *Nymphaea lotus*, war im alten Ägypten eine Symbolpflanze.
Die Pflanze, besonders aber der Wurzelstock, enthält Alkaloide, Glykosid und Gerbstoffe. Die Wirkstoffe besitzen herzstärkende Eigenschaften. Früher wurde der Wurzelstock als Aphrodisiakum verwendet.

Abb. 357
Tafel 61

Seidelbast, Kellerhals
Daphne mezereum

Bis zu 1 m hoher Halbstrauch mit kleinen, spitzovalen Blättern, roten, vor den Blättern erscheinenden Blüten und korallenroten Beeren. Vorkommen in Buchenwäldern im Gebirge, vorzugsweise in den Alpen.
Blütezeit je nach Standort und Höhenlage Februar – Mai.
Die Pflanze enthält mehrere, darunter sehr giftige Wirkstoffe. In der Homöopathie findet eine Tinktur aus der frischen Rinde bei bestimmten Hautkrankheiten Anwendung. Die volkstümliche Anwendung ist bedenklich.
Die ganze Pflanze ist stark giftig!
Der Seidelbast steht unter Naturschutz!

Abb. 64
Tafel 11

Seifenbaum, Gemeiner S.
Sapindus saponaria

6 – 9 m hoher Baum asiatischer Länder mit lanzettlich gezähntrandigen Blättern, dessen Früchte dort als Waschmittel Verwendung finden.

Abb. 51
Tafel 9

Seifenkraut
Saponaria officinalis

Pflanze mit 30 – 60 cm hohem Stengel und kriechender Wurzel; Blätter oval bis lanzettlich mit längsgerichteter Nervatur; quirlständig angeordnete, rosafarbene Blüten. Vorkommen auf Höhen, Dämmen und an Wegrändern, bevorzugt auf Sandboden.
Blütezeit Juli – September.
Die Pflanze enthält Saponin, Flavonglykosid und Vitamin C. Die Wirkstoffe besitzen auswurffördernde, harntreibende, abführende und galletreibende Eigenschaften. Extrakte aus dem Wurzelstock finden u. a. bei Erkrankungen der Atemwege und bei Furunkulose Anwendung.
Erntezeit der Wurzel Mai/Juli und September/Oktober.

Sellerie Abb. 166
Apium graveolens Tafel 29

Weitgehend kultivierte Gemüsepflanze, nur an den Meeresküsten West- und Südeuropas wildwachsend; 30–90 cm hoch mit glänzenden, gelappten Blättern und weißen Blüten in endständigen Dolden. Blütezeit Juni–August.
Die Blätter enthalten in reichem Maße ätherisches Öl; die ganze Pflanze enthält Flavonglykoside. Wegen seiner harnausscheidenden Wirkung wird der Sellerie volkstümlich gegen Rheumatismus und Arthritis angewandt.

Sennekassie Abb. 83
Cassia sennae Tafel 14

Mehrere Arten kleiner Sträucher im nordöstlichen und mittleren Afrika mit paarig gefiederten Blättern und gelben Blüten.
Sennesblätter sind ein bereits im Altertum bekanntes Abführmittel, das kaum in einer entsprechenden Teemischung fehlt.

Seradella, Vogelfuß Abb. 102
Ornithopus sativus Tafel 17

Bis 60 cm hohe Pflanze mit unpaarig gefiederten, ovalen Blättern und rosafarbenen Blüten, in Trauben zu je 2 bis 5 Blüten angeordnet; Hülsen mehrsamig, vogelkrallenartig. In Spanien wildwachsend, als Futterpflanze eingeführt und kultiviert, teilweise verwildert. Blütezeit Mai–Juli.

Siebenstern Abb. 265
Trientalis europaea Tafel 46

7–25 cm hohe Pflanze mit lanzettlichen Blättern und 7blättriger, weißer Blumenkrone. Vorkommen in feuchten Gebirgswäldern Nord- und Mitteleuropas. Blütezeit Mai–Juni.

Siegwurz, Wiesen-S. Abb. 407
Gladiolus imbricatus Tafel 70

30–60 cm hohe Pflanze mit langen, lanzettlich-linealischen Blättern und roten Blüten zu 5 bis 10 in langer Ähre. Wildwachsende Vorkommen selten; als Zierpflanze und Schnittblume *G. communis* verbreitet kultiviert. Blütezeit Juli.
Die Pflanze ist geschützt!

Silberblatt, Spitzes S., Mondviole Abb. 37
Lunaria rediviva Tafel 7

30–90 cm hohe Pflanze mit herzförmig spitzen, gezähntrandigen, oberseitig dunkel-, unterseitig hellgrünen Blättern und lilafarbenen, seltener weißen Blüten. Vorkommen in schattigen Gebirgswäldern der Alpen und der Mittelgebirge. Blütezeit Mai–Juni.

S

Abb. 226
Tafel 39

Silberdistel, Eberwurz, Wetterdistel
Carlina acaulis

Distelähnliche, stengellose oder mit kurzem Stengel versehene Pflanze; rosettenförmig angeordnete, tiefgekerbte, stachlige Blätter; großer Blütenkopf mit silbrig-weißen, strahligen Hüllblättern, die sich bei feuchter Witterung schließen. Gebirgspflanze, in den Alpen bis weit über die Baumgrenze hinaus anzutreffen.
Blütezeit Juli – September.
Die Wurzel enthält ätherisches Öl, Harz und Inulin. Die Wirkstoffe besitzen herzstärkende, harntreibende, verdauungsanregende und antibiotische Eigenschaften. Die Abkochung der Wurzel findet u. a. bei Bronchitis und Wassersucht Anwendung. Die Heilpflanze ist von alters her bekannt und nach Karl dem Großen benannt.
Die stengellose Eberwurz, Silberdistel, steht unter Naturschutz!

Abb. 198
Tafel 35

Skabiose, Tauben-S., Tauben-Grindkraut
Scabiosa columbaria

30 – 60 cm hohe Pflanze mit gegenständigen, gezähntrandigen, kraushaarigen Blättern und endständiger, blaurötlicher Blüte. Vorkommen auf trockenen Wiesen, an Wegerändern; recht häufig.
Blütezeit Juni – September.

Abb. 17
Tafel 3

Sockenblume
Epimedium alpinum

15 – 30 cm hohe Pflanze mit unpaarig gefiederten, gezähntrandigen Blättern und violettweißen oder rötlichweißen, zu Trauben geordneten Blüten. Vorkommen in schattigen Bergwäldern der Alpen.
Blütezeit März – April.
Die abgebildete Art *Epimedium macranthum* ist eine Zierpflanze, die aus Japan stammt.

Abb. 343
Tafel 59

Sommerwurz, Efeu-S.
Orobanche hederae

Bis 40 cm hohe Schmarotzerpflanze mit drüsig behaarten Stengeln, schuppenartig aufsitzenden Blättern und gelblichen Blüten. Vorkommen: auf Efeu schmarotzend, im Rheingebiet verstreut.
Es kommen in Deutschland mehrere S.-Arten vor mit teils farbenprächtigen Blüten; jede besitzt eine eigene Wirtspflanzenart.

Abb. 218
Tafel 38

Sonnenblume
Helianthus annuus

Riesenblütige Pflanze mit bis zu 3 m hohem, rauhem Stengel, tellergroßen Blütenköpfen mit braunen Scheiben- und goldgelben Zungenblüten und schwar-

zen, weißen oder gestreiften Früchten (Kernen). Die aus Zentralamerika stammende Pflanze ist in Europa als anspruchslose Öl-, Futter- und Zierpflanze kultiviert, ihr Samen liefert eines der besten Speiseöle.
Die Samen enthalten ein fettes Öl, Cholin, Lecithin, Gerbstoffe u.a. Die Verwendung des kalt gepreßten Öles wird vorbeugend gegen Arterienverkalkung empfohlen. Die Wirkstoffe der Blüten wurden in Extraktform bei fiebrigen Erkrankungen angewendet und waren auch bei Malaria wirksam.

Sonnenröschen, Gemeines S. Abb. 44
Helianthemum vulgare Tafel 8

30 cm hohe, stark variierende Pflanze mit meist liegendem Wuchs, lanzettlich schmalen Blättern, unterseitig z.T. wollig behaart, und gelben Blüten. Vorkommen auf trockenen Böden und in Wiesen an sonnigen Orten.
Blütezeit Juni – September.
Die Pflanze enthält Gerbstoff mit adstringierenden, wundheilenden Eigenschaften. Nur noch vereinzelt bei der Landbevölkerung als Infus im Gebrauch.

Sonnentau, Rundblättriger S. Abb. 46
Drosera rotundifolia Tafel 8

8 – 20 cm hohe, sogenannte „insektenfressende" Pflanze mit gestielten, rosettenartig angeordneten und mit rötlichen Drüsenhaaren bedeckten Blättern sowie weißen Blüten in Trauben. Vorkommen an den feuchtesten Stellen in Sümpfen und Mooren.
Die Pflanze enthält u.a. Gerbstoff, organische Säuren und Flavone. Die Wirkstoffe besitzen krampflösende, auswurffördernde und antibiotische Eigenschaften. Anwendung finden flüssige Extrakte der frischen Pflanze.
Die Pflanze steht unter Naturschutz!

Sonnenwende Abb. 293
Heliotropium europaeum Tafel 50

Wohlriechende, 15 – 30 cm hohe Pflanze mit weich behaarten, ovalen Blättern und weißlichen Blüten. Vorkommen vom Mittelmeerbereich bis Süddeutschland, hier jedoch selten.
Blütezeit Juli – August.
Der als Gartenpflanze kultivierte, nach Vanille duftende Heliotrop entstammt einer strauchigen, bis 120 cm hohen, peruanischen Art.

Spargel Abb. 414
Asparagus officinalis Tafel 72

Verzweigte, 30 bis über 100 cm hohe Pflanze mit fleischigem Wurzelstock, nadelförmigen, weichen, kleinen Scheinblättern, kleinen, grünlichweißen Blüten und roten Beeren. Auf sandigen Böden als Gemüsepflanze kultiviert, vereinzelt verwildert. Blütezeit Juni – Juli.

Wie zu Gemüse, werden auch in der Homöopathie nur die fleischigen, weißen jungen Triebe verwendet. Sie enthalten Saponin, Asparagin, Rutin, Gerbstoff und Kaliumsalze. Die Wirkstoffe besitzen stark harntreibende Eigenschaften und werden u. a. bei Wassersucht angewendet.

Abb. 349
Tafel 60

Spinat
Spinacia oleracea

Meldengewächs mit bis zu 90 cm hohem Stengel, pfeilförmigen Blättern und kleinen, grünlichen Blüten. Als Gemüsepflanze kultiviert, als Gartenflüchtling wildwachsend. Blütezeit Mai-Juli.
Die Blätter enthalten Jod, Eisen, Calcium, Chlorophyll, Saponin, Flavonoide, die Vitamine C und K_1, Provitamin A und Folsäure. Der Nährwert der Pflanze ist hoch. Darüber hinaus besitzt der Spinat therapeutische Eigenschaften bei Anämie, die auf Eisenarmut zurückzuführen ist und wird als nahrhafte Diät empfohlen.
Erdbeerspinat, Schminkbeere, *Blitum capitatum*, Abb. 350 Tafel 60, ist eine dem Spinat artverwandte Gemüsepflanze, die früher vor allem in Südeuropa angebaut wurde, jedoch weniger schmackhaft ist und daher heute nur noch geringe Bedeutung besitzt.

Abb. 69
Tafel 12

Springkraut, Rührmichnichtan
Impatiens noli tangere

30–60 cm hohe Pflanze mit ovalen, leicht gezähntrandigen Blättern und charakteristischen gelben Blüten mit nach hinten zurückgebogenem Sporn. Vorkommen in feuchten Wäldern, Schluchten und lichtem Unterholz.
Blütezeit Juli–August.
Die Pflanze enthält Bitterstoff und Gerbstoff mit harntreibenden Eigenschaften. Als Brechmittel und gegen Hämorrhoiden findet die Pflanze volkstümlich Anwendung.

Abb. 157
Tafel 28

Stachelbeerstrauch
Ribes uva-crispa

Etwa 1,50 m hoher Strauch mit dornenbesetzten Zweigen, breiten, gebuchteten und gekerbten Blättern, rosafarbenen Blüten und glasigen, behaarten Früchten. Der Stachelbeerstrauch ist überall in zahlreichen Sorten kultiviert, kommt jedoch auch wildwachsend an Felsen und Waldrändern vor.
Blütezeit April–Mai.

Abb. 323
Tafel 55

Stechapfel
Datura stramonium

30–100 cm hohe, unangenehm riechende Pflanze mit großen, buchtig gezähnten Blättern, weißen, trichterförmigen, einzelstehenden Blüten und stachelig-kugeligen, grünen Früchten. Die aus Zentralamerika stammende Pflanze ist durch

Einschleppung überall verbreitet und kommt auf Schuttplätzen, Ödland und Kahlschlägen, besonders häufig in Südeuropa vor.
Blütezeit Juli – Oktober.
Die Pflanze enthält äußerst giftige Alkaloide. Die isolierten Wirkstoffe besitzen krampflösende Eigenschaften und werden in der Medizin und der Homöopathie bei Reizhusten, Asthma u. a. zur Anwendung gebracht.
Die ganze Pflanze ist sehr giftig!

Stechpalme Abb. 258
Ilex aquifolium Tafel 45

Bis zu 4 m hohes Gehölz mit immergrünen, dunkelgrün ledrigen, stachelrandigen Blättern, kleinen, weißen, in doldigen Trauben angeordneten Blüten und roten, giftigen Früchten. Vorkommen in Laubwäldern, unterholzbildend.
Blütezeit Mai – Juni, Fruchtreife im Herbst, oft den Winter über am Zweig.
Die Blätter enthalten Bitterstoff und herzwirksame Stoffe. Eine Tinktur, aus den im Sommer gesammelten Blättern gewonnen, findet gelegentlich gegen chronische Bronchitis, Arthritis und Rheumatismus Anwendung.
In Deutschland, Österreich und der Schweiz unter Naturschutz!
Die roten Früchte sind giftig!

Steinbrech, Knolliger St. Abb. 159
Saxifraga granulata Tafel 28

15 – 30 cm hohe Pflanze mit drüsig klebrigen Stengeln, nierenförmig gekerbten, behaarten Blättern in Rosette; weiße Blüten, traubig, gestielt. Die Pflanze ist am Grunde mit zahlreichen Brutzwiebeln versehen. Vorkommen an sonnigen Hängen und auf Triften.
Blütezeit Mai – Juni.

Steinbrech, Roter St. Abb. 160
Saxifraga oppositifolia Tafel 28

Liegende Pflanze mit bis zu 25 cm langen Stengeln, ovalen, dicht gedrängten, mehr fleischigen Blättern und roten bis lilafarbenen, endständigen Blüten. Vorkommen hauptsächlich im Alpenraum.
Blütezeit Mai – Juli, eventuell zweite Blüte August – September.

Die meisten Steinbrecharten stehen unter Naturschutz!

Steinkraut, Kelch-St. Abb. 36
Alyssum alyssoides Tafel 7

5 – 30 cm hohe Pflanze mit länglichrunden, behaarten, graugrünen Blättern und gelben, traubig angeordneten Blüten, kleine Schötchen behaart. Vorkommen auf Feldern und sonnigen Hängen mit kalkhaltigen Böden.
Blütezeit April – September.

Abb. 287
Tafel 49

Steinsame, Echter S.
Lithospermum officinale

50 – 80 cm hohe Pflanze mit zahlreichen schmal lanzettlichen, ungestielten, glänzenden Blättern und kleinen, weißen Blüten. Die hellen, runden Samen sind glatt und sehen porzellanartig aus. Vorkommen verbreitet auf Kalkboden, an Waldrändern und Hanglagen. Blütezeit Juni – Juli.
Die Pflanze enthält neben anderen Bestandteilen Calcium und Kieselsäure. Der Samen findet volkstümlich gegen Harngrieß und Nierensteine Anwendung.

Abb. 474
Tafel 81

Sternmoos
Mnium undulatum

Gesellig wachsendes Gipfelmoos, bis 15 cm hoch, bildet am Sproßende eine Rosette; kleine, gelbe bis rötliche, gestielte Sporenkapseln. Vorkommen an schattigen, feuchten Plätzen in Wäldern.

Abb. 446
Tafel 77

Straußgras, Weißes St.
Agrostis stolonifera

30 – 60 cm hohes Rispengras mit langen Ausläufern und bleichen Rispen. Vorkommen verbreitet auf Wiesen und Grasplätzen. Blütezeit Juni – August.

Abb. 462
Tafel 79

Streifenfarn, Brauner St.
Asplenium trichomanes

Bis zu 30 cm hoher Tüpfelfarn mit rundlichen, kurz gestielten, gekerbten Fiederblättchen, die im Herbst einzeln abfallen. Vorkommen relativ häufig auf Mauern und Felsen. Sporenreife Juli – September.

Abb. 164
Tafel 29

Strenze, Große St.
Astrantia major

30 – 100 cm hohe Pflanze mit 3 – 7teiligen, handförmig gezähntrandigen Blättern und gelbgrünen, in einfachen Dolden angeordneten Blüten. Vorkommen in schattigen Gebirgswäldern, im Gebüsch, an Zäunen.
Blütezeit Juni – August. Die Pflanze ist giftig!

Abb. 7
Tafel 2

Sumpfdotterblume, Butterblume
Caltha palustris

Bis 40 cm hohe Pflanze mit rundlichen, gekerbtrandigen Blättern und leuchtendgelben Blüten. Vorkommen auf feuchten Wiesen und im Unterholz.
Blütezeit April – Juni.
Die Pflanze enthält Protoanemonin, Saponine und Flavone. Homöopathische Anwendung von Tinkturen gegen Hautausschläge und Erkrankungen der Bronchien.
Die Pflanze ist leicht giftig!

Sumpfporst, Porst
Ledum palustre

Abb. 253
Tafel 44

50–90 cm hoher Halbstrauch mit wollig behaarten Zweigen, wechselständigen, lanzettlich-linealischen, immergrünen, unterseitig rot behaarten Blättern und weißen Blüten, in endständiger Dolde angeordnet. Als Zierpflanze kultiviert, wildwachsend in Sümpfen und Torfmooren.
Blütezeit Mai–Juli.
Die Pflanze enthält ätherisches Öl und Glykoside; sie wurde gegen Rheumatismus, Arthritis und Arthrose angewandt. Der volkstümliche Gebrauch ist bedenklich.
Die Pflanze ist giftig!

Sumpfquendel
Peplis portula

Abb. 147
Tafel 26

Niedrige Pflanze mit 8–20 cm langen, meist liegenden Stengeln, gegenständigen, runden, ganzrandigen Blättern und kleinen, weißen Blüten in den Blattachseln. Vorkommen auf feuchten Triften.
Blütezeit Juni–September.

Süßholz
Glycyrrhiza glabra

Abb. 96
Tafel 16

1–2 m hoher Strauch mit unpaarig gefiederten, ovalen Blättern und blauer Blütentraube. In Südeuropa gelegentlich wildwachsend, kultiviert als Arzneipflanze auch in Mitteleuropa.
Die Wirkstoffe der Wurzel besitzen hervorragend krampflösende Eigenschaften. Getrocknete Wurzelteile sind hauptsächlicher Bestandteil vieler Husten- und Bronchialtee-Mischungen. Aus dem Süßholzwurzelsaft wird auch Lakritze gewonnen.

Tabak Abb. 324
Nicotiana rustica Tafel 55
Nicotiana tabacum Abb. 325
Tafel 55

Aus Mittelamerika stammende, bis 1,50 m hohe, weltweit kultivierte Nutzpflanze mit großen, elliptisch-lanzettlichen Blättern und trichterförmigen Blüten. Die Blätter werden getrocknet und zu Tabak verarbeitet. Sie enthalten das starke Alkaloid Nikotin, das sowohl durch Einatmen als auch durch Haut und Schleimhäute in den Körper gelangt. Die tödliche Einzeldosis, oral verabreicht, beträgt 40–50 mg (der Nikotingehalt einer mittelgroßen Zigarre).
N. rustica wird in der Sowjetunion angebaut (Machorka).

Tamariske, Deutsche T. Abb. 148
Myricaria germanica, Tamarix germanica Tafel 26

Bis zu 2 m hoher Strauch mit fein gefiederten, nadelähnlichen, weichen Blättern und hellrosa Blütenähren. Vorkommen in Mittel- und Südeuropa, in den Alpen, als seltene Uferbewohner; als Gartenzierpflanze kultiviert.
Blütezeit je nach Standort Juni–August.

Tanne, Weißtanne Abb. 389
Abies alba Tafel 67

Bis zu 65 m hoher Nadelbaum mit flachen, vorn eingekerbten, nadelförmigen Blättern, dunkelgrün mit zwei weißen Streifen an der Unterseite; männliche Blütenstände gelbgrün, weibliche (Zäpfchen) hellgrün; längliche, (im Gegensatz zur Fichte) aufrecht stehende Fruchtzapfen; Holz rötlichweiß, harzlos, gutes Bau- und Tischlerholz. Vorkommen in Deutschland vorzugsweise im Süden (Mittelgebirge, Alpen). Blütezeit Mai–Juni.

Tannenwedel Abb. 145
Hippurus vulgaris Tafel 26

Wasserpflanze mit 15–30 cm langen Stengeln und quirlständig zu 6–12 vereinigten, nadelähnlichen, jedoch weichen Blättchen; kleine, rosafarbene Blütchen. Vorkommen in stehenden oder langsam fließenden Gewässern.

Täschelkraut, Feldtäschelkraut, Acker-Hellerkraut Abb. 39
Thlaspi arvense Tafel 7

Die 20–40 cm hohe Pflanze ähnelt dem Hirtentäschelkraut und besitzt glänzend grüne, gezähnte Blätter und weiße Blüten. Vorkommen auf Brachland und als Ackerunkraut.
Blütezeit Mai–September.
Neben einem Glykosid enthält die Pflanze ein fettes Öl, das früher als Brennstoff für Öllampen gewonnen wurde. Die Wirkstoffe besitzen hautreizende, anregende Eigenschaften, werden jedoch nicht therapeutisch genutzt.

T

Täschelkraut, Hirtentäschelkraut
Capsella bursa pastoris (ohne Abb.)

Bis 50 cm hohe Pflanze mit aufrechten Stengeln, graugrünen, gekerbtgezähntrandigen, am Grund rosettenförmig, oben wechselständig angeordneten Blättern, kleinen weißen Blüten und taschenartigen, umgekehrt herzförmigen Schötchen. Vorkommen verbreitet auf Brachland und als Ackerunkraut. Blütezeit März – November.
Neben anderen Wirkstoffen enthält die Pflanze Flavonoide und Tyramin. Sie besitzt blutdrucksteigernde und blutstillende Eigenschaften. Ein Infus der getrockneten Pflanze wird gegen verschiedene Frauenkrankheiten, Entzündungen der Harnwege und bei Neigung zu Blutungen im Mund- und Nasenraum angewendet. Erntezeit während des ganzen Jahres. Die getrockneten Pflanzenteile sollten nicht länger als 1 Jahr aufbewahrt werden.

Taubnessel
Abb. 311 Tafel 53 **Goldnessel – *Lamium galeobdolon***
Abb. 312 Tafel 53 **Weiße Taubnessel – *Lamium album***
Gefleckte Taubnessel – *Lamium maculatum*

Bis 60 cm hohe Pflanzen mit eckigen Stengeln, gezähntrandigen Blättern und in blattachselständigen Wirteln angeordneten Blüten. Die Unterlippen der rotblühenden Gefleckten T. sind dunkel gefleckt. Vorkommen weit verbreitet, in Gärten, auf Äckern, auch in lichten Wäldern. Blütezeiten April – Oktober.
Die Weiße Taubnessel, *Lamium album*, deren Blätter der Brennessel am meisten gleichen, verdient als Heilpflanze besondere Erwähnung. Sie enthält Pflanzenschleim, Flavone, Gerbstoff, Histamin und Tyramin, ihre Eigenschaften sind adstringierend und stärkend. Ein Infus oder eine Tinktur, besonders der Blüten, findet Anwendung bei infektiösen Erkrankungen der Atmungsorgane, bestimmten Frauenkrankheiten und Entzündungen der Prostata.

Abb. 313 Tafel 53

Taubnessel, Rote T.
Lamium purpureum

5 – 30 cm hohe Pflanze, die sich durch verzweigte Stengel, kleinere, rundliche, gekerbtrandige Blätter und die mehr endständig angeordneten, roten bis rotvioletten Blüten von den anderen Taubnessel-Arten unterscheidet. Vorkommen auf Äckern, an Wegrändern, in Gärten. Blütezeit März – Mai.

Abb. 276 Tafel 47

Tausendgüldenkraut, Echtes T.
Centaurium umbellatum

10 – 35 cm hohe Pflanze mit lanzettlichen, gegenständigen Stengelblättern und rosa oder mehr rötlichen Blüten in Trugdolde. Vorkommen auf Wiesen und Weideflächen. Blütezeit Juni – August.
Die Pflanze enthält Bitterstoffe, die verdauungsfördernde, appetitanregende und galletreibende Eigenschaften besitzen. Daneben wirkt das Tausendgüldenkraut fiebersenkend. Verwendung findet die ganze blühende Pflanze.

Teichlebermoos Abb. 479
Ricciocarpus natans Tafel 81

Auf der Wasseroberfläche von Teichen oder anderen stehenden Gewässern schwimmendes, bis 20 mm großes Moospflänzchen.

Teichrose, Gelbe T., Mummel Abb. 19
Nuphar luteum Tafel 4

In Teichen und langsam fließenden Gewässern wachsende Pflanze mit ovalen, lederartigen, glattrandigen, an der Wasseroberfläche schwimmenden Blättern – bis zu 35 cm Länge – und gelben, bis 8 cm großen Blüten.
Blütezeit Juni – September.
Die Pflanze enthält Alkaloide. In der Homöopathie werden aus dem Wurzelstock gewonnene Essenzen gegen Impotenz und atonische Spermatorrhöe angewendet.

Teufelskralle, Kugelige T. Abb. 242
Phyteuma orbiculare Tafel 42

15 – 70 cm hohe Pflanze mit stengelumfassenden, gezähntrandig lanzettlichen Blättern und tiefblauen, kugelig angeordneten Blüten. Vorkommen auf Bergwiesen und in lichten Wäldern. Blütezeit Mai – September.

Thymian, Quendel Abb. 300
Feld-Thymian – *Thymus serpyllum* Tafel 51
Garten-Thymian – *Thymus vulgaris*

Während der Feld-Thymian mit mehr liegenden Stengeln ausgestattet ist, sind die des kultivierten Garten-Thymians aufrecht, kantig und stark verzweigt. Die kleinen, ovalen Blätter sind am Rande eingerollt und beim Garten-Thymian wollig behaart. Die rosa- bis lilafarbenen Blüten stehen in endständigen Trauben. Der Feld-Thymian wächst auf trockenem Grasland.
Blütezeit Juli – August.
Beide Arten enthalten ätherisches Öl, Gerb- und Bitterstoffe. Die Wirkstoffe besitzen antiseptische, desinfizierende, auswurffördernde und krampflösende Eigenschaften. Das Infus der blühenden Zweige wird gegen Bronchitis und infektiöse Erkrankungen der Verdauungsorgane angewendet.
Der Garten-Thymian ist ein ausgezeichnetes und verbreitetes Küchengewürz.

Tollkirsche Abb. 330
Atropa belladonna Tafel 57

60 – 180 cm hohe Pflanze mit spitzovalen, gestielten Blättern, großen, einzelstehenden rotvioletten Glockenblüten und kirschgroßen, einzelnen, glänzend schwarzen Beeren. Vorkommen ziemlich verbreitet in Laubwäldern, Lichtungen, an Wald- und Heckenrändern.

Blütezeit Juni – Juli, Fruchtreife August – September.
Die Pflanze enthält mehrere Alkaloide, von denen das Atropin in Auszügen medizinisch genutzt wird und ein breites Anwendungsspektrum aufweist.
Die Pflanze und die Früchte sind stark giftig!

Abb. 472
Tafel 81

Torfmoos
Sphagnum squarrosum

Bis 15 cm hohes Sumpfmoos mit kreisrund um den Stengel angeordneten Ästchen. Vorkommen an feuchten Stellen, in Mooren und Sümpfen. Sumpfmoose sind die wichtigsten torfbildenden Pflanzen.

Abb. 424
Tafel 74

Träubelchen, Schopf-T.
Muscari comosum

30 – 60 cm hohe Pflanze mit linealischen Blättern und 8 – 20 cm langer Blütentraube mit einem Endschopf blauer Blütchen. Vorkommen verstreut auf Äckern und Wiesen, als Zierpflanze kultiviert.
Blütezeit Mai – Juni.
Die Pflanze ist geschützt!

Abb. 116
Tafel 20

Traubenkirsche, Gemeine T.
Prunus padus

Strauch oder bis zu 10 m hoher Baum mit ovalen, gezähntrandigen, zu Gruppen geordneten Blättern und weißen Blütentrauben. Die glänzend schwarzen Früchte schmecken bittersüß. Vorkommen in feuchten Laubwäldern.
Blütezeit Mai – Juni.

Abb. 450
Tafel 78

Trespe, Weiche T.
Bromus mollis

20 – 50 cm hohes Rispengras mit zottig-weichbehaarten Blattscheiden, Blättern und Ährchen. Die Ähren sind eiförmig-länglich. Vorkommen auf Wiesen, Äckern und trockenen Hügeln, an Wegerändern.
Blütezeit Mai – Juni.

Abb. 8
Tafel 2

Trollblume
Trollius europaeus

30 – 60 cm hohe Pflanze mit handförmig geteilten Blättern und leuchtend gelber, meist kugelig geschlossener Blüte. Vorkommen recht häufig auf Gebirgswiesen mit feuchten Böden.
Blütezeit Mai – Juli.
Die Pflanze enthält geringe Mengen von Protoanemonin und Anemonin, wird jedoch heute zu Heilzwecken kaum noch genutzt.
Die Trollblume liebt kalkhaltige Böden und steht in den Alpenländern unter Naturschutz!

Tulpe, Wilde T. Abb. 416
Tulipa silvestris Tafel 72

40 – 60 cm hohe Pflanze mit linealischen Blättern und gelben Blumenblättern. Vorkommen auf schattigen Wiesen, vorzugsweise in Südeuropa.
Blütezeit April – Mai.
Die aus dem Orient stammende *Tulipa gesneriana* ist als Zierpflanze und Schnittblume verbreitet kultiviert. Hauptanbaugebiet Niederlande.

Tüpfelfarn, Gemeiner T. Abb. 467
Polypodium vulgare Tafel 80

15 – 30 cm hohes Farnkraut mit einfach gefiederten Wedeln und dickem, kriechendem Wurzelstock. Vorkommen auf schattigen Plätzen, an Felsen, Mauern und Baumstümpfen.
Der Wurzelstock enthält einen harzigen Bitterstoff, ätherisches Öl und Pflanzenschleim. Die Wirkstoffe besitzen galletreibende, hustenstillende und „blutreinigende“ Eigenschaften. Die Abkochung von Teilen des Wurzelstocks empfiehlt sich bei Erkrankungen der Atemwege.
Erntezeit des Wurzelstockes März – April und September – Oktober, außerhalb der Sporenreife.

Türkenbundlilie Abb. 417
Lilium martagon Tafel 72

30 – 60 cm hohe Pflanze mit ovalen, quirlig angeordneten Blättern und roten bis braunroten Blüten; Blütenhüllblätter zurückgerollt. Vorkommen in lichten Wäldern, vorzugsweise im Gebirge.
Blütezeit Juni – Juli.
Die Pflanze ist streng geschützt!

Ulme, Feldulme, Rüster
Ulmus campestris

Abb. 377
Tafel 65

Bis zu 25 m hoher Baum mit „runzliger“ Rinde, oval gezähntrandigen, am Grund ungleichseitigen, rauhen Blättern, kätzchenähnlichen Blütenständen und scheibchenförmigen Früchten; das Holz ist hart und zäh. Vorkommen vorzugsweise an Wasserläufen, in kühlen Tälern.
Blütezeit Februar – März (vor der Belaubung).
Die Rinde enthält Gerbstoffe, Pflanzenschleime und Bitterstoffe. Die Wirkstoffe besitzen adstringierende Eigenschaften und werden in der Homöopathie in Form einer Tinktur gegen Hautausschläge und Geschwüre angewendet.

Upasbaum, Antschar
Antiaris toxicaria

Abb. 376
Tafel 65

20 – 30 m hoher Baum Indonesiens, dessen äußerst giftiger Milchsaft, aus der Rinde gewonnen, als Pfeilgift der Eingeborenen diente.

Veilchen, Wohlriechendes V., Märzveilchen
Viola odorata

Abb. 45
Tafel 8

5–15 cm hohe, büschelartige Pflanzen mit rosettenartig angeordneten, rundlichen oder mehr ovalen Blättern und violetten bzw. blauen Blüten. Vorkommen an Waldrändern, in lichten Wäldern.
Blütezeit März–Mai.
Das Märzveilchen, *Viola odorata*, zeichnet sich durch einen aromatischen Duft aus.
Wurzel und Blüte der *Viola odorata* enthalten Saponine, die Wurzel außerdem ein Alkaloid. Die Wirkstoffe besitzen auswurffördernde, hustenstillende Eigenschaften. In der Homöopathie wie im allgemeinen Gebrauch finden nur Extrakte der frischen Pflanze (Wurzel und Blüte) Anwendung.
Die Abbildung zeigt das Hundsveilchen, *Viola canina.*

Vergißmeinnicht, Acker-V.
Myosotis arvensis

Abb. 288
Tafel 49

10–30 cm hohe Pflanze mit behaarten Stengeln und Blättern, die wechselständig angeordnet, ungestielt und schmal lanzettlich ausgebildet sind; hellblaue Blüten. Vorkommen auf sandigem Waldboden, auf Äckern und Brachland.
Blütezeit Juni–August.

Vergißmeinnicht, Sumpf-V.
Myosotis palustris

Abb. 289
Tafel 50

15–45 cm hohe Pflanze mit lanzettlich schmalen Blättern und hellblauen, in Wickeln angeordneten Blüten. Vorkommen an feuchten Bachufern und auf feuchten Wiesen.
Blütezeit Mai–August.
Von Vergißmeinnicht gibt es eine ganze Reihe ähnlicher Arten, wie Alpen-V., *M. alpestris*, Hügel-V., *M. collina*, Buntes V., *M. versicolor.*

Vogelmiere, Hain-Sternmiere
Stellaria media, Stellaria memorum

Abb. 56
Tafel 10

Kriechende Pflanzen mit oval-spitzen Blättern und kleinen, weißen Blüten. Vorkommen als Unkraut auf angebauten Äckern (Vogelmiere), an Heckenrändern und in lichten Wäldern (Hain-Sternmiere).
Hauptblütezeit Juni–Juli.
Die Vogelmiere enthält Saponin. Extrakte der frischen Pflanze werden in der Homöopathie zur Behandlung von Gelenkrheumatismus angewendet.
Die Abbildung zeigt Hain-Sternmiere, *Stellaria memorum.*

W

Wacholder
Juniperus communis

Abb. 392
Tafel 68

Bis zu 5 m hoher Strauch oder Baum von säulenförmigem Wuchs mit kurzen, stachelspitzigen, immergrünen, nadelförmigen Blättern, unscheinbaren (gelb männlichen, grün weiblichen) Blütchen und im ersten Jahr grünen, im zweiten bläulichschwarzen, bereiften Scheinbeeren. Vorkommen auf trockenen, felsigen Böden im Gebirge, in Heidelandschaften.
Blütezeit April – Mai.
Die Beeren enthalten ätherisches Öl, organische Säuren, Zucker und einen bitteren Wirkstoff. Sie besitzen desinfizierende, harntreibende, kräftigende und verdauungsfördernde Eigenschaften und werden zum Würzen von Speisen, zur Likör- und Spirituosenherstellung verwendet. Die homöopathische Anwendung von Tinkturen erfolgt bei zahlreichen Erkrankungen.

Wachsblume, Alpen-W.
Cerinthe glabra

Abb. 292
Tafel 50

30 – 45 cm hohe Pflanze mit pfeilförmigen, behaarten Blättern und gelben, teils orangefarbenen, in Wirbeln stehenden Blüten. Vorkommen auf hochgelegenen Alpenwiesen, Matten und Weideflächen bis 2600 m.
Blütezeit Juni – August.

Wachtelweizen
Wiesen-Wachtelweizen – *Melampyrum pratense* Abb. 341 Tafel 59
Moor-Wachtelweizen – *Melampyrum paludosum* Abb. 342 Tafel 59
Acker-Wachtelweizen – *Melampyrum arvense*

15 – 40 cm hohe Pflanzen von recht unterschiedlichem Aussehen, mit lanzettlichen Blättern und traubig angeordneten Blüten. Der gelbblühende Wiesen-W. kommt vorzugsweise in Wiesen und lichten Wäldern, der Acker-W., mit rotvioletten Blüten, als Unkraut auf Äckern und Brachflächen vor. Der Moor-W. ist in den Alpen und anderen Gebirgslagen Süddeutschlands anzutreffen.

Walderdbeere
Fragaria vesca

Abb. 131
Tafel 23

6 – 15 cm hohe, Ausläufer treibende Pflanze mit dreiblättrigem, glänzend grünem, unterseitig hellerem und wollig behaartem Blattschmuck, weißen Blüten und in der Reife roten Scheinfrüchten. Vorkommen in Wäldern, an schattigen Wegerändern und auf Waldlichtungen.
Blütezeit Mai – Juni.
Die Pflanze enthält Vitamin C und Gerbstoff, die Frucht außerdem mineralische Substanzen und Pflanzenschleim. Die Wirkstoffe besitzen harntreibende und adstringierende Eigenschaften. Ein Infus aus den Blättern findet bei Krankheiten mit starkem Durchfall Anwendung.

W

Abb. 194 Tafel 34

Waldmeister, Maikraut
Asperula odorata

20–30 cm hohe, aromatisch duftende Pflanze mit quirlständigen, ungestielten, lanzettlichen, ganzrandigen Blättern und kleinen, weißen, doldenförmig angeordneten Blüten. Vorkommen in Laubwäldern, gelegentlich in Buchenwäldern kolonienbildend. Blütezeit April–Juni.
Die Pflanze enthält Asperulosid und Gerbstoffe, besitzt harntreibende, krampflösende, verdauungsanregende Eigenschaften und wird volkstümlich als Infus bei Lebererkrankungen angewendet.
Die Maibowle, mit einem Büschel vor der Blüte gepflückter Pflanzen aromatisiert (nur eingetaucht), wirkt maßvoll genossen anregend und verdauungsfördernd.

Abb. 110 Tafel 18

Wald-Platterbse
Lathyrus silvestris

1–2 m hohe Pflanze mit einpaarigen, linealischen, länglich genervten Blättern und 1–2blütiger roter, teilweise auch gelblicher Blütentraube. Vorkommen an Hecken, Wald- und Wiesenrändern. Blütezeit Juli–August.

Abb. 111 Tafel 19

Wiesen-Platterbse, *Lathyrus pratensis*, 30–100 cm hohe Pflanze mit paarig angeordneten, schlank ovalen bis lanzettlichen Blättern, Ranken und gelben, zu Trauben geordneten Blüten. Vorkommen auf Wiesen und an Hecken. Blütezeit Juni–Juli.

Abb. 1 Tafel 1

Waldrebe, Gemeine W.
Clematis vitalba

Kletternde Pflanze, oft mehrere Meter lang, mit unpaarig gefiederten, glattrandigen Blättern und weißfilzigem Blütenkelch. Verbreitete Vorkommen, an Hecken, Zäunen u. a. Blütezeit Juli.
Die Pflanze enthält Protoanemonin und Saponine mit ätzenden und reizenden Eigenschaften. Äußerliche Anwendung von Tinkturen in der Homöopathie.

Abb. 76 Tafel 13

Walnußbaum, Nußbaum
Juglans regia

10–25 m hoher Baum mit ausladender Krone, grauer Rinde, gefiederten Blättern, grünlichen männlichen Blütenkätzchen und einfachen weiblichen Blütchen. Die Walnüsse sind von einer grünen äußeren Schale umgeben. In Südosteuropa wildwachsend, verbreitet kultiviert.
Die Früchte (Nüsse) sind allgemein bekannt und beliebt. Die aromatischen Blätter enthalten ein flüchtiges Öl, Gerbstoff und Chinon. Die Wirkstoffe besitzen hautstraffende, adstringierende Eigenschaften. In der Homöopathie findet eine aus frischen Blättern gewonnene Tinktur gegen Arthrosen und ähnliche Erkrankungen Anwendung. Volkstümlich auch als Wurmmittel verwendet.

Wasserdost, Kunigundenkraut Abb. 199
Eupatorium cannabinum Tafel 35

Aufrechte Pflanze mit bis zu mehr als 100 cm hohen, oft rötlichen, verzweigten Stengeln und quirlständigen, meist ungestielten, lanzettlichen Blättern; rosafarbene Blütenköpfchen in Scheindolden. Vorkommen auf feuchten Böden, an Gewässern verbreitet.
Blütezeit Juli – September.
Die Pflanze enthält Spuren ätherischen Öles und Gerbstoffe. Die Wirkstoffe besitzen harntreibende, stoffwechselfördernde und blutreinigende Eigenschaften. Ein aus den frischen Blättern zubereitetes Infus findet bei Leberschwellung und rheumatischen Erkrankungen Anwendung. Wurzelauszüge wirken stark schleimlösend und auswurffördernd.

Wasserfenchel, Röhriger W. Abb. 170
Oenanthe fistulosa Tafel 30

30 – 50 cm hohe Pflanze mit unpaarig gefiederten, lanzettlich länglich-ovalen, ganzrandigen Blättern an gedunsenen Stengeln mit röhrigen Blattstielen. Blüten weiß in endständigen Dolden. Vorkommen auf sumpfigen Wiesen, an fließenden und stehenden Gewässern.
Blütezeit Juni – August.

Wasserlinse, Büschel-W. Abb. 401
Lemna gibba Tafel 70

2 – 3 mm großes Pflänzchen mit unterseits bauchigen Laubgliedern und fadenförmigen Wurzeln. Vorkommen: schwimmend in stehenden Gewässern, selten blühend.

Wassernuß Abb. 142
Trapa natans Tafel 25

Wasserpflanze mit breiten, auf der Wasserfläche schwimmenden, in einer Rosette vereinigten, gezähntrandigen Blättern und kleinen, weißen Blüten. Die nußähnlichen Früchte sind eßbar. Vorkommen vereinzelt in Seen, Teichen und mäßig bewegten Gewässern.
Blütezeit Juni – September.

Wasserschlauch, Gemeiner W. Abb. 257
Utricularia vulgaris Tafel 44

Wurzellose Wasserpflanze mit 10 – 35 cm hohem Blütenschaft und gelber Blütenkrone, zweilippig, gespornt; Blätter haarfein zerteilt mit kleinen Bläschen; verzweigte Schläuche von etwa 2 mm Durchmesser. Vorkommen in stehenden Gewässern.
Blütezeit Juni – August.

W

Abb. 370 Tafel 63

Wasserstern, Großblütiger W.
Callitriche stagnalis

25 cm hohe Wasserpflanze mit eiförmigen Blättern, zum Teil in endständiger, auf der Wasseroberfläche schwimmender Blattrosette vereinigt. Die anderen Wassersternarten besitzen linealische Unterwasserblätter.

Abb. 345 Tafel 59

Wegerich
Großer Wegerich – *Plantago major*
Spitzwegerich – *Plantago lanceolata*
Mittlerer Wegerich – *Plantago media* (Abb.)

Den Wegerichgewächsen zugeordnete Pflanzen mit grundständig in einer Rosette vereinigten, parallelnervigen, kurz- oder langgestielten, oval bis lanzettlichen Blättern und grüner bis bräunlicher Blütenähre an blattlosem, bis 50 cm hohem Schaft. Vorkommen sehr verbreitet an Wegerändern, auf Wiesen und Ödland. Blütezeit April – Oktober.
Die Pflanzen enthalten Pflanzenschleime und Glykoside, besitzen schleimlösende, auswurffördernde, reizmildernde, durchfallhemmende und wundheilende Eigenschaften und werden in Form einer Abkochung der ganzen Pflanzen u. a. bei Erkrankungen der Atmungsorgane angewendet.
Erntezeit Mai – Juni.

Abb. 240 Tafel 42

Wegwarte, Zichorie
Cichorium intybus

Bis 100 cm hohe Pflanze mit sprödem, wenig verzweigtem Stengel, unten gebuchteten, fiederspaltigen, oben lanzettlichen Blättern und zahlreichen, lebhaft blau gefärbten Blütenkörbchen. Vorkommen auf trockenen Böden, an Wegerändern, auf Brachland. Blütezeit Juli – September.
Die Pflanze enthält einen milchigen Saft, Bitterstoff und Inulin. Die Wirkstoffe besitzen verdauungsfördernde, magenstärkende und galletreibende Eigenschaften. Ein Infus aus Wurzel und Blättern wird bei Dyspepsien angewendet, gelegentlich werden die jungen Blätter als Wildsalat gegessen. Die fleischige Wurzel wurde früher zu Kaffee-Ersatz geröstet.

Abb. 385 Tafel 66

Weide
Salweide – *Salix caprea*
Silberweide – *Salix alba*

Bis 10 bzw. 20 m hoher Baum mit silbriggrünen, lanzettlichen (Silberweide) oder mehr rundlichen (Salweide) Blättern und Kätzchenblüten, die bei einigen Weidearten zunächst feinfilzig weiß sind. Vorkommen an Gewässerrändern und auf feuchten Böden, auch an Waldrändern. Blütezeit je nach Art März – Mai.
Blätter und Rinde der Silberweide enthalten ein Glykosid und Gerbstoffe. Die Wirkstoffe besitzen fiebersenkende, antirheumatische und kräftigende Eigenschaften. Die Kätzchen frühblühender Arten sind geschützt!

Weidenröschen, Wald-W.
Epilobium angustifolium

Abb. 139
Tafel 25

Ausdauernde Pflanze mit 60 – 120 cm hohen, steifen Stengeln, wechselständigen, lanzettlich glattrandigen Blättern und roten Blütenkerzen. Vorkommen in Lichtungen und an Waldrändern, im Gebirge recht häufig.
Blütezeit Juni – August.
Der Wurzelstock und die Wurzeln enthalten Gerbstoffe, Pektin und Pflanzenschleimstoffe mit durchfallhemmenden und reizmildernden Eigenschaften. Volkstümliche Anwendung.

Weinrebe
Vitis vinifera

Abb. 65
Tafel 11

Rankende Kulturpflanze, in mehr als 3000 Sorten und Varietäten angebaut. Die Trauben enthalten organische Säuren, Zucker, Pektin und Gerbstoff, außerdem Carotin und die Vitamine A, B_1, B_2, C. Die Blätter und die Trauben weisen darüber hinaus einen Gehalt an Kalium- und Calciumspurenelementen auf. Traubensäfte werden als Kuren bei Herz- und Nierenerkrankungen angewendet und besitzen harntreibende Eigenschaften.

Weißdorn
Crataegus monogyna (Eingriffliger W.)
Crataegus oxyacantha (Zweigriffliger W.)

Abb. 126
Tafel 22

Dorniger, ziemlich dichter Strauch mit gelappten, glänzenden Blättern und weißen Blüten mit runden Blütenblättern, je nach Art ein- oder zweigrifflig. Die roten Scheinfrüchte enthalten kleine Nüßchen. Vorkommen in lichten Wäldern, an Hecken.
Blütezeit April – Juni.
Blätter, Blüten und Früchte enthalten Flavonoide und Säuren. Die Wirkstoffe besitzen den Herzrhythmus regelnde, krampflösende, beruhigende und heilende Eigenschaften. Anwendung findet ein Infus aus Blüten oder ein Extrakt aus den Früchten. Besondere Erwähnung verdient die therapeutische Anwendung bei Tachycardie und Angina pectoris.

Weißkraut, Kohl
Brassica oleracea capitata

Abb. 33
Tafel 6

In Deutschland vielfach als Gemüsepflanze angebaute Kohlart.

Weißmoos
Leucobryum glaucum

Abb. 476
Tafel 81

5 – 10 cm hohes Gipfelmoos, bildet dichte, bläulichgrüne, in trockenem Zustand weißgrüne, halbkugelige Polster. Vorkommen in schattigen Wäldern.

W

Abb. 438
Tafel 76

Weizen
Triticum vulgare

Als Brotgetreide in vielen Abarten kultiviert. Die Fruchtähre ist dabei recht unterschiedlich ausgebildet, die glattährige Form des Kolbenweizens, mit kaum wahrnehmbaren, kurzen Grannen ist ebenso verbreitet wie die langgrannige Ähre des Bart- oder Rauhweizens.

Abb. 213
Tafel 37

Wermut, Absinth
Artemisia absinthium

50–90 cm hohe Pflanze mit silbrigweißem, flaumig behaartem Stengel und ebensolchen, 2–3fach fiederspaltigen Blättern; gelbe Blütenköpfchen in traubigen Rispen; aromatisch-bitterer Geruch und Geschmack. Vorkommen: in Südeuropa verbreitet, in Mitteleuropa seltener, hier vor allem in den Alpen, auf trockenen Böden; gelegentlich auch in Gärten angebaut.
Blütezeit Juli–September.
Die Pflanze enthält ein ätherisches Öl, verschiedene Bitterstoffe und Gerbsäure. Wermut regt die Magensaftsekretion an, fördert den Gallefluß und wirkt allgemein kräftigend, antiseptisch, harntreibend und fiebersenkend. Die Pflanze ist Rohstoff für Absinth und Wermutwein. Das leicht giftige ätherische Öl stellt ein starkes Nervenreizmittel dar. Längerer Wermutgenuß verursacht irreversible Nervenschädigung bis zur Verblödung.
Artverwandt ist der Feld-Wermut oder Feld-Beifuß, *Artemisia campestris*, mit weniger stark gefiederten Blättern und blattachselständigen Blütenrispen. (Abb.)

Abb. 105
Tafel 17

Wicke, Futter-W.
Vicia sativa

30–45 cm und höher rankende Pflanze mit gefiederten, z. T. gefalteten Blättchen und großen Blüten mit rotem Flügel und rosafarbener Fahne. Vorkommen: kultiviert und verwildert an Wegerändern, auf Äckern.
Blütezeit je nach Standort April–Juli.

Abb. 106
Tafel 18

Wicke, Vogel-W.
Vicia cracca

30–100 cm hoch rankende Pflanze mit gefiederten, schlanken Blättern und dichter blauer Blütentraube. Vorkommen auf Wiesen, an Wege- und Ackerrändern verbreitet. Blütezeit Juni–Juli.

Abb. 138
Tafel 24

Wiesenknopf, Großer W.
Sanguisorba officinalis

50–100 cm hohe Pflanze mit unpaarig gefiederten, gezähntrandigen Blättern und kleinen, länglichen Blütenköpfchen, weiß bis purpurrot. Vorkommen auf feuchten Wiesen.
Die Wurzel ist reich an Gerbstoffen, Blätter und Stengel enthalten das Glykosid Sanguisorbin, das therapeutisch gegen starken Durchfall Anwendung findet.

Wiesenraute, Akeleiblättrige W. Abb. 2
Thalictrum aquilegifolium Tafel 1

30–100 cm hohe Pflanze mit länglichen, glattrandigen Blättern und lila-bläulichen Blüten. Vorkommen in schattigen Wäldern und auf feuchten Wiesen. Blütezeit Mai–Juni.

Wiesenschaumkraut Abb. 28
Cardamine pratensis Tafel 5

Aufrechte, 20–40 cm hohe Pflanze mit unpaarig gefiederten, an der Basis zur Rosette angeordneten Blättern und lilafarbenen bis weißen Blüten in endständiger Traube. Vorkommen auf feuchten Wiesen und in lichten Wäldern, recht häufig auch im Alpenraum. Blütezeit April–Mai.
Die Pflanze enthält ein Glykosid und Vitamin C. Die Wirkstoffe besitzen stärkende und auswurffördernde Eigenschaften. Aus den jungen Blättern der Pflanze läßt sich ein sehr schmackhafter Wildsalat oder auch eine Suppe zubereiten.

Winde Abb. 282
Ackerwinde – *Convolvulus arvensis* Tafel 48
Zaunwinde – *Convolvulus sepium* Abb. 283
Tafel 49

Linkswindende Pflanzen, die Ackerwinde kriechend oder kletternd, Stengel bis 60 cm, Blätter spießförmig, Blüten trichterförmig, weiß oder rosa, außen dunkler gestreift, duftend; verbreitetes Unkraut auf Feldern und Brachland. Die Zaunwinde kletternd, kräftig, Stengel bis 3 m, Blätter pfeilförmig, Blüten groß, reinweiß, geruchlos; wächst zwischen Hecken und Gesträuch, an Zäunen und Böschungen.
Die Pflanzen, vor allem aber das Rhizom beider Arten, enthalten Harz und Glykosid. Als Abführmittel wird die blühende Pflanze einschließlich des Rhizoms in Form einer Abkochung angewendet. Die Schwierigkeit einer ausgewogenen Dosierung beeinträchtigt den Wert dieser Pflanzen für die Heilkunde.

Wintergrün, Rundblättriges W. Abb. 254
Pyrola rotundifolia Tafel 44

Bis 30 cm hohe Pflanze mit aufrechtem Stengel, rund-ovalen, immergrünen, überwiegend grundständig angeordneten Blättern und weißer Blütentraube. Vorkommen in Wäldern, vorzugsweise im Gebirge. Blütezeit Juli–Oktober.
Es gibt insgesamt fünf sich einander sehr ähnlich sehende Arten, lediglich das Einblütige Wintergrün, *Pyrola uniflora*, unterscheidet sich deutlich durch die endständig einzelstehende und etwas größere Blüte.

Wirsing Abb. 34
Brassica oleracea sabauda Tafel 6

Als Gemüsepflanze kultiviert und verbreitet angebautes Kohlgewächs.

W

Abb. 362 Tafel 62 Abb. 363 Tafel 62

Wolfsmilch
Zypressen-W. – *Euphorbia cyparissias*
Esels-W. – *Euphorbia esula*

Bis 50 cm hohe Pflanzen mit schmal lanzettlichen, bei der Esels-W. etwas breiteren Blättern, grünen Blüten in charakteristischen Blütenständen und weißem Milchsaft. Vorkommen an Wegerändern, auf Äckern und Weideflächen, auf Brachland.
Blütezeit je nach Standort April – Juli.
Die Euphorbia-Arten sind giftige Unkräuter. Der weiße Milchsaft wurde früher als Brech- und Abführmittel angewendet, sollte jedoch aufgrund zahlreich bekannter Vergiftungsfälle nicht mehr gebraucht werden.

Abb. 95 Tafel 16

Wundklee
Anthyllis vulneraria

Bis 30 cm hohe Pflanze mit gefiederten, graugrün seidigen Blättern, an der Basis wolligem Kelch und gelben, zu dichten Köpfchen gedrängten Blüten. Verbreitet auf trockenen Wiesen bis in die Hochlagen der Alpen.
Blütezeit Mai – September.
Die Pflanze enthält Gerbstoffe und Saponine. Volkstümliche Anwendung zur Behandlung von Geschwüren und Wunden. Hierzu werden die blühenden Teile geerntet.

Abb. 469 Tafel 80

Wurmfarn, Gemeiner W.
Dryopteris filix mas

Einer der in Deutschland am häufigsten vertretenen Farne, bis 1 m hoch, mit zweifach gefiederten, unmittelbar aus dem Rhizom entspringenden Wedeln. Vorkommen verbreitet in Wäldern.
Sporenreife Juli – September.
Die Pflanze enthält eine giftige Wirkstoffkombination, die lähmende, jedoch nicht abtötende Wirkung gegen Bandwürmer entfaltet. Der Extrakt des Wurzelstockes wird mit abführenden Mitteln verabreicht, da die Wirkstoffe in spätestens zwei Stunden wieder ausgeschieden sein müssen. In Verbindung mit Alkohol besteht Vergiftungsgefahr. Als Volksheilmittel wird eine Abkochung von Teilen des Wurzelstockes äußerlich zur Behandlung von Wunden, Geschwüren und Krampfadern angewendet.

X
Y
Z

Abb. 304
Tafel 52

Ysop, Essigkraut
Hyssopus officinalis

Halbstrauch mit aufrechten, 20–50 cm hohen Stengeln, ungestielten, länglich lanzettlichen, schwach behaarten Blättern und malvenfarbenen, gelegentlich auch weißen oder bläulichen Blüten in endständigen Ähren. Die Pflanze duftet aromatisch, kommt wildwachsend in Südeuropa vor und ist in Mitteleuropa verschiedentlich kultiviert.
Blütezeit Juli–August.
Die Pflanze enthält ein ätherisches Öl, ein Flavon-Glykosid und Gerbstoff. Die Wirkstoffe besitzen zusammenziehende, verdauungsfördernde und kräftigende Eigenschaften. Ein Infus findet bei chronischer Bronchitis, Bronchialasthma und als Gurgelwasser bei Angina Anwendung. Die jungen Blätter dienen als Salatwürze.

Abb. 29
Tafel 5

Zahnwurz, Fiederzahnwurz
Dentaria pinnata

30–60 cm hohe Pflanze mit länglich gezähntrandigen, gefiederten Blättern und blaß lilafarbigen Blüten. Vorkommen in schattigen Gebirgswäldern Süddeutschlands.
Blütezeit April–Mai.

Abb. 150
Tafel 27

Zaunrübe, Rotbeerige Z.
Bryonia dioica

Schlingpflanze, am Stengel mit Sproßranken versehen; Blätter handförmig unterteilt, hellgrün, in ihrer Form den Efeublättern ähnlich; grüngelbliche Blüten in doldenähnlicher Zuordnung; rote, giftige Beeren. Vorkommen häufig an Hecken und Waldrändern.
Blütezeit Mai–September.
Die Wurzel enthält ein Harz, Blätter und Stengel enthalten ein Alkaloid. In der Homöopathie wird die Wurzeltinktur zur Behandlung entzündlicher Erkrankungen der Atmungsorgane, bei Muskel- und Gelenkrheumatismus, Ischias u. a. angewendet. Volkstümlich wirkt der äußerlich aufgetragene Wurzelbrei beruhigend und lindernd bei Arthritis.
Die Pflanze ist giftig und führt bei unbesonnener innerlicher Anwendung zu deutlichen Vergiftungserscheinungen.

Ziest
Abb. 309 — Tafel 53 — **Wald-Ziest – *Stachys silvatica***
Abb. 310 — Tafel 53 — **Gemeiner Ziest, Heil-Ziest – *S. officinalis***
Filziger Ziest – *S. germanica*

Bis 60 cm hohe Pflanzen mit kantigen Stengeln, gezähntrandigen, beim Heil-Z. gekerbtrandigen, beim Filzigen Z. weißfilzig behaarten Blättern und roten

Blüten in Scheinähren, beim Filzigen Z. in Scheinquirlen. Vorkommen in Wäldern, Filziger Z. auf Äckern und Trockenrasen.
Blütezeiten Juni – September.
Nur der Gemeine Z., Heil-Z., *S. officinalis,* ist als Heilpflanze noch bedingt anzusprechen. Aufgrund seines Gerbstoffgehaltes wirkt er zusammenziehend und findet als Volksheilmittel zur Wundbehandlung und bei Krampfadern Anwendung.

Zittergras Abb. 454
Briza media Tafel 78

30 – 50 cm hohes Rispengras mit langgestielten, hängenden Ährchen in lockerer Rispe. Vorkommen verbreitet auf Wiesen und Weideflächen.
Blütezeit Mai – September.

Zweizahn, Dreiteiliger Z., Wasserhanf Abb. 217
Bidens tripartitus Tafel 38

Bis 70 cm hohe Pflanze mit braunem Stengel, 3 – 5teiligen, gezähntrandigen Blättern und braungelben Blütenköpfchen, oft ohne Zungenblüten; Früchtchen mit 2 – 4 widerhakigen Grannen oder Zähnchen. Vorkommen an feuchten Stellen, in Gräben.
Blütezeit Juli – Oktober.

Zuckerrohr, Echtes Z. Abb. 442
Saccharum officinale Tafel 77

Aus Südostasien stammende und in vielen tropischen Ländern kultivierte Pflanze, ein schilfähnliches, bis 6 m hohes Sumpfgras mit knotigen Stengeln, bis 5 cm Durchmesser, und lang seidenhaarigen Blütenrispen. Aus dem Stengelmark wird der Rohrzucker gewonnen.

Zwiebel, Speisezwiebel s. Lauch

Zypergras, Gelbes Z. Abb. 434
Cyperus flavescens Tafel 76

5 – 15 cm hohes Sauergras mit dreikantigem Stengel und langen, linealischen Blättern. Vorkommen auf Triften und sumpfigen Böden.
Blütezeit Juli – August.

Orientierungshilfe

zum Auffinden der Pflanzen in der Nummernfolge der Abbildungen nach botanischen Kriterien.

1. Sporenpflanzen – Kryptogamen

Thalluspflanzen – Thallophyten

a) Algen (Chlorophyzeen, Phäophyzeen, Rhodophyzeen) 489–493

b) Flechten (Lichenen) 480–488
Moospflanzen – Bryophyten 472–479
Farnpflanzen – Pteridophyten 459–471

2. Samenpflanzen – Phanerogamen

Nacktsamige Pflanzen – Gymnospermen 388–393

Bedecktsamige Pflanzen – Angiospermen
a) Zweikeimblättrige – Dikotyledonen 1–387
b) Einkeimblättrige – Monokotyledonen 394–458

Eine weitergehende Zuordnung der Zweikeimblättrigen Pflanzen in Dialypetalen, Monoclamyden und Sympetalen wurden im Rahmen der Abbildungen nicht vorgenommen.
Auf die Abhandlung und bildliche Darstellung weiterer Thallophyten, wie z. B. höherer Pilze, wurde verzichtet, da bei der außerordentlichen Vielfalt eine repräsentative Auswahl in begrenztem Umfang nicht möglich ist. Das Gleiche gilt auch für Kakteen – atypisch für gemäßigte Klimate – als Vertreter der Dikotyledonen.

Lateinisch/deutsches Register

A

1.

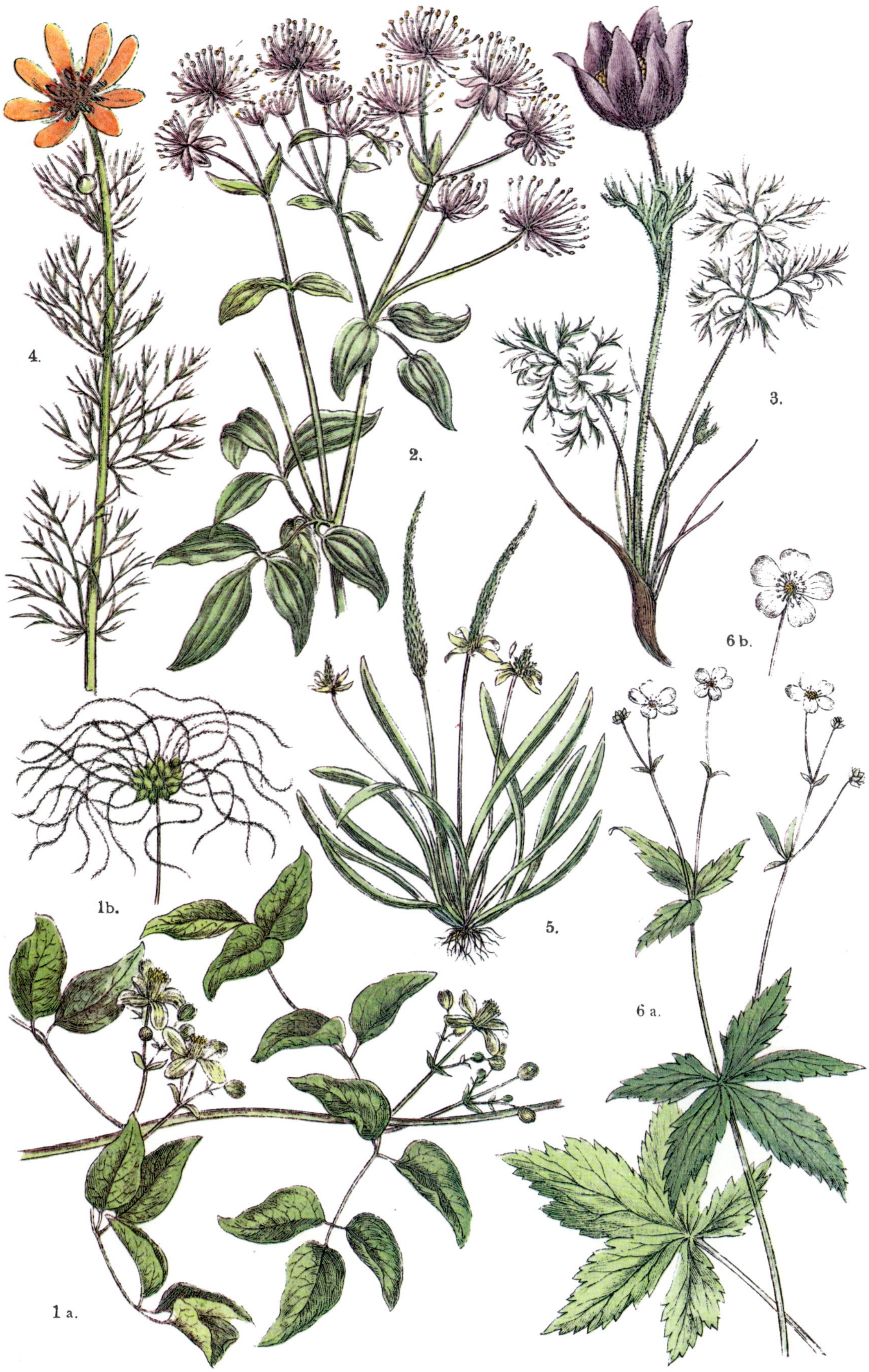

1 Waldrebe · 2 Wiesenraute · 3 Kuhschelle · 4 Adonisröschen · 5 Mäuseschwänzchen · 6 Hahnenfuß

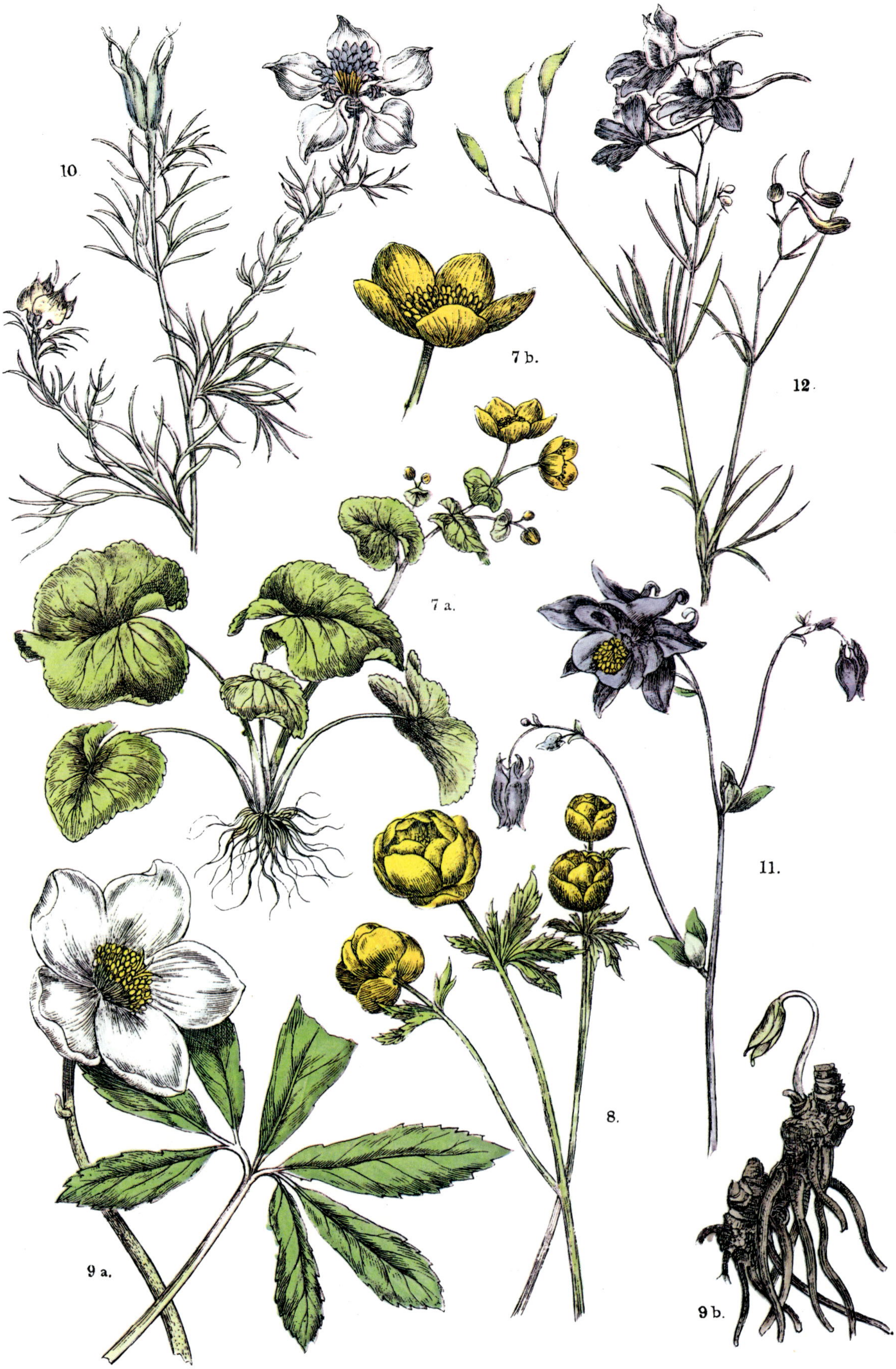

7 Sumpfdotterblume · 8 Trollblume · 9 Nieswurz · 10 Schwarzkümmel · 11 Akelei · 12 Rittersporn

13 Christophskraut · 14 Eisenhut · 15 Pfingstrose · 16 Berberitze · 17 Sockenblume

18 Seerose · 19 Teichrose · 20 Mohn · 21 Schöllkraut · 22 Hornmohn · 23 Erdrauch

24 Lerchensporn · 25 Barbenkraut · 26 Brunnenkresse · 27 Alpen-Gänsekresse · 28 Wiesenschaumkraut · 29 Zahnwurz · 30 Schöterich

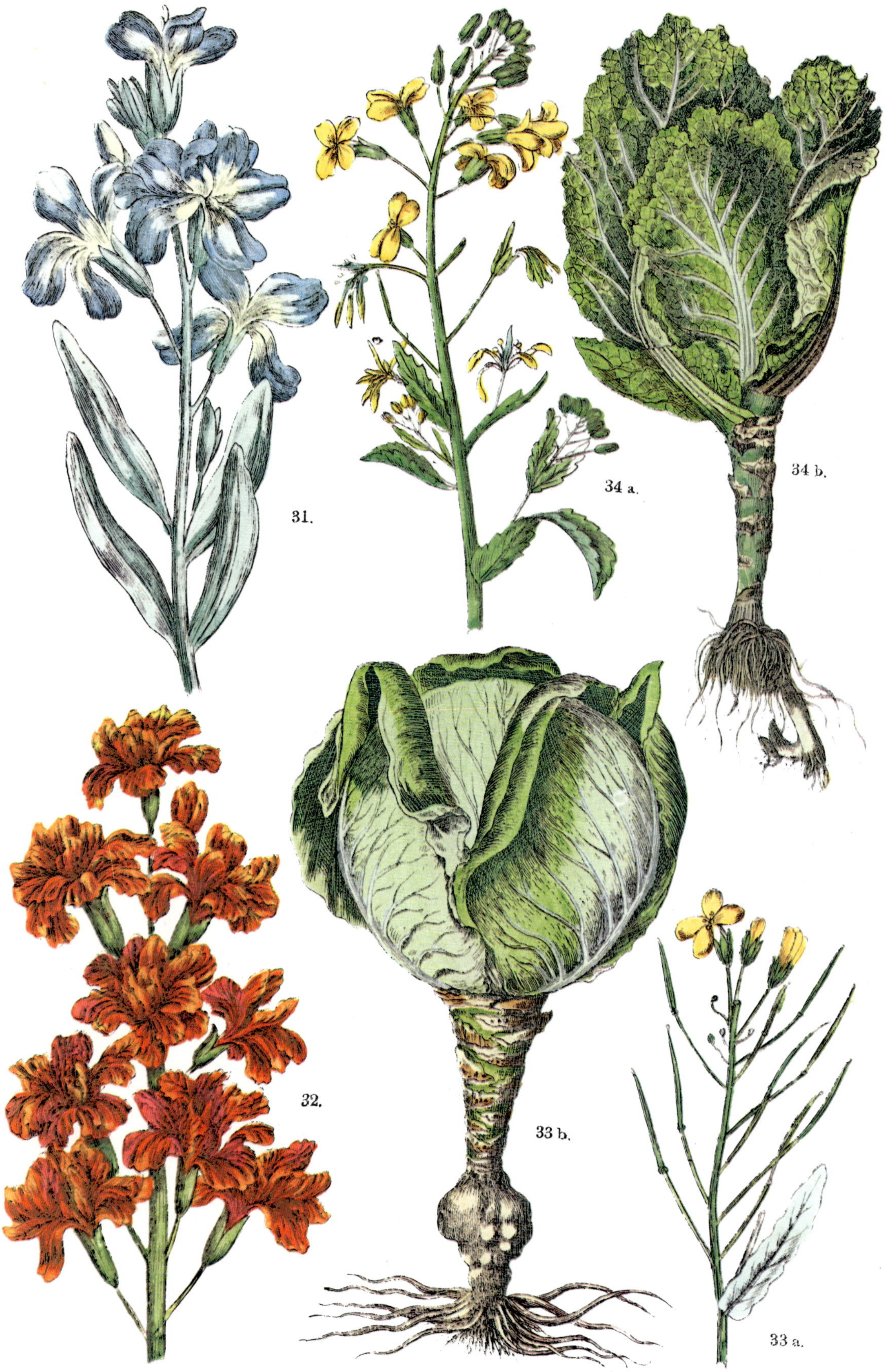

31 Levkoje · 32 Goldlack · 33 Weißkraut · 34 Wirsing

7.

35 Löffelkraut · 36 Steinkraut · 37 Silberblatt · 38 Hungerblümchen · 39 Täschelkraut · 40 Färber-Waid

8.

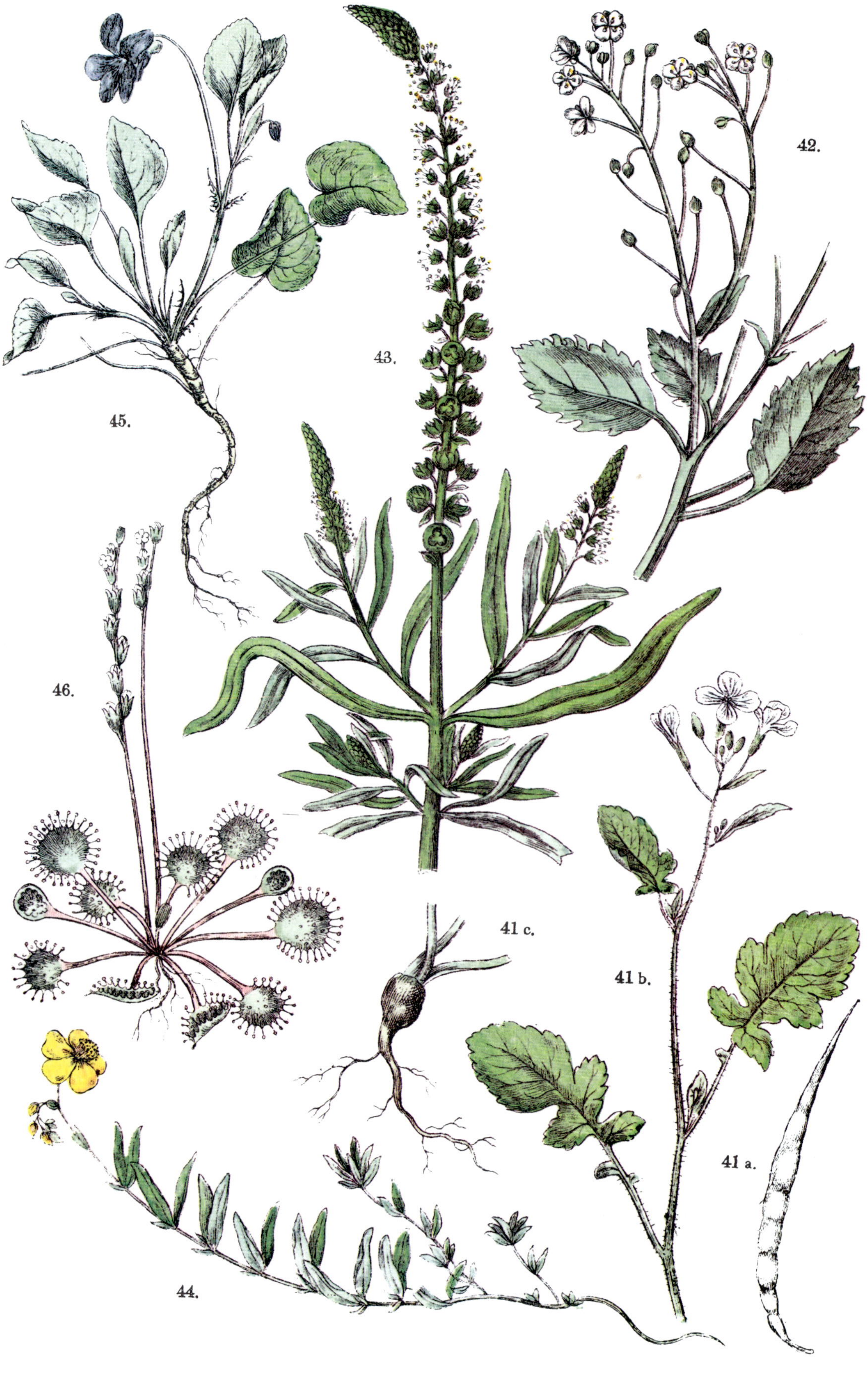

41 Acker-Rettich · 42 Meerkohl · 43 Färber-Wau · 44 Sonnenröschen · 45 Veilchen · 46 Sonnentau

47 Kreuzblume · 48 Feder-Nelke · 49 Pracht-Nelke · 50 Mauer-Gipskraut · 51 Seifenkraut · 52 Leimkraut

10.

53 Lichtnelke · 54 Sandkraut · 55 Alpen-Hornkraut · 56 Vogelmiere · 57 Lein · 58 Malve

59 Eibisch · 60 Linde · 61 Johanniskraut · 62 Pimpernuß · 63 Ahorn · 64 Seifenbaum · 65 Weinrebe

66 Ruprechtskraut · 67 Reiherschnabel · 68 Kranichschnabel · 69 Springkraut · 70 Sauerklee · 71 Raute

13.

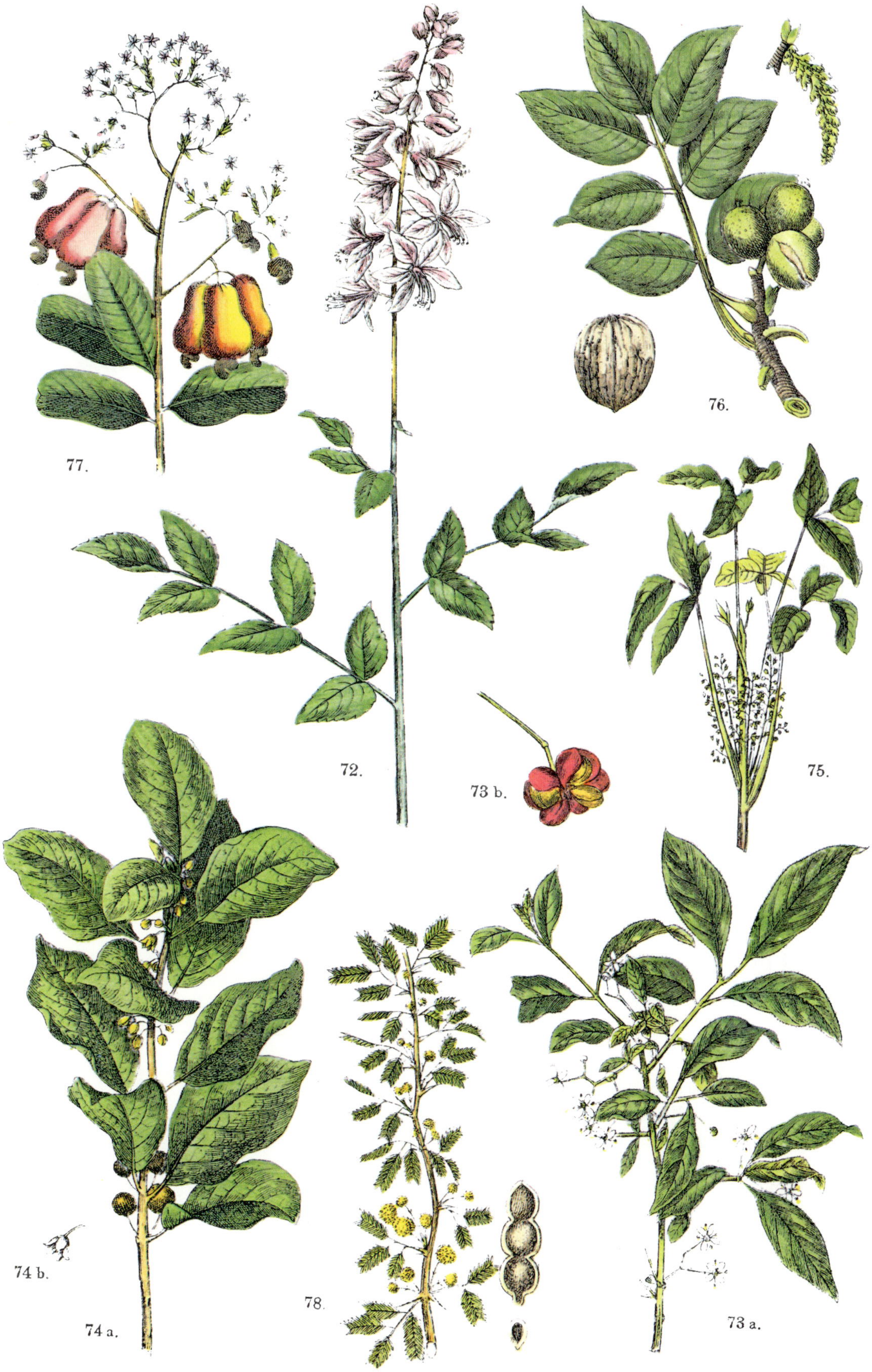

72 Diptam · 73 Pfaffenhütchen · 74 Faulbaum · 75 Giftsumach · 76 Walnußbaum · 77 Akajubaum

79 Akazie · 80 Caesalpinia · 81 Kampescheholzbaum · 82 Johannisbrotbaum · 83 Sennekassie
84 Ginster/Behaarter G. · 85 Ginster/Färberginster · 86 Ginster/Stechginster

87 Ginster/Besenginster · 88 Hauhechel · 89 Goldregen · 90 Luzerne · 91 Honigklee · 92 Klee

93 Hasenklee · 94 Bockshornklee · 95 Wundklee · 96 Süßholz · 97 Geißraute · 98 Blasenstrauch · 99 Alpen-Spitzkiel

17.

100 Kicher-Tragant · 101 Kronwicke · 102 Seradella · 103 Futter-Esparsette · 104 Hufeisenklee · 105 Wicke/Futterw.

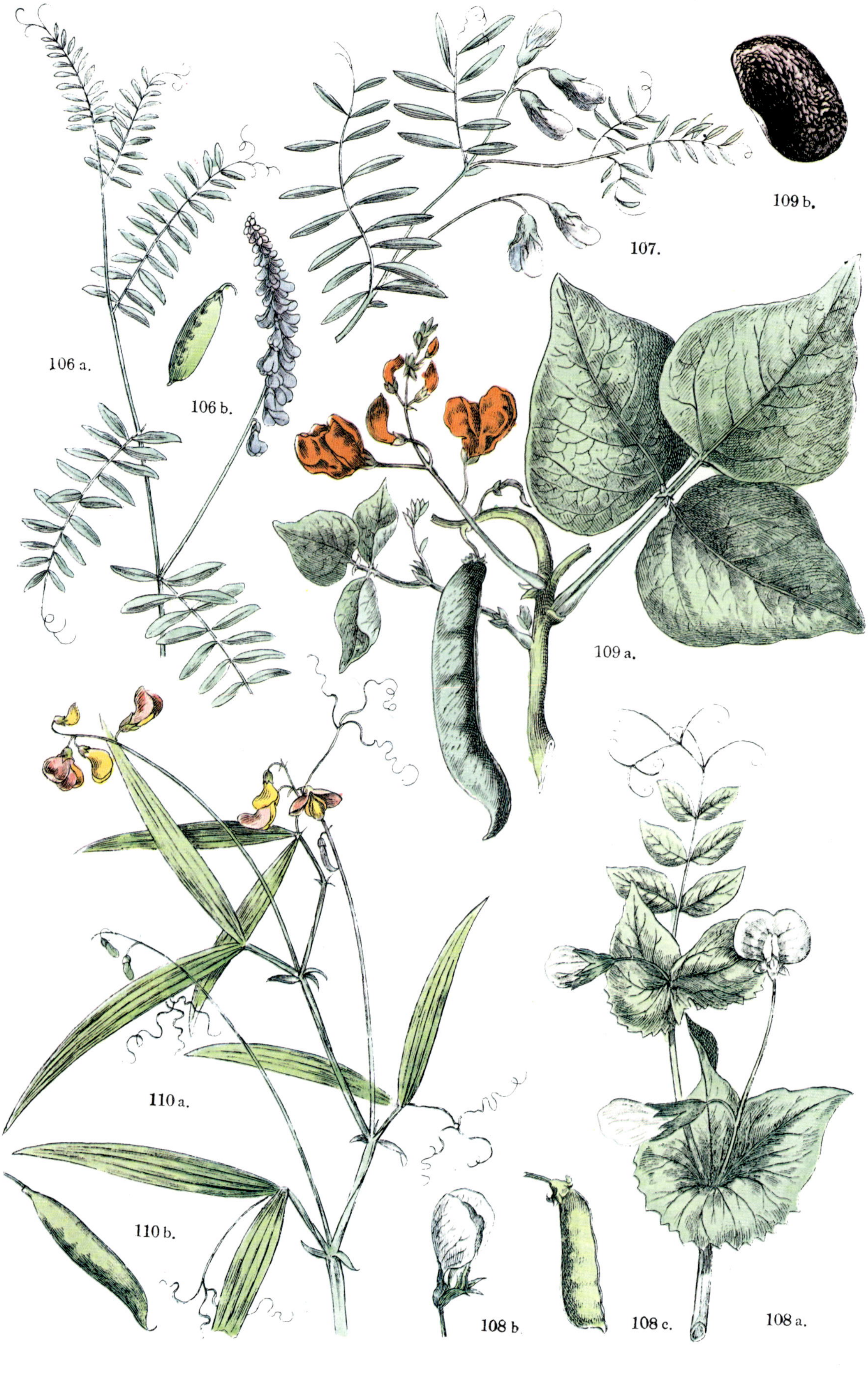

106 Wicke/Vogel-W. · 107 Linse · 108 Erbse · 109 Bohne · 110 Wald-Platterbse

111 Wiesen-Platterbse · 112 Indigopflanze · 113 Mandelbaum · 114 Pflaumenbaum · 115 Schlehe

20.

116 Traubenkirsche · 117 Birnbaum · 118 Apfelbaum · 119 Mehlbeere

120 Mispel · 121 Pfirsichbaum · 122 Aprikosenbaum · 123 Kirschbaum

22.

124 Quittenbaum · 125 Eberesche · 126 Weißdorn · 127 Heckenrose

23.

128 Rostrose · 129 Feldrose · 130 Fingerkraut · 131 Walderdbeere · 132 Himbeere

133 Brombeere · 134 Nelkenwurz, Echte N. · 135 Nelkenwurz, Bachnelkenwurz · 136 Mädesüß · 137 Frauenmantel · 138 Wiesenknopf

139 Weidenröschen · 140 Nachtkerze · 141 Hexenkraut · 142 Wassernuß · 143 Fuchsie

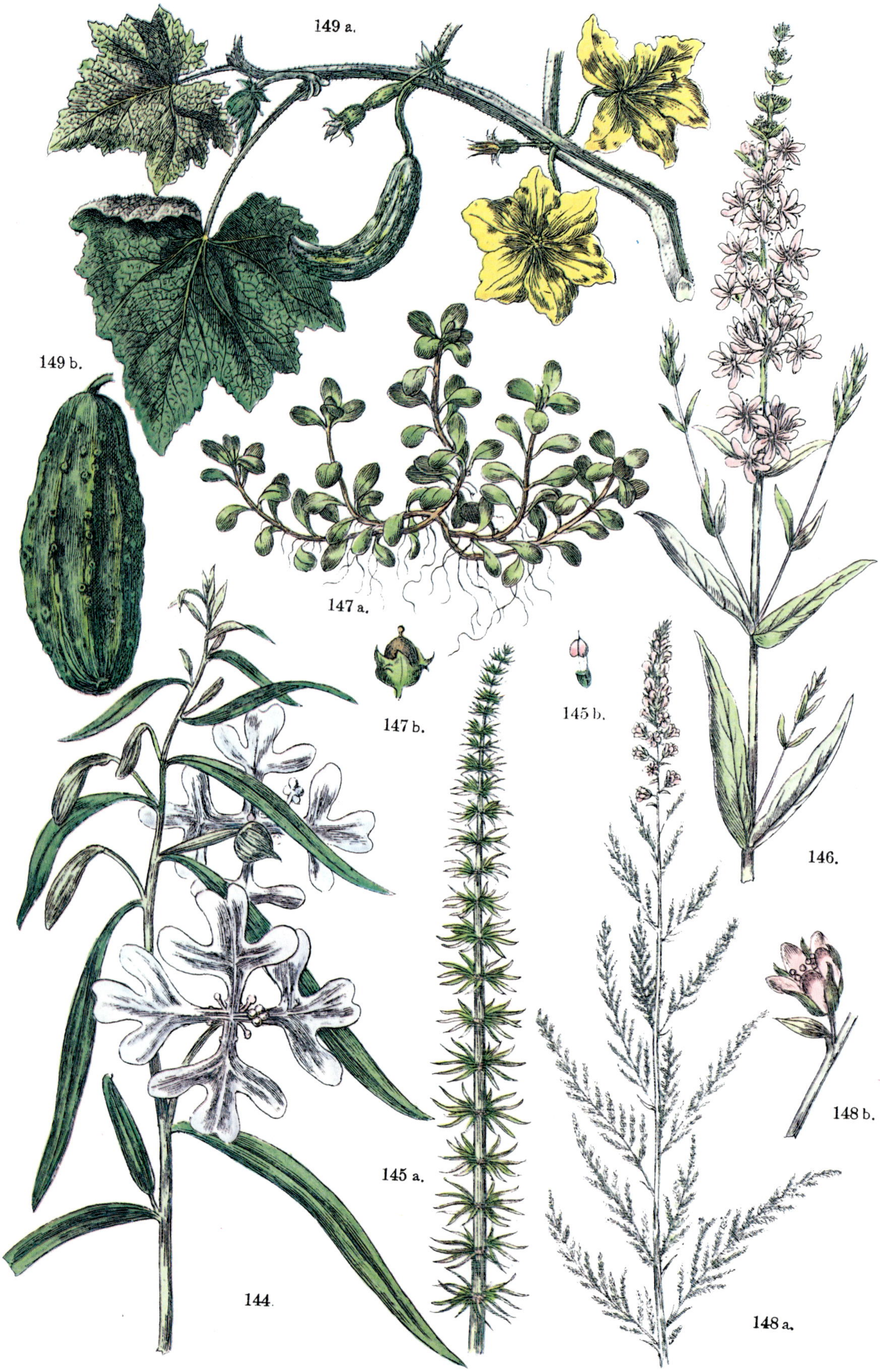

144 Clarkie · 145 Tannenwedel · 146 Blutweiderich · 147 Sumpfquendel · 148 Tamariske · 149 Gurke

150 Zaunrübe · 151 Portulak · 152 Bruchkraut · 153 Hirschsprung · 154 Einjähriger Knäuel · 155 Mauerpfeffer · 156 Hauswurz

157 Stachelbeerstrauch · 158 Johannisbeere · 159 Steinbrech, Knolliger St. · 160 Steinbrech, Roter St. · 161 Milzkraut, Wechselblättriges M.

162 Herzblatt · 163 Sanikel · 164 Strenze, Große Str. · 165 Mannstreu, Feld-M. · 166 Sellerie

167 Kümmel, Wiesen-K. · 168 Bibernelle · 169 Hasenohr · 170 Wasserfenchel · 171 Hundspetersilie · 172 Fenchel

31.

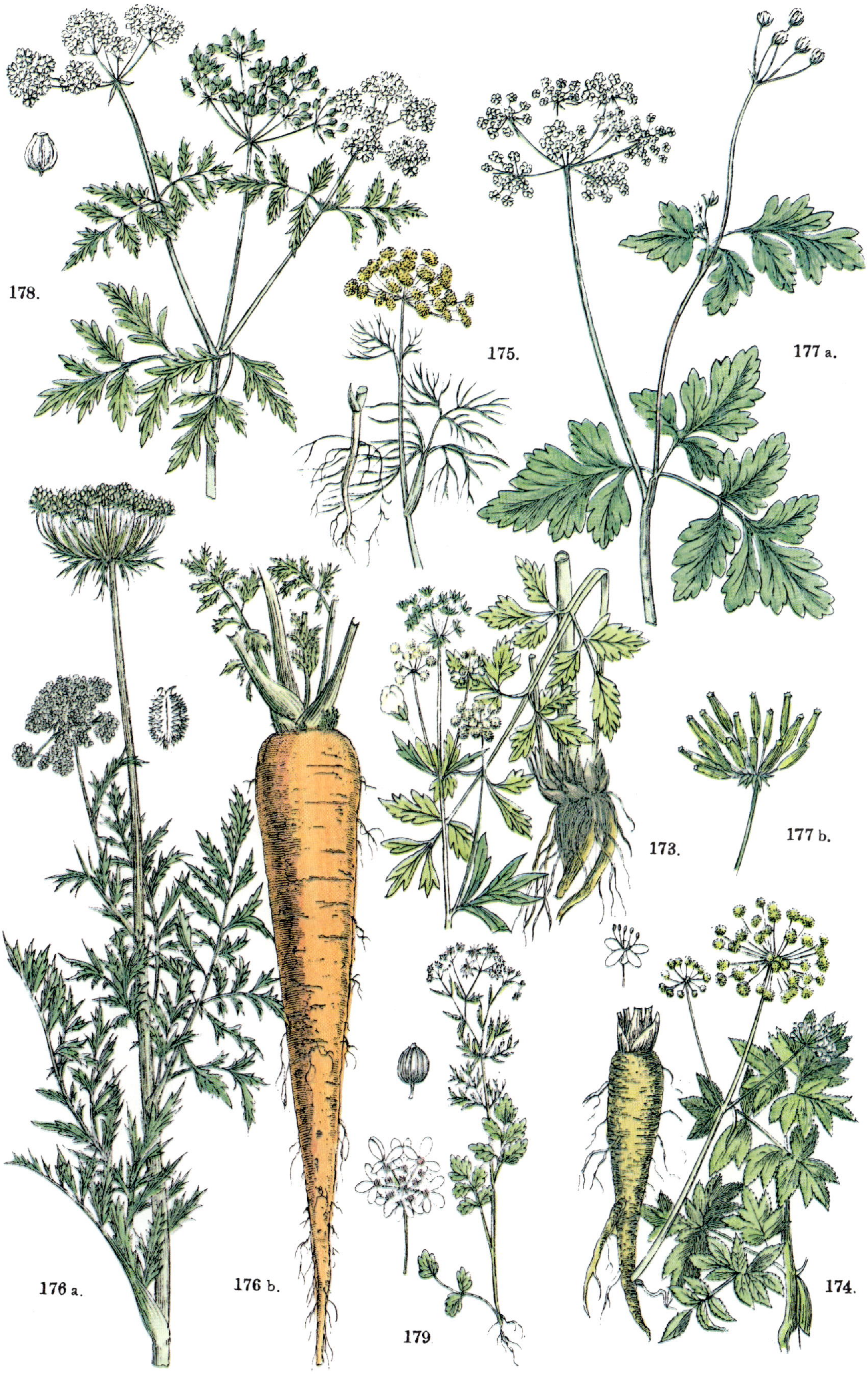

173 Liebstöckel · 174 Engelwurz · 175 Dill · 176 Karotte · 177 Kälberkropf · 178 Schierling, Gefleckter S. · 179 Koriander

180 Ginseng · 181 Efeu · 182 Kornelkirsche · 183 Hartriegel · 184 Mistel · 185 Riemenblume · 186 Moschuskraut

187 Holunder · 188 Attich · 189 Schneeball · 190 Geißblatt, Wald-Heckenkirsche · 191 Geißblatt, Garten-G.

192 Färberröte · 193 Labkraut, Echtes L. · 194 Waldmeister · 195 Baldrian · 196 Feldsalat

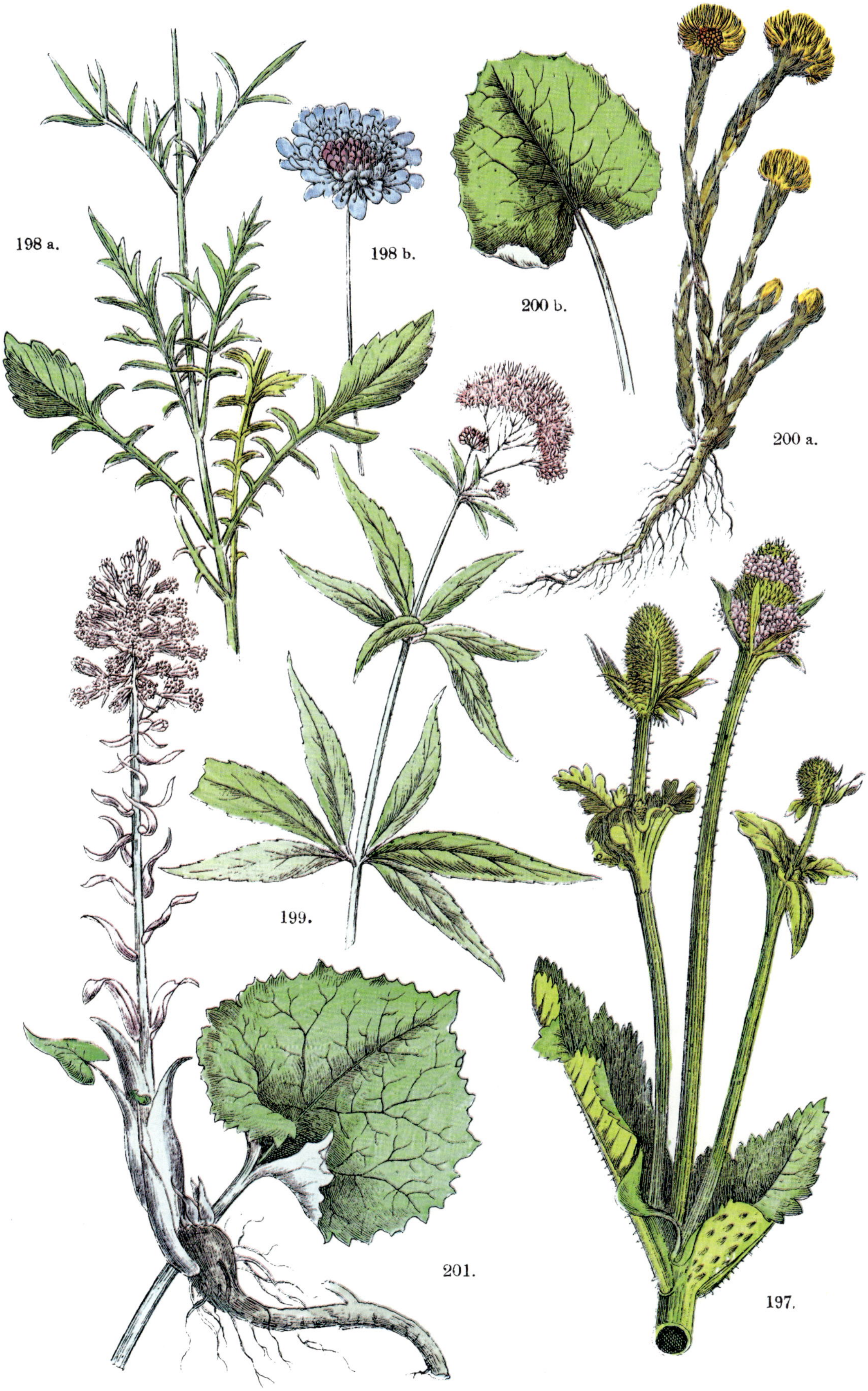

197 Karde, Wilde K. · 198 Grindkraut · 199 Wasserdost · 200 Huflattich · 201 Pestwurz

202 Aster, Kalk-A. · 203 Berufskraut · 204 Goldrute · 205 Ochsenauge · 206 Alant · 207 Gänseblümchen · 208 Margerite

209 Kamille, Echte K. · 210 Hundskamille · 211 Schafgarbe · 212 Rainfarn · 213 Wermut · 214 Ruhrkraut · 215 Kreuzkraut

216 Arnika · 217 Zweizahn, Dreiteiliger Z. · 218 Sonnenblume · 219 Ringelblume · 220 Klette, Große K.
221 Ackerkratzdistel · 222 Färberdistel

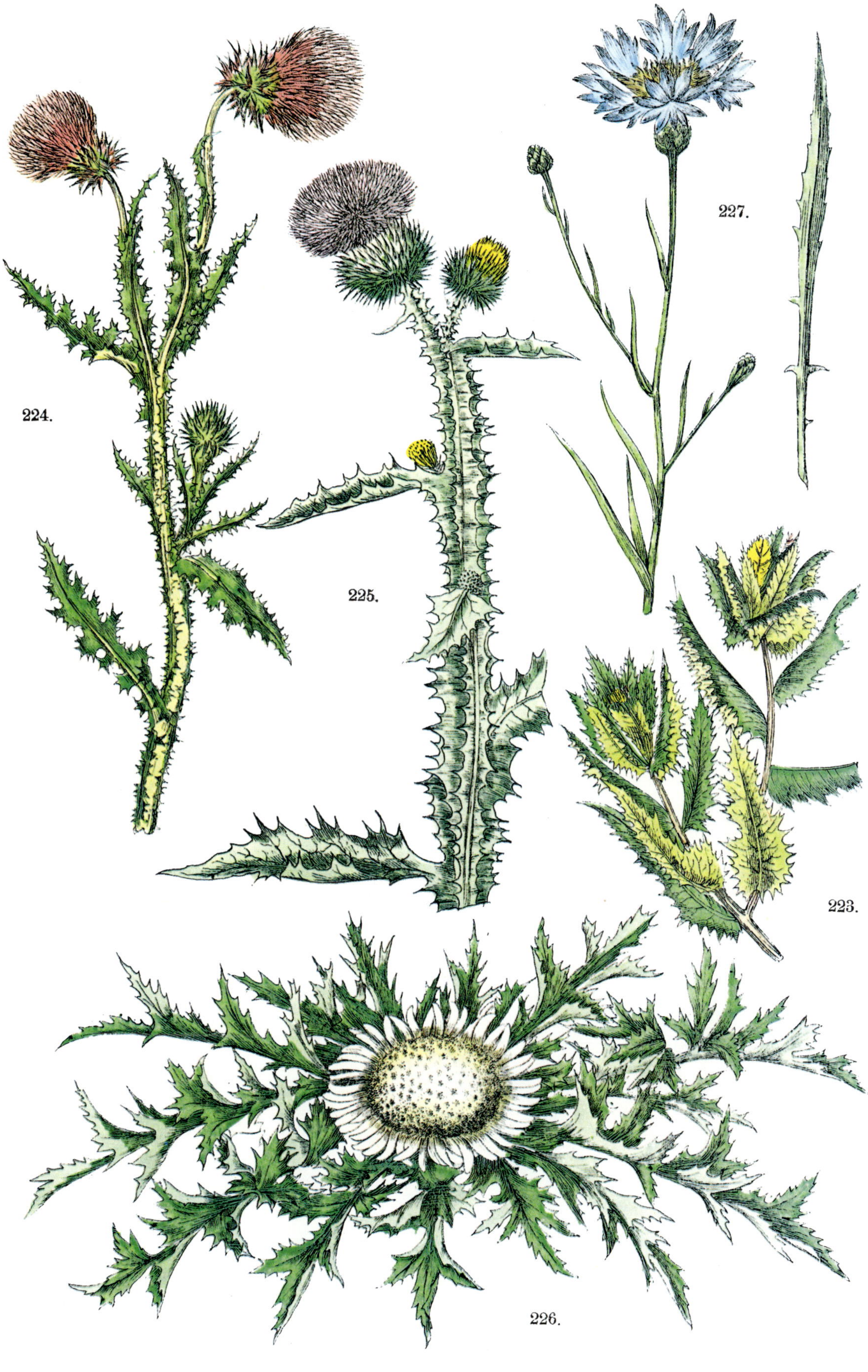

223 Benediktenkraut · 224 Distel, Nickende D. · 225 Distel, Eselsdistel · 226 Silberdistel · 227 Kornblume

228 Flockenblume, Skabiosen-F. · 229 Bocksbart, Wiesenb. · 230 Schwarzwurzel · 231 Habichtskraut/siehe auch Abb. 239, Tafel 41
232 Löwenzahn · 233 Ferkelkraut

234 Lattich, Giftlattich · 235 Hasenlattich · 236 Binsen-Knorpellattich · 237 Gänsedistel · 238 Pippau · 239 Habichtskraut, doldenblüt./siehe auch 231/40

240 Wegwarte · 241 Berg-Sandglöckchen · 242 Teufelskralle · 243 Glockenblume, Pfirsichbl.
244 Glockenblume, Geknäuelte · 245 Glockenblume, Rapunzel-G.

246 Heidelbeere · 247 Heidelbeere, Sumpf-H. · 248 Preiselbeere · 249 Moosbeere · 250 Bärentraube

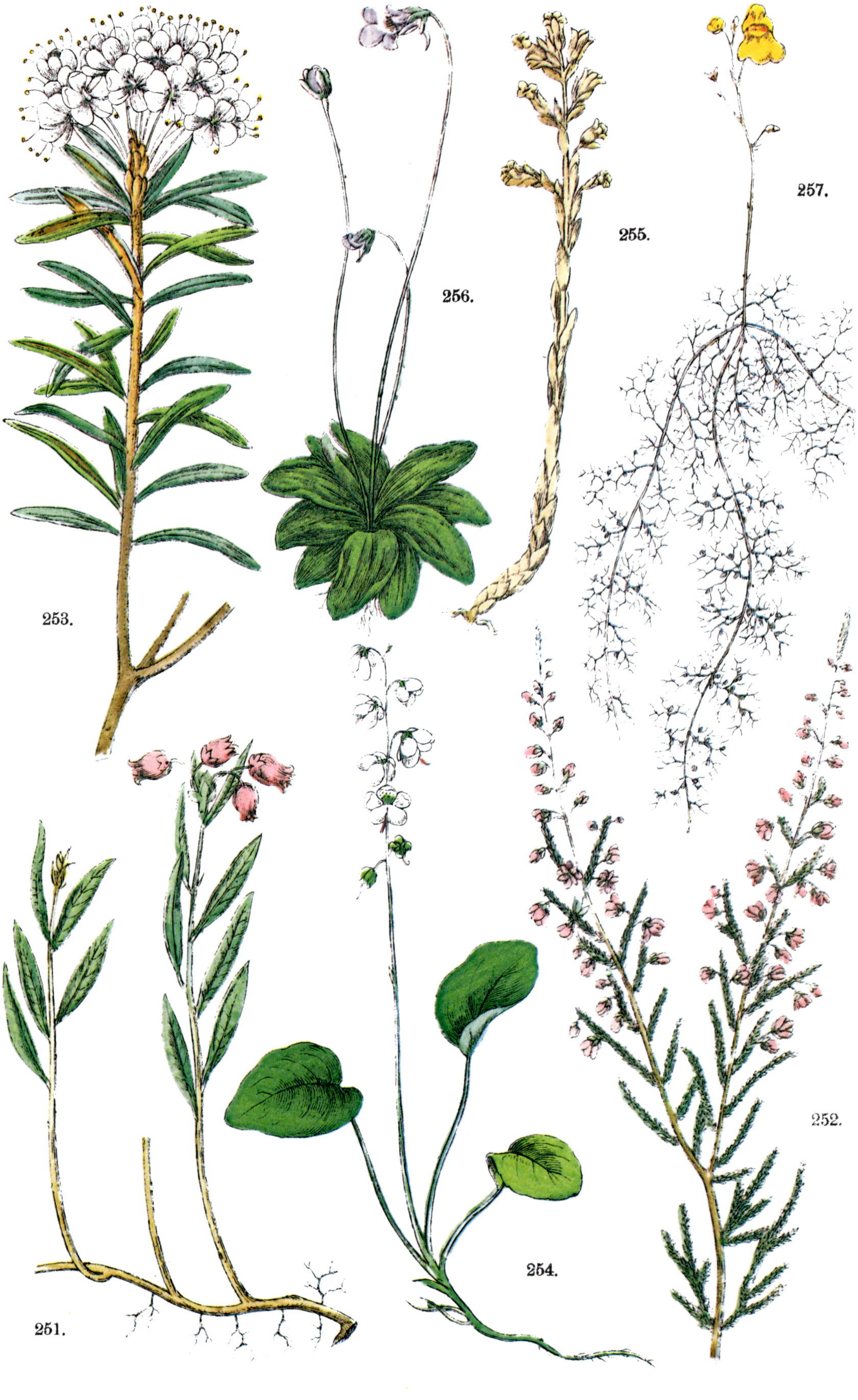

251 Rosmarinheide · 252 Heidekraut · 253 Sumpfporst · 254 Wintergrün · 255 Fichtenspargel · 256 Fettkraut · 257 Wasserschlauch

258 Stechpalme, Ilex · 259 Schlüsselblume, Mehl-S. · 260 Aurikel · 261 Alpenglöckchen · 262 Alpenveilchen · 263 Gilbweiderich

264 Pfennigkraut · 265 Siebenstern · 266 Acker-Gauchheil · 267 Kleinling · 268 Esche · 269 Liguster · 270 Flieder

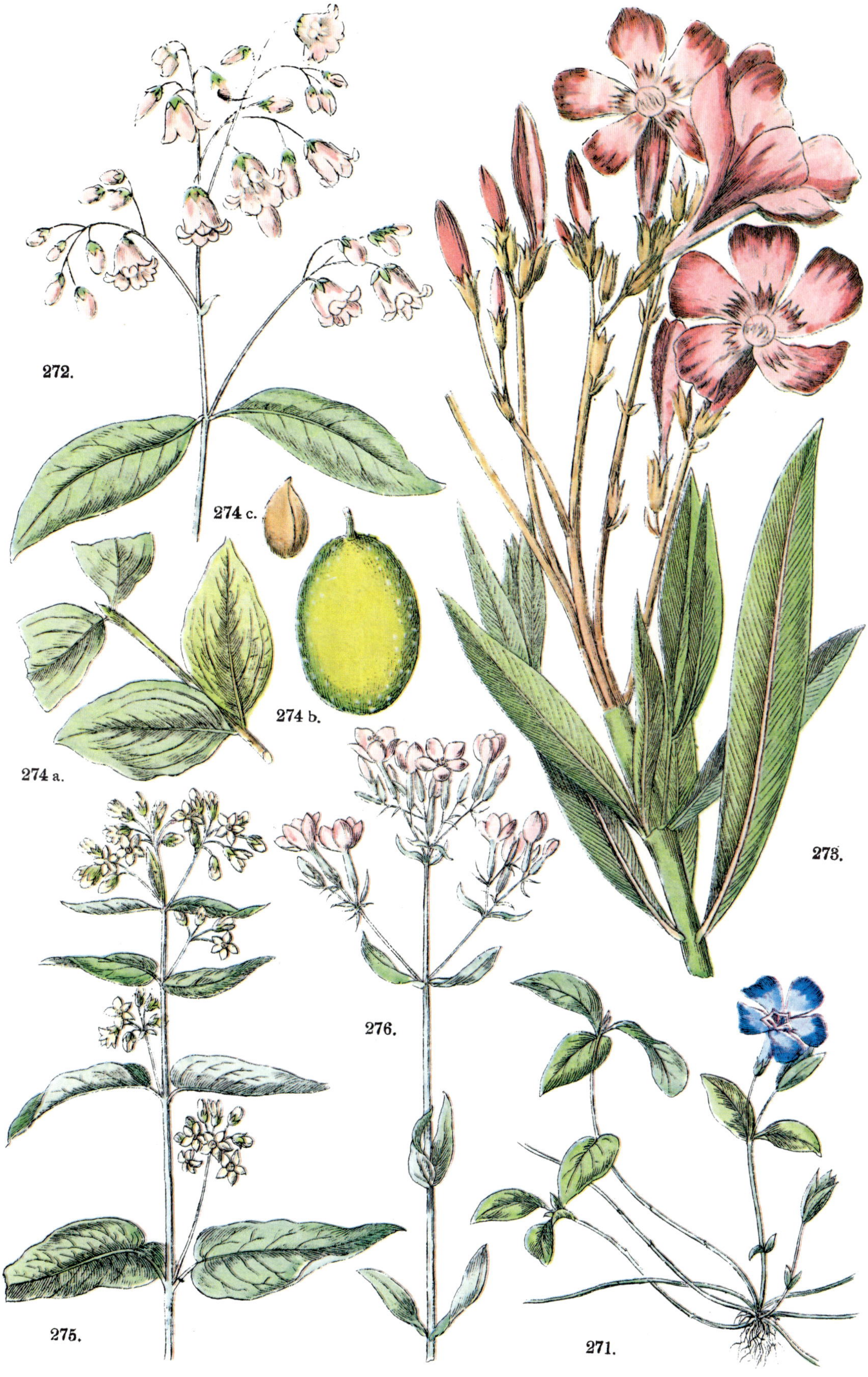

271 Immergrün · 272 Fliegenfalle · 273 Oleander · 274 Brechnußbaum · 275 Schwalbenwurz · 276 Tausendgüldenkraut

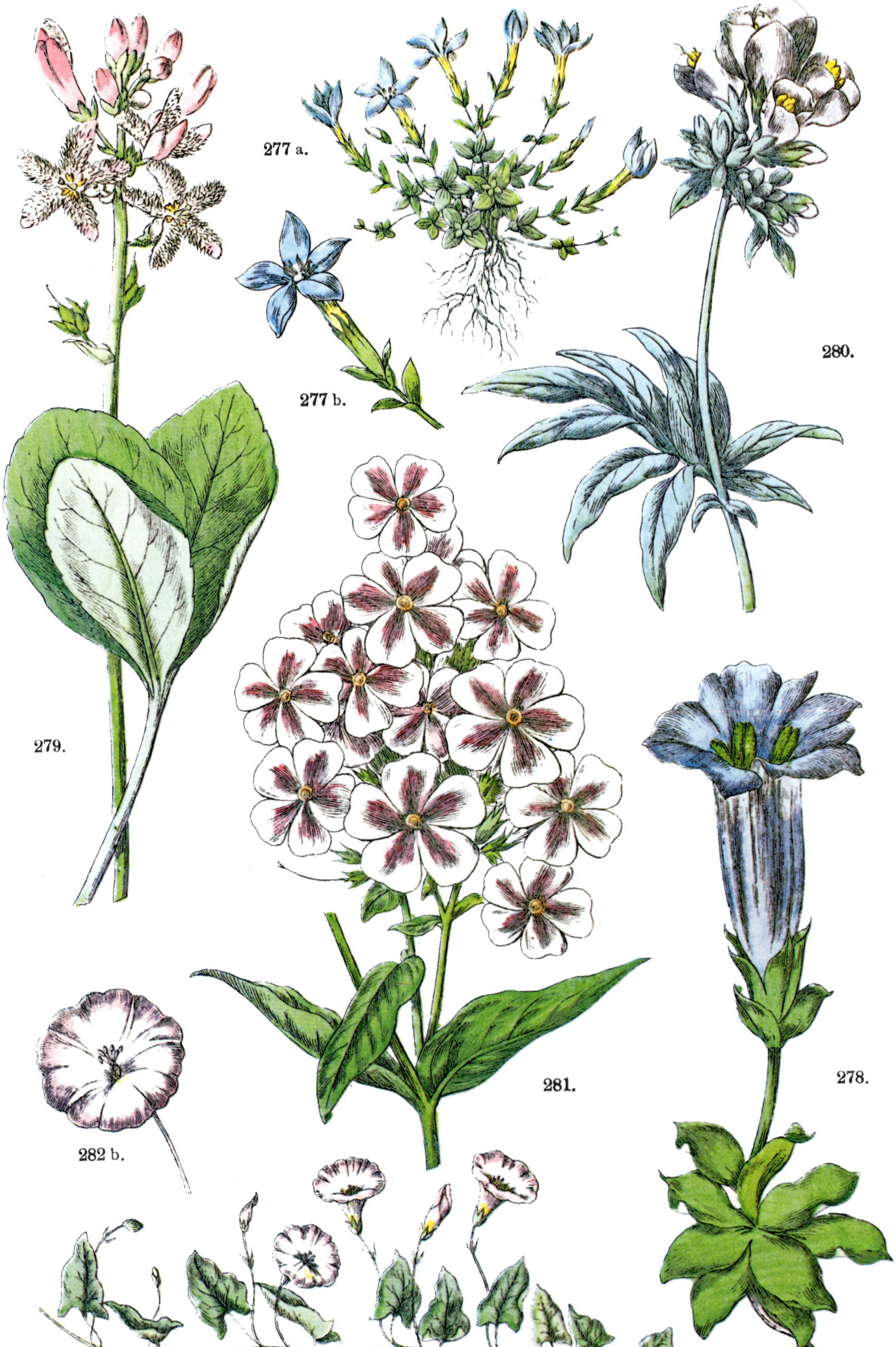

277 Enzian, Frühlings-E. · 278 Enzian, Stengelloser E. · 279 Fieberklee · 280 Himmelsleiter · 281 Flammenblume · 282 Winde, Ackerwinde

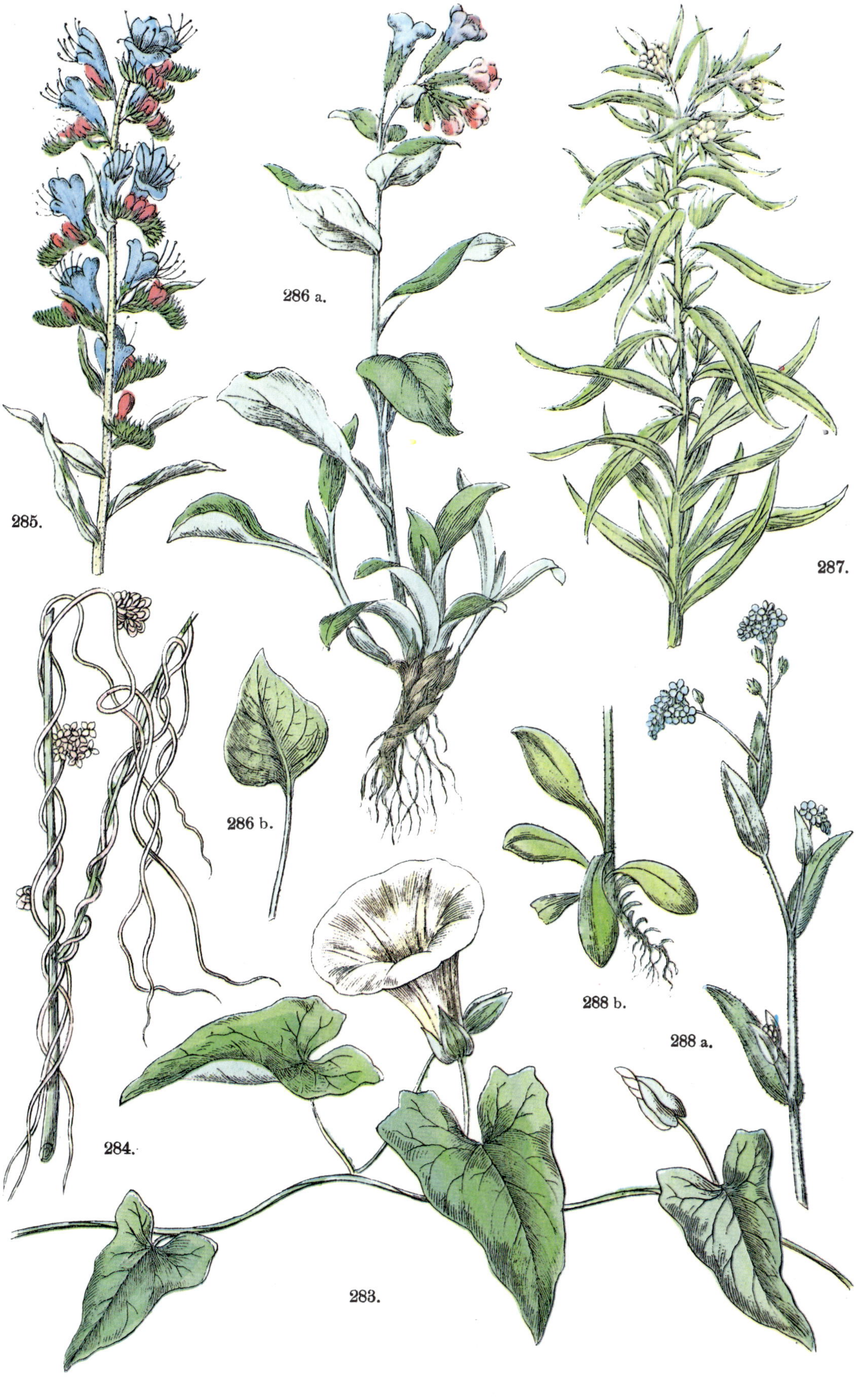

283 Winde, Zaunwinde · 284 Hopfenseide · 285 Natternkopf · 286 Lungenkraut · 287 Steinsame, Echter St. · 288 Vergißmeinnicht, Acker-V.

50.

289 Vergißmeinnicht, Sumpf-V. · 290 Ochsenzunge, Rote O. · 291 Beinwell, Schwarzwurz · 292 Wachsblume, Alpen-W.
293 Sonnenwende · 294 Hundszunge

295 Borretsch · 296 Lavendel · 297 Salbei, Garten-S. · 298 Salbei, Wiesen-S. · 299 Minze, Bachminze · 300 Thymian · 301 Majoran

302 Minze, Acker-M. · 303 Melisse · 304 Ysop, Essigkraut · 305 Brunelle · 306 Helmkraut · 307 Immenblatt

308 Andorn, Weißer A. · 309 Ziest, Wald-Z. · 310 Ziest, Filziger Z. · 311 Taubnessel, Goldnessel
312 Taubnessel, Gefleckte T. · 313 Taubnessel, Rote T.

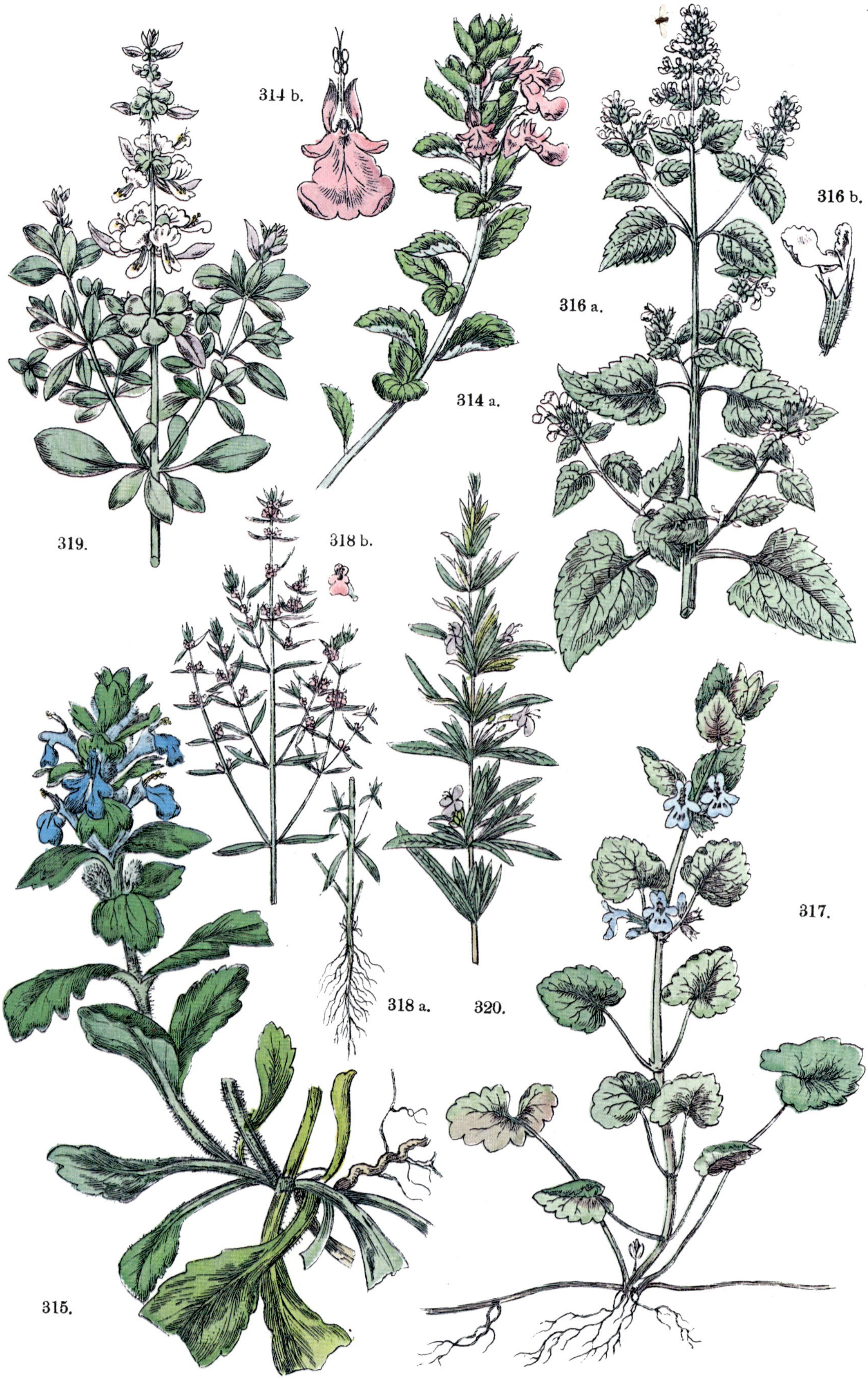

314 Gamander, Echter G. · 315 Günsel, Kriechender G. · 316 Katzenminze · 317 Gundelrebe · 318 Bohnenkraut
319 Basilikum · 320 Rosmarin

321 Eisenkraut · 322 Kugelblume · 323 Stechapfel · 324 Tabak · 325 Tabak

326 Bilsenkraut · 327 Bittersüß · 328 Nachtschatten, Schwarzer N. · 329 Judenkirsche

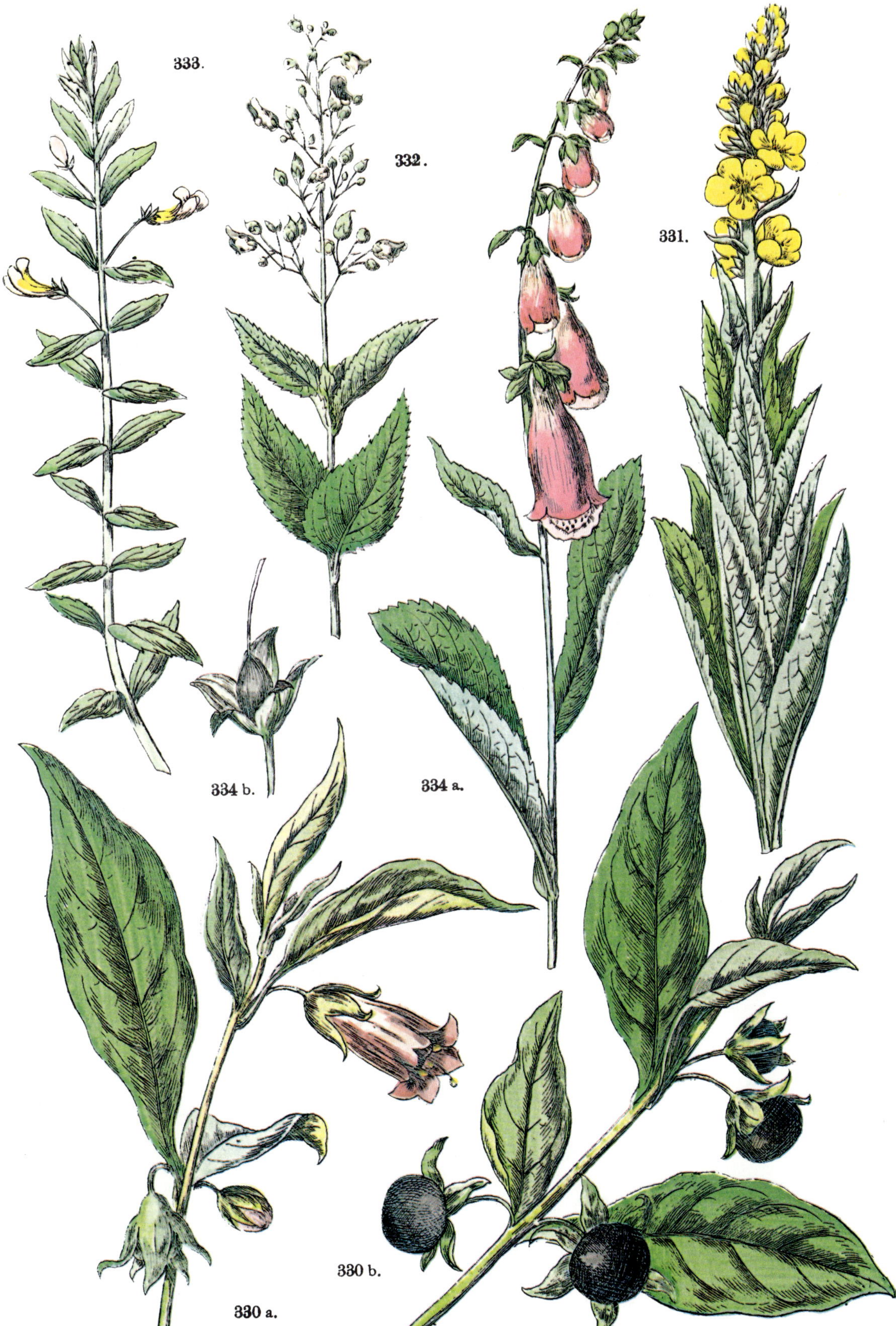

330 Tollkirsche · 331 Königskerze · 332 Braunwurz · 333 Gnadenkraut · 334 Fingerhut, Roter F.

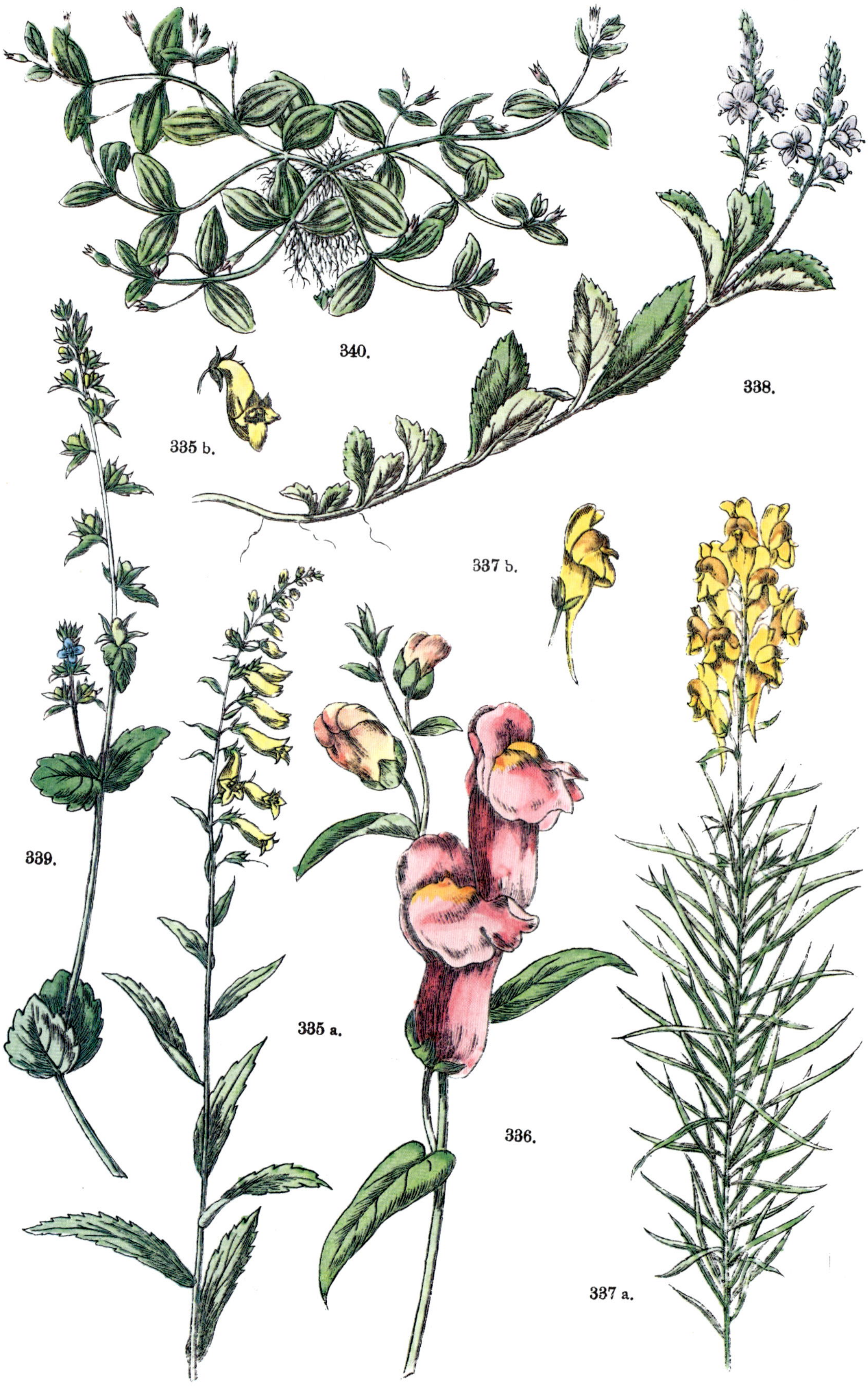

335 Fingerhut, Gelber F. · 336 Löwenmaul, Großes L. · 337 Leinkraut · 338 Ehrenpreis, Echter E.
339 Ehrenpreis, Feld-E. · 340 Büchsenkraut

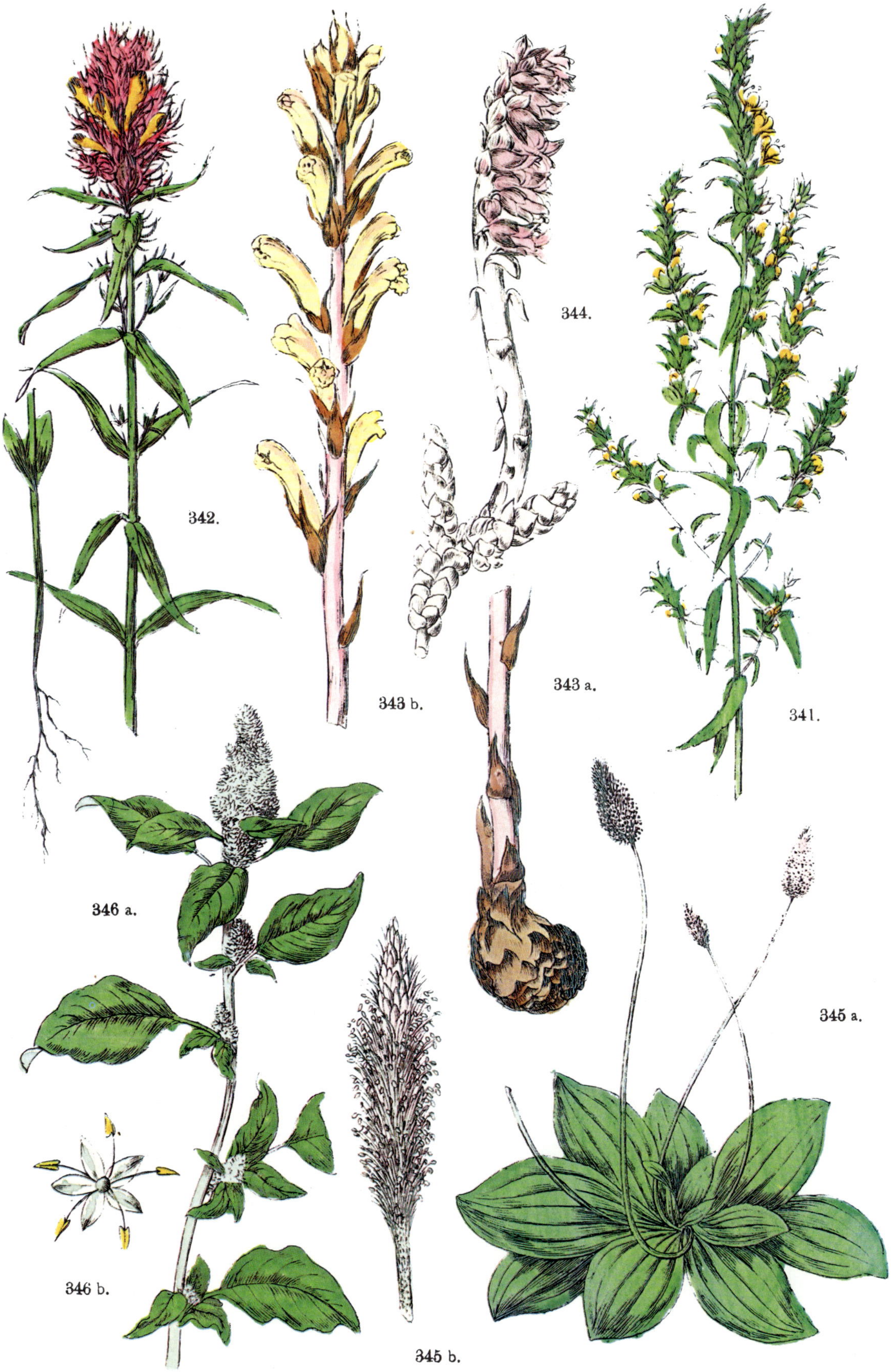

341 Wachtelweizen, Wiesen-W. · 342 Wachtelweizen, Acker-W. · 343 Sommerwurz, Efeu-S. · 344 Schuppenwurz
345 Wegerich, Großer W. · 346 Fuchsschwanz

347 Guter Heinrich · 348 Runkelrübe · 349 Spinat · 350 Erdbeerspinat, Schminkbeere · 351 Melde, Gemeine M. · 352 Ampfer, Krauser A.

353 Ampfer, Stumpfbl. A. · 354 Knöterich, Vogel-K. · 355 Knöterich, Schlangen-K. · 356 Knöterich, Floh-K. · 357 Seidelbast · 358 Leinblatt

359 Sandelbaum · 360 Sanddorn · 361 Osterluzei · 362 Wolfsmilch, Zypressen-W. · 363 Wolfsmilch, Esels-W. · 364 Bingelkraut

365 Buchsbaum · 366 Rizinusbaum · 367 Kautschukbaum · 368 Maniokstrauch · 369 Kaskarillenstrauch
370 Wasserstern, Großblüt. W. · 371 Brennessel

372 Glaskraut · 373 Hanf · 374 Hopfen · 375 Maulbeerbaum

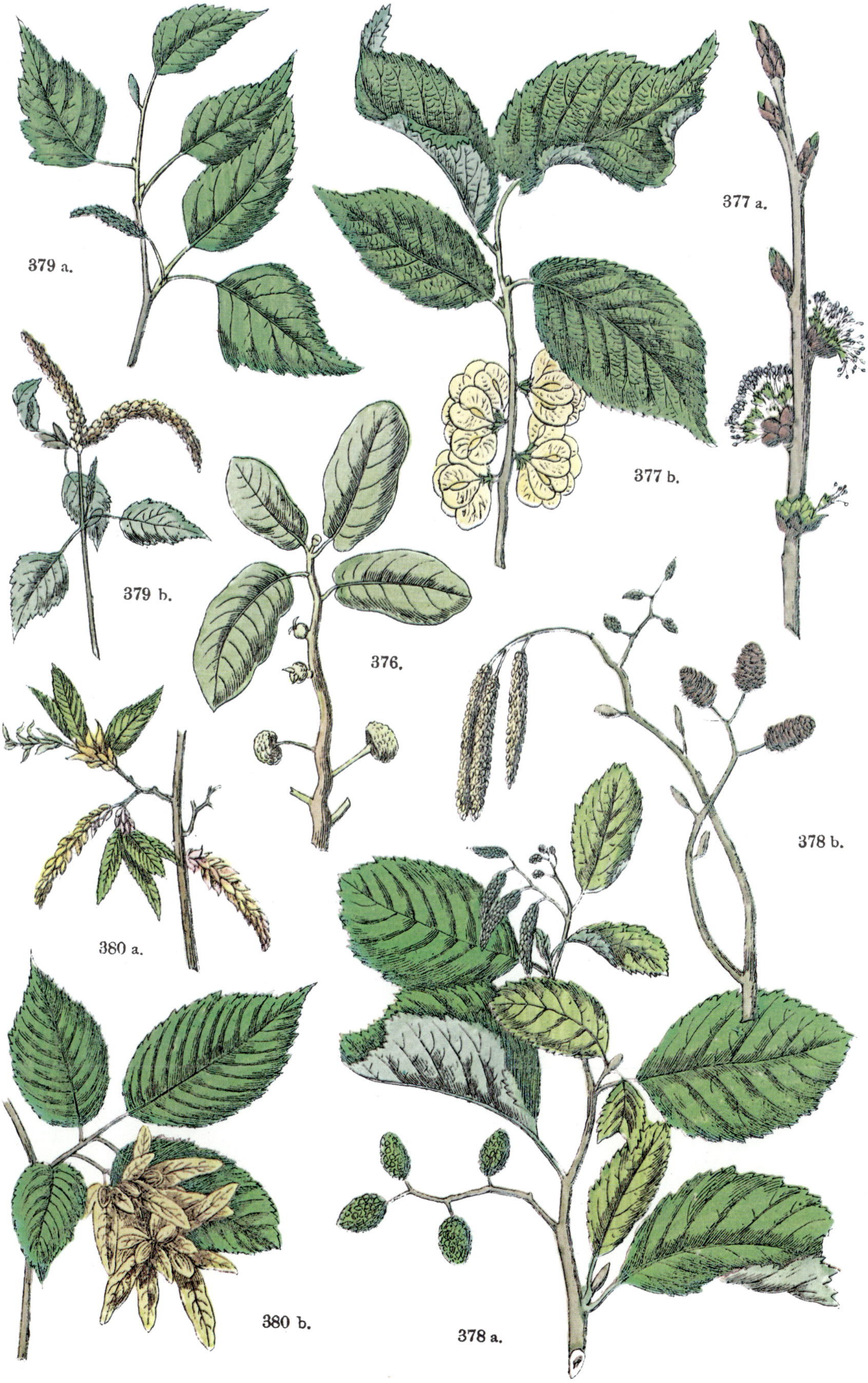

376 Upasbaum · 377 Ulme · 378 Erle · 379 Birke, Weißbirke · 380 Hainbuche

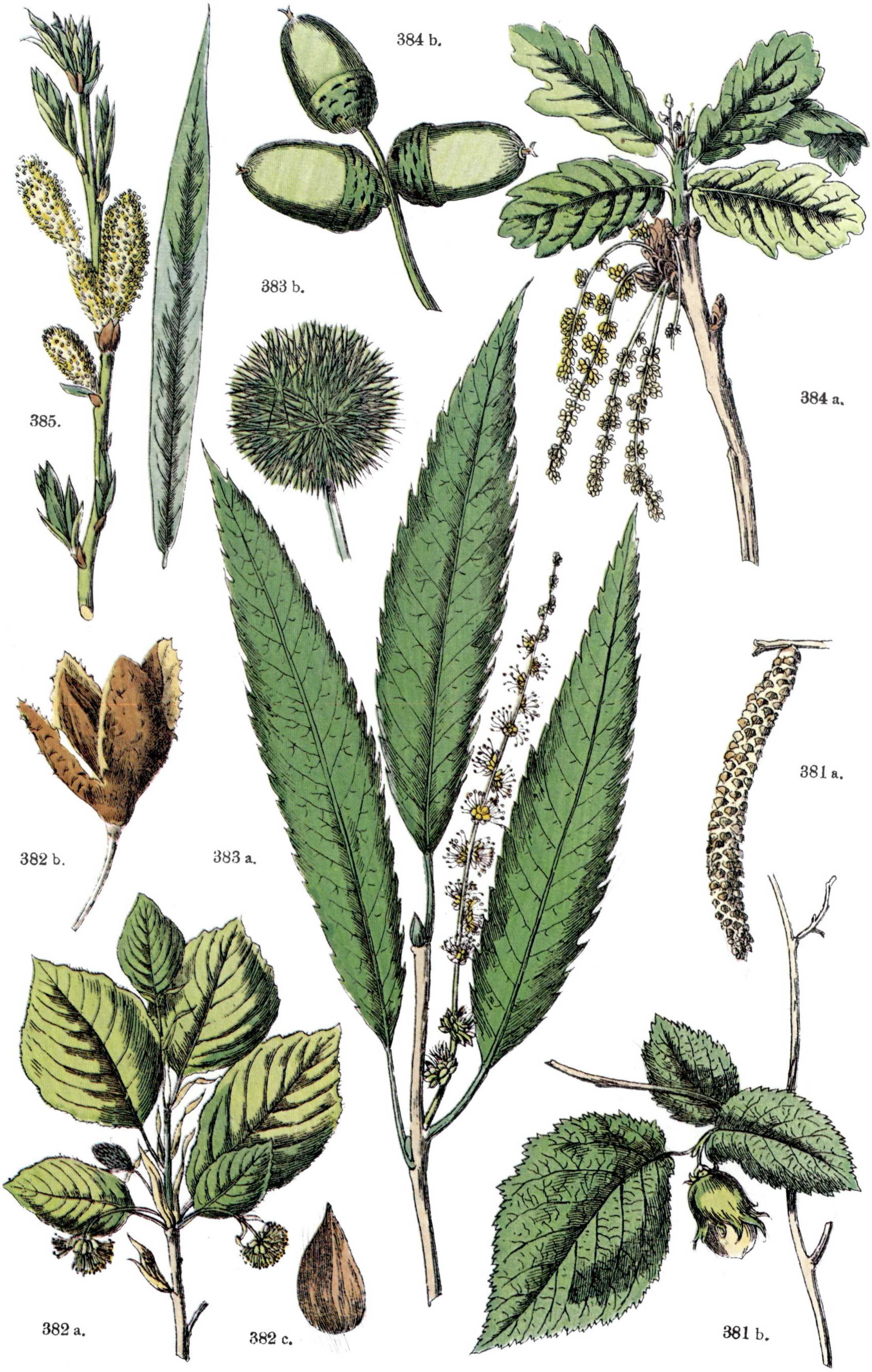

381 Haselnußstrauch · 382 Buche · 383 Kastanie · 384 Eiche, Stiel-E. · 385 Weide

386 Pappel, Silber-P. · 387 Pappel, Schwarz-P. · 388 Kiefer, Föhre · 389 Tanne

390 Fichte · 391 Lärche · 392 Wacholder · 393 Eibe · 394 Froschbiß

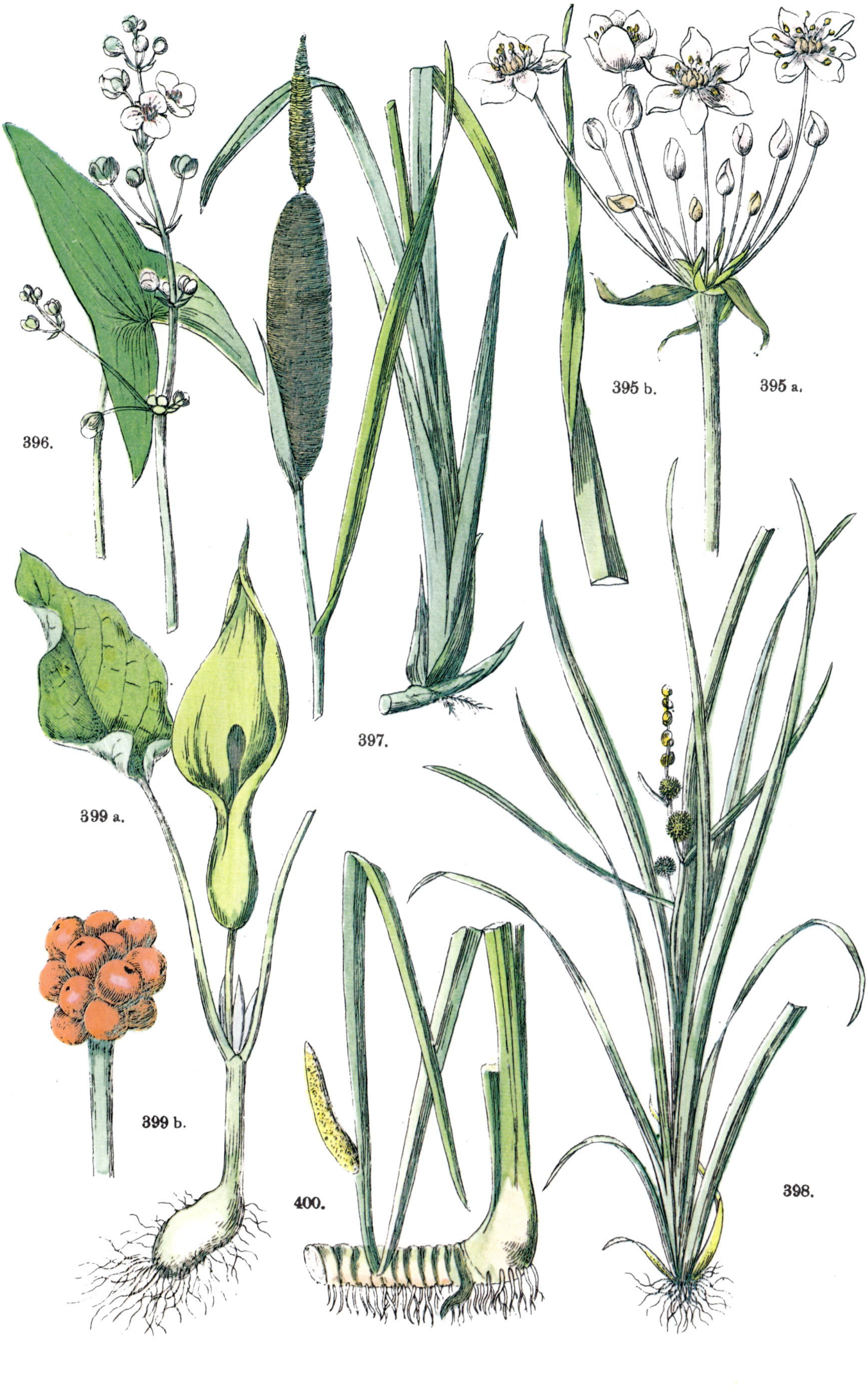

395 Schwanenblume · 396 Pfeilkraut · 397 Rohrkolben · 398 Igelkolben · 399 Aronstab · 400 Kalmus

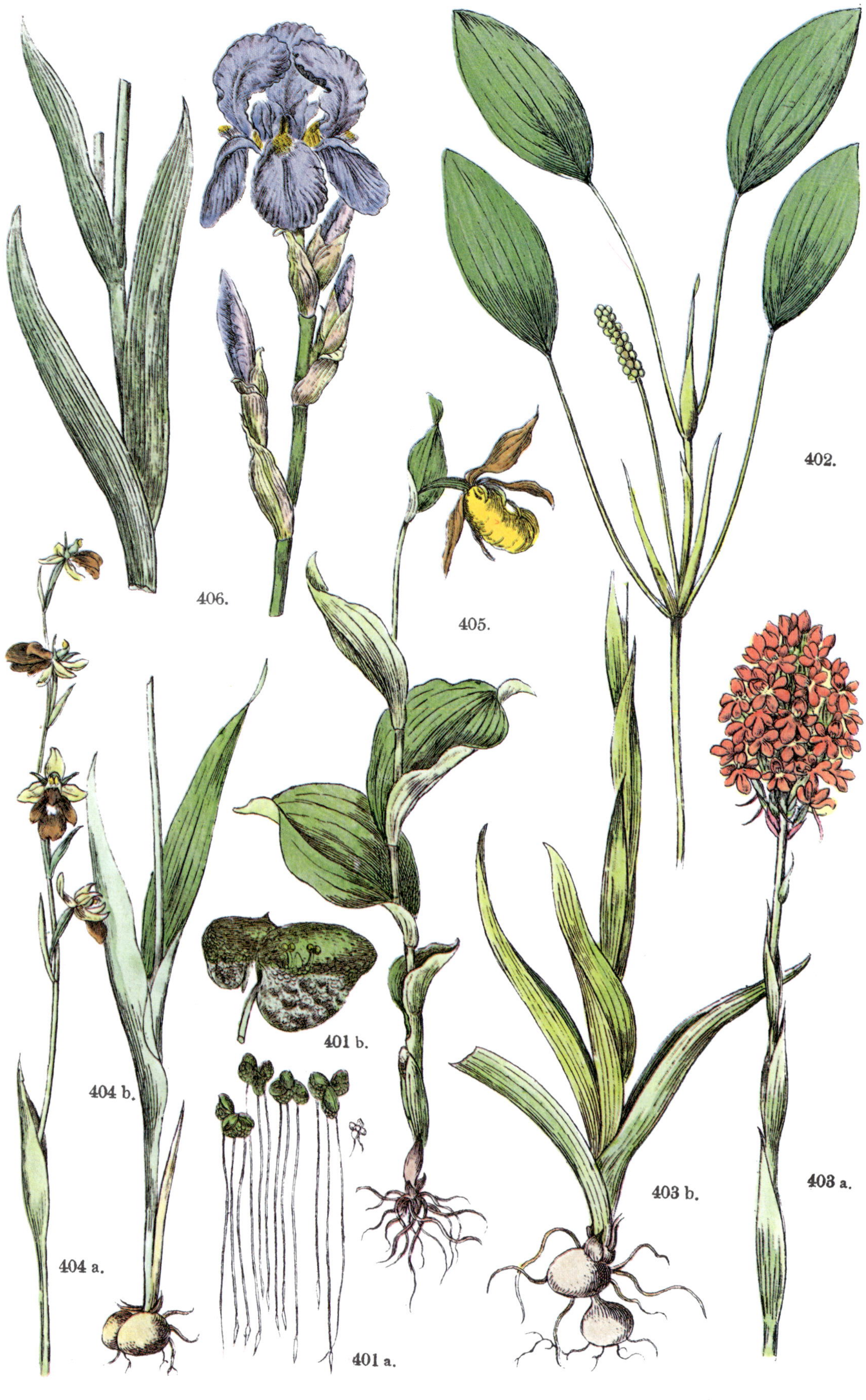

401 Wasserlinse · 402 Laichkraut · 403 Knabenkraut, Männliches K. · 404 Ragwurz, Spinnen-R. · 405 Frauenschuh · 406 Schwertlilie

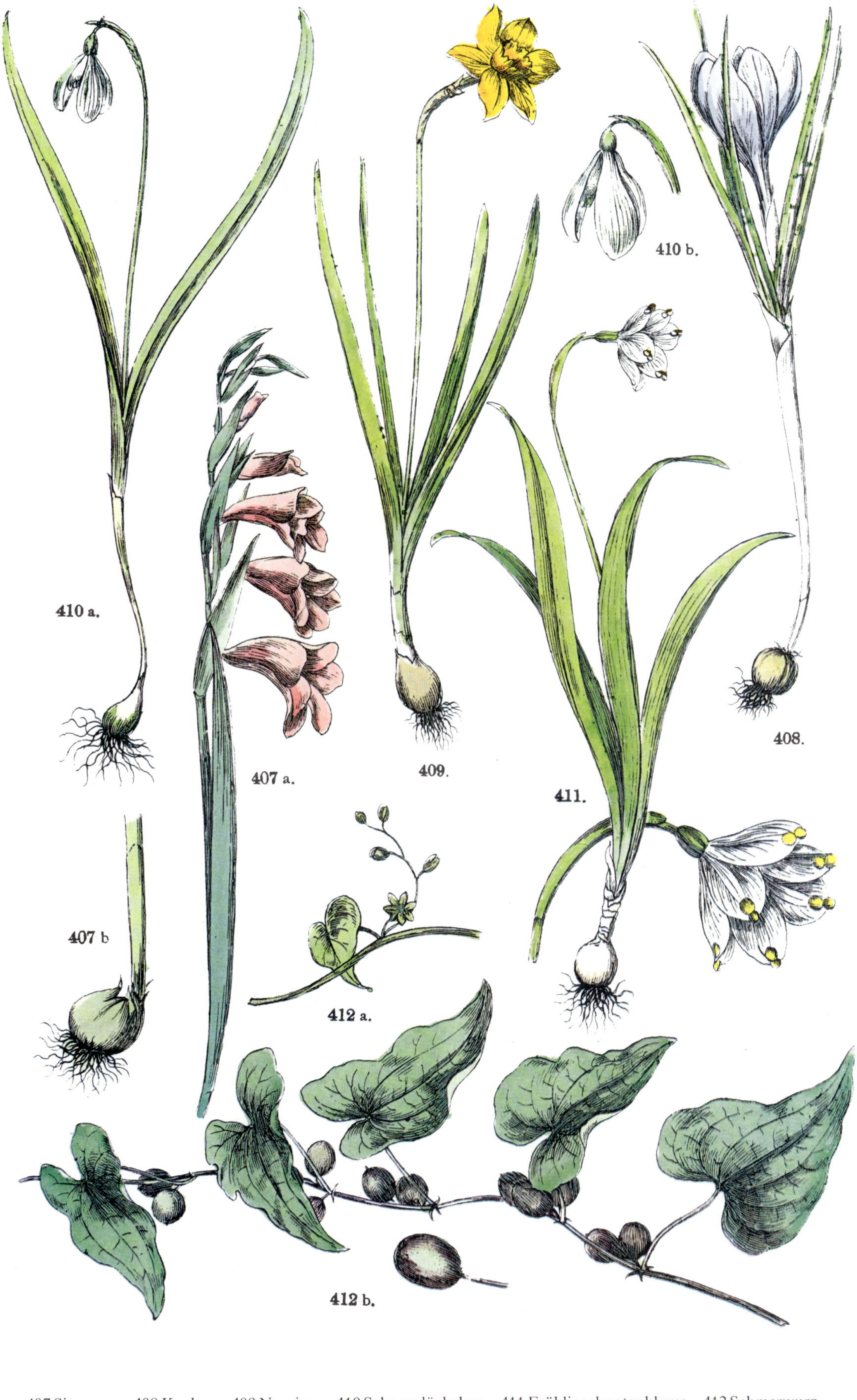

407 Siegwurz · 408 Krokus · 409 Narzisse · 410 Schneeglöckchen · 411 Frühlingsknotenblume · 412 Schmerwurz

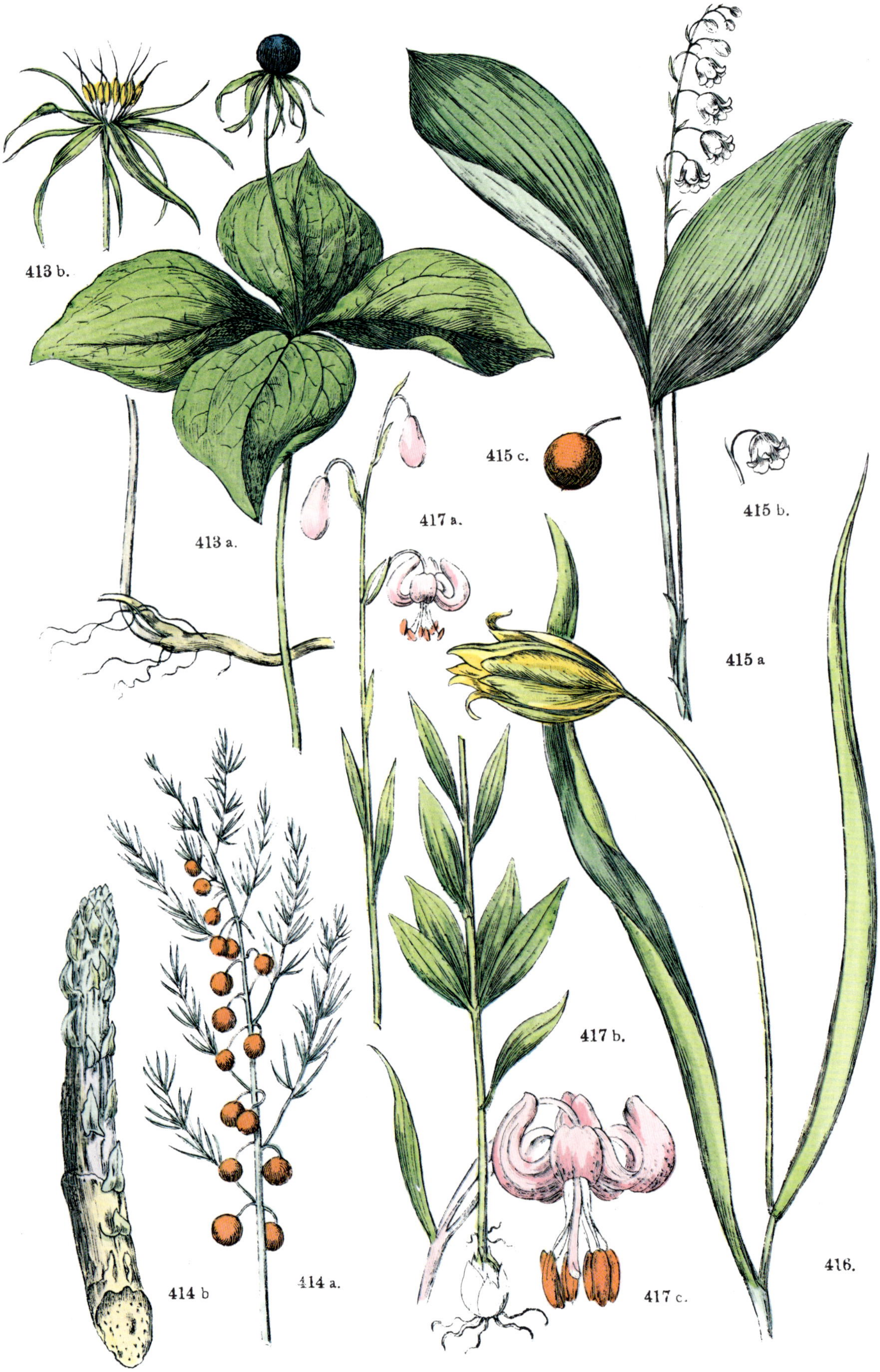

413 Einbeere · 414 Spargel · 415 Maiglöckchen · 416 Tulpe, Wilde T. · 417 Türkenbundlilie

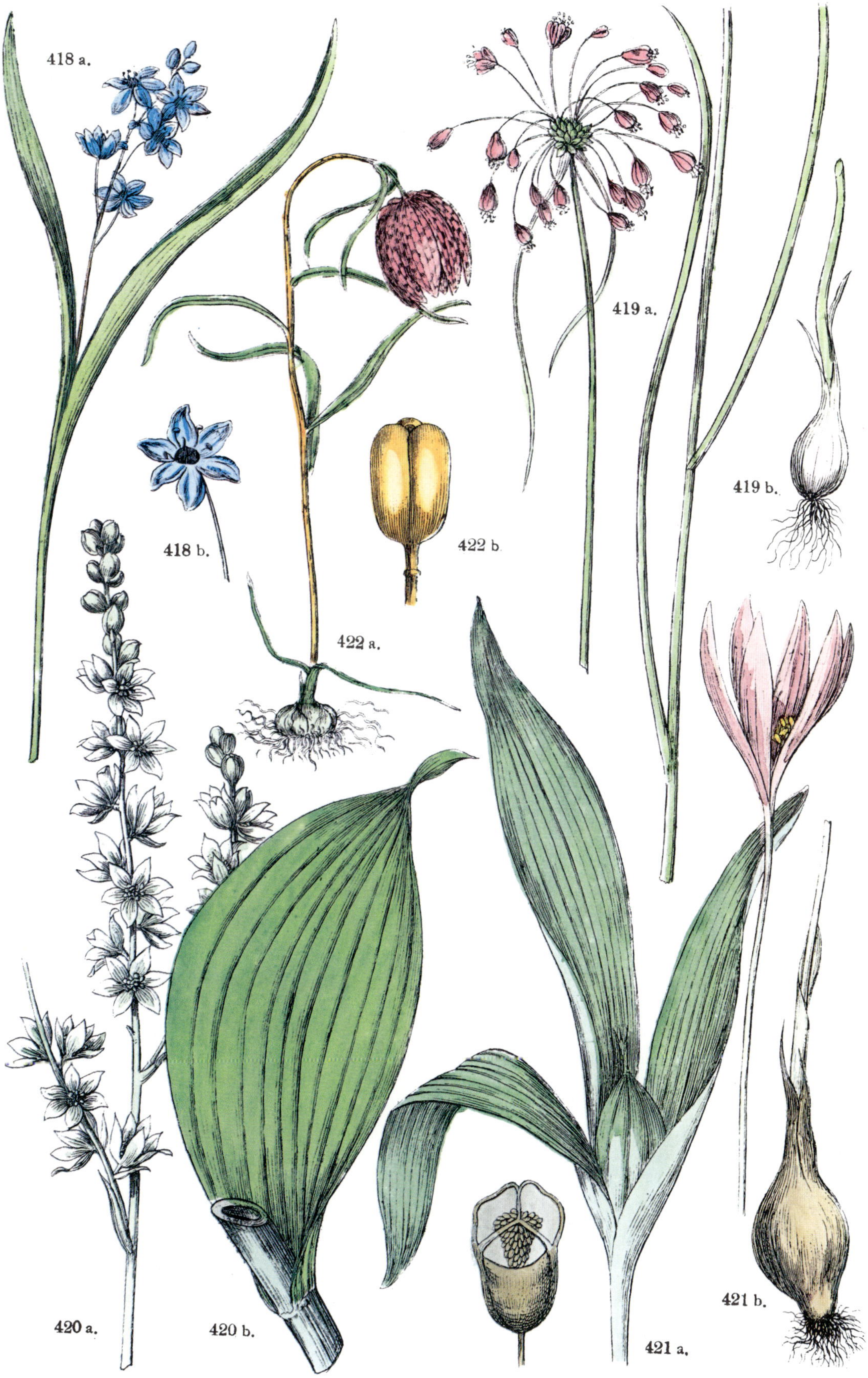

418 Meerzwiebel · 419 Lauch · 420 Germer, Weißer G. · 421 Herbstzeitlose · 422 Schachbrettblume

423 Milchstern, Nickender M. · 424 Träubelchen, Schopf-T. · 425 Aloe · 426 Agave · 427 Hainsimse · 428 Binse, Knäuel-B.

429 Palme, Betelpalme · 430 Palme, Sagopalme · 431 Palme, Kokospalme · 432 Palme, Afrik. Ölpalme · 433 Palme, Dattelpalme

434 Zyperngras, Gelbes Z. · 435 Mais · 436 Hirse · 437 Hafer · 438 Weizen · 439 Roggen · 440 Gerste

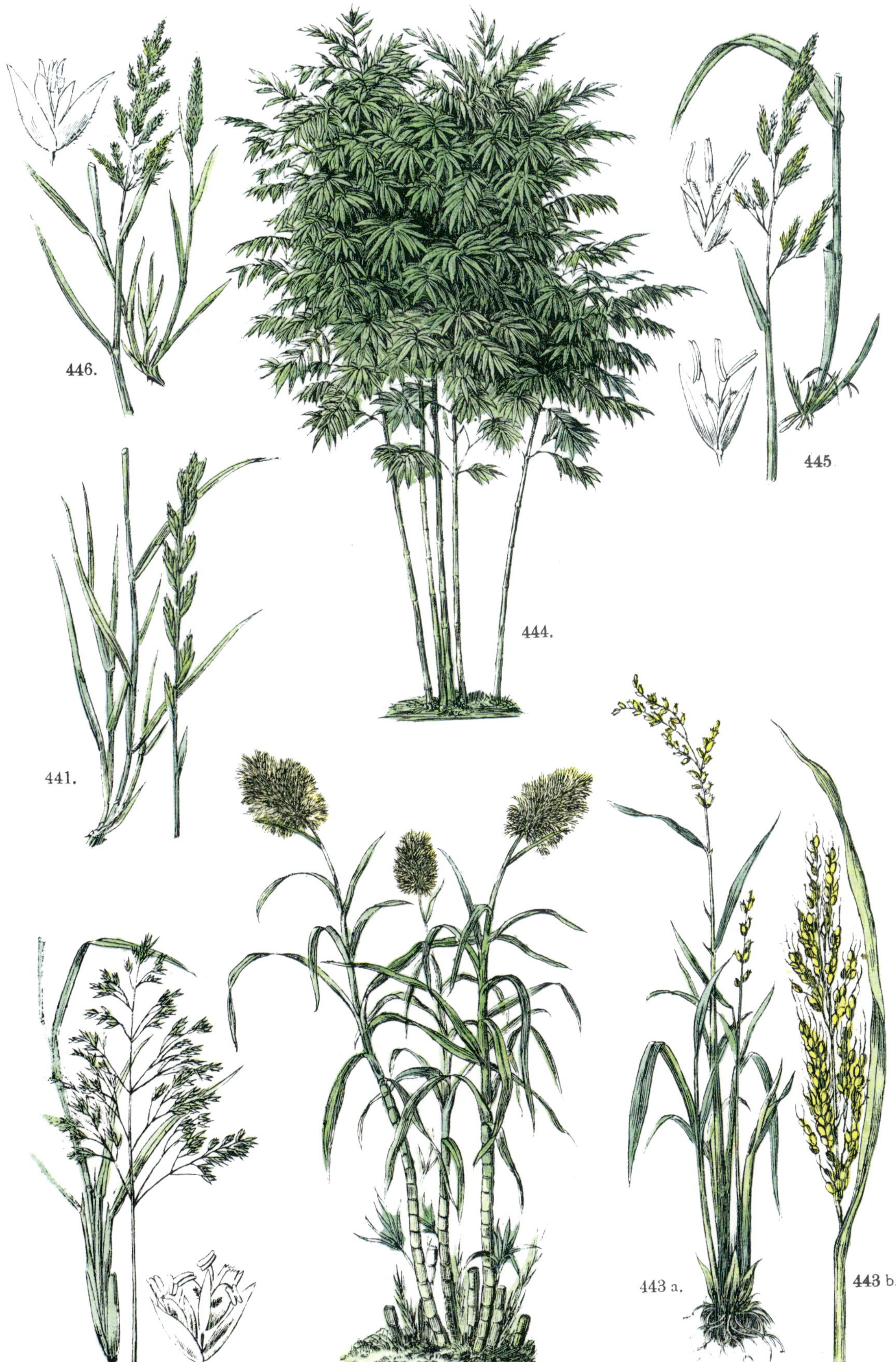

441 Raygras · 442 Zuckerrohr · 443 Reis · 444 Bambus · 445 Glanzgras · 446 Straußgras · 447 Rasenschmiele

448 Fuchsschwanz · 449 Ruchgras · 450 Trespe, Weiche Tr. · 451 Kammgras, Wiesen-K. · 452 Knäuelgras
453 Schwaden, Großer Sch. · 454 Zittergras · 455 Honiggras, Wolliges H.

456 Perlgras, Nickendes P. · 457 Flattergras · 458 Schilfrohr · 459 Ackerschachtelhalm · 460 Pillenfarn · 461 Bärlapp
462 Streifenfarn, Brauner St. · 463 Mauerraute

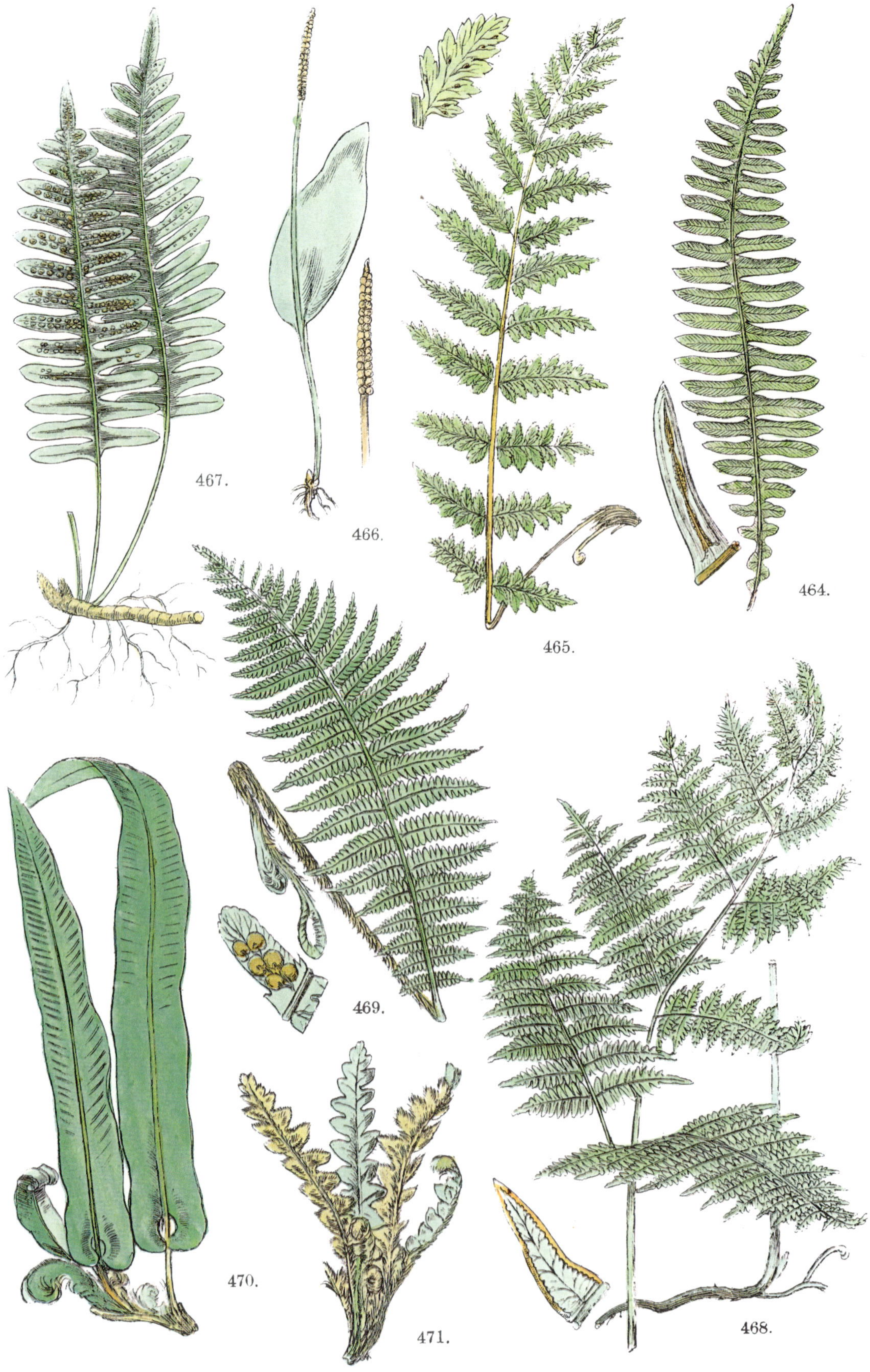

464 Rippenfarn · 465 Blasenfarn · 466 Natternzunge · 467 Tüpfelfarn, Gemeiner T. · 468 Adlerfarn · 469 Wurmfarn
470 Hirschzunge · 471 Schriftfarn

472 Torfmoos · 473 Bartmoos · 474 Sternmoos · 475 Kammkelch · 476 Weißmoos · 477 Jungermannia · 478 Brunnenlebermoos
479 Teichlebermoos · 480 Schüsselflechte · 481 Isländische Flechte · 482 Becherflechte · 483 Färberflechte · 484 Kuchenflechte · 485 Schildflechte
486 Bartflechte · 487 Schildflechte · 488 Lungenflechte

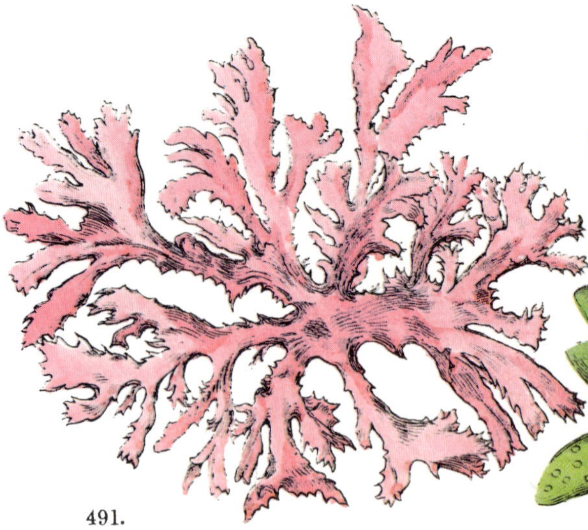

491.

490.

492.

493.

489.

489 Beerentang · 490 Blasentang, Gemeiner B. · 491 Knorpeltang · 492 Fingertang · 493 Meersalat